儒家文化的现代应用

以边检工作为例

徐国明 著

中央编译出版社
Central Compilation & Translation Press

序

徐国明先生是我在北京师范大学哲学与社会学学院担任"中国国学博士课程班"时的学生，他的博士课程毕业论文也由我参与指导，因而比较了解他在国学领域的所学所思。应该说，徐国明先生把儒家文化逻辑与自己当下的边检工作实际结合所作的这篇论文，是一个把传统文化落地与实证的创新作为，很有意义。所以，对于他想以图书形式把自己的学习成果展示出来的想法，我非常支持和赞同。

徐国明在论文中，撷取儒家文化中的"仁、义、礼、智、信"五项主要思想，辅以问卷的量化表格，对出入北京机场的中外旅客进行边检工作人员服务满意度进行测评，希望透过儒家文化的五项精髓指标的企业化、量化分析，来检测旅客对服务的认知，并藉以寻求具体方案，来改正北京边检工作团队的要求准则，以期使把守国门安全的边检人员，既能严谨地执行边检工作，又能让旅客感受到中国传统儒家文化的精神，进而提高中外旅客对国家形象美誉度的支持。

儒家文化的"人本精神"与"仁政修身"，一直深深影响春秋时代以后中国的政治与社会行为规范，虽然在一定历史时期也曾受到非议，但数千年来，已成为中国人的主流思想，也成为中国人生活方式的一部分。而在二十一世纪的今天，我们如何描述儒家精神真正的核心价值观？徐国明先生以"仁、义、礼、智、信"五项思想为儒家核心价值观，将其量化至北京边检人员工作中的态度与行为表现，透过考察中外旅客对"仁、义、礼、智、信"的感知程度，并借量化问卷的统计模型，求出实体的服务满意度，应该说，这一立论和探索，是儒家文化在今天社会与时俱进的一个尝试。而如何把儒家"仁、义、礼、智、信"五项价值观量化分解成为服务态度的检测内容，是考验其论述是否具有"信度与效度"的关键因素；此外，抽样的母群体与样本数的关系则是另一个关键效标。可喜的是，徐国明先生这两方面都处理得十分妥帖，使其论述具有一定的参考价值，也具有后续研究的引导价值。

徐国明先生把"仁、义、礼、智、信"每一项各分成五个问卷，运用每一小项的量化评分，来测量旅客是否感受得到主目标的精神。然而，儒家"仁、义、礼、智、信"的内涵是非常深厚宽广的，如何在这五个小分项的具体问卷中呈现，这是一个大难点。而且，问卷的分项是否真正包含了儒家精神与行为表现，是否存在盲点？这也是容易引起诘问的。实际上，这也是中国传统文化如何由语义与意境，转化为具体的量化符号的"转身"问题。对此，我们无法强求作者的论述天衣无缝——至少可以肯定的是，徐国明先生所作的创新尝试绝非牵强硬套，而是一种理念的呈现与展示，因而是值得鼓励与推荐的。

中国共产党十七大六中全会决议提出以文化复兴作为国家核心竞争力之主轴，逢此中国文化步入复兴之际，我们如何从浩瀚的传统文化中提炼符合当前中国需要的价值观，正是所有热衷传统文化人士应该去思考的课题，而徐国明先生的这篇研究论文，正是将此一课题转化为实际操作的一种尝试。当然，论文中尚有许多可待深化与细部发展的空间。不过，我们阅读的重点，恐怕更应该放在作者澎湃的思绪与文化情操中，放在跨时空中的精神交流中，这样的阅读，才会是一种享受。

值此出版之际，我十分荣幸写下我的感受，也期盼徐国明先生能够更上一层楼，提升自己的文化功力，持续为弘扬中国传统文化的伟大事业奉献一己之力。五千年来，所有朝代的国都叫中国，每一个朝代的人都叫中国人，让我们用生命传承五千年来的文化传统，为中国香火的生生不息而击掌赞美！

张曙光

2012年仲秋于北京师范大学京师大楼

目 录

摘　要 ………………………………………………………………… 1

第一章　引言 ……………………………………………………… 1
　　一　研究背景 …………………………………………………… 1
　　二　问题的提出与研究对象 …………………………………… 6
　　　　（一）问题的提出 ………………………………………… 6
　　　　（二）研究对象 …………………………………………… 6
　　三　研究目的与意义 …………………………………………… 6
　　　　（一）研究目的 …………………………………………… 6
　　　　（二）研究意义 …………………………………………… 7
　　四　研究程序 …………………………………………………… 7
　　五　选题研究现状 ……………………………………………… 8
　　　　（一）我国顾客满意度研究的现状 ……………………… 8
　　　　（二）顾客满意度的发展趋势分析 ……………………… 9
　　六　选题领域前人主要研究成果 ……………………………… 10
　　七　选题研究的重点 …………………………………………… 12

第二章　文献综述 ………………………………………………… 14
　　一　顾客满意度的相关理论 …………………………………… 14
　　　　（一）顾客满意度理论 …………………………………… 14

（二）顾客让渡价值理论 …………………………………… 15
　　（三）顾客满意度指数基本模型 ………………………… 15
　　（四）顾客满意战略 CS（Customer Satisfaction）…… 22
二　中国传统儒家文化　28
　　（一）北京边检为什么要提出中国传统儒家文化教育 … 28
　　（二）儒家文化与当代道德建设 ………………………… 29
　　（三）儒家文化与现代化 ………………………………… 30
　　（四）从多元文化视角看儒家文化的人文价值 ………… 33
三　儒学的概念、精华及孔孟的儒学、仁学、诚信思想　46
　　（一）儒学的概念 ………………………………………… 46
　　（二）儒学的精华 ………………………………………… 47
　　（三）孔孟儒学 …………………………………………… 49
　　（四）孔孟仁学 …………………………………………… 53
　　（五）孔孟诚信思想 ……………………………………… 57
四　中国传统儒家文化核心价值观的内涵　64
　　（一）中国传统儒家文化核心价值观的"仁" ………… 64
　　（二）中国传统儒家文化核心价值观的"义" ………… 78
　　（三）中国传统儒家文化核心价值观的"礼" ………… 82
　　（四）中国传统儒家文化核心价值观的"智" ………… 118
　　（五）中国传统儒家文化核心价值观的"信" ………… 120

第三章　北京边检顾客满意度现状、问题及原因分析　123
一　北京边检顾客满意度现状 …………………………………… 123
　　（一）北京出入境边防检查总站 ………………………… 123
　　（二）北京出入境边防检查总站服务现状 ……………… 126
二　北京边检顾客满意度方面的问题 …………………………… 127
　　（一）制度或者流程可进一步细化 ……………………… 127
　　（二）对"顾客满意度"的含义理解不够深入 ………… 128
　　（三）服务的规范化、标准化有待于提高 ……………… 128

三　影响北京边检顾客满意度核心价值观提升的主要原因……… 128

第四章　北京边检顾客满意度核心价值观的测量……………… 130
　　一　调查的基本情况和北京边检顾客满意度核心价值观均值…… 130
　　　　（一）调查的基本情况概述…………………………………… 130
　　　　（二）北京边检顾客满意度核心价值观均值………………… 133
　　二　利用SPSS统计表格分析仁、义、礼、智、信……………… 141
　　　　（一）仁………………………………………………………… 141
　　　　（二）义………………………………………………………… 146
　　　　（三）礼………………………………………………………… 151
　　　　（四）智………………………………………………………… 156
　　　　（五）信………………………………………………………… 161

第五章　北京边检提升顾客满意度核心价值观的对策建议…… 167
　　一　注重边检人员仪表，树立国门形象………………………… 168
　　　　（一）注重仪表美……………………………………………… 168
　　　　（二）体现礼仪美……………………………………………… 168
　　　　（三）讲求规范美……………………………………………… 169
　　二　强化精细化管理，确保旅客通关速度……………………… 169
　　　　（一）推行限时诚信服务……………………………………… 170
　　　　（二）提前等候旅客检查……………………………………… 170
　　　　（三）灵活调整通道、检查台等资源………………………… 170
　　三　强化管控措施，保障国家安全……………………………… 171
　　　　（一）依法履行出入境管控职责……………………………… 171
　　　　（二）努力增强出入境管控效能……………………………… 172
　　四　增强北京边检团队的凝聚力………………………………… 173
　　　　（一）创建卓越的服务团队…………………………………… 173
　　　　（二）提高团队的服务素养…………………………………… 173
　　　　（三）协调与合作……………………………………………… 174

　　　　五　懂得微笑 …………………………………………………… 174
　　　　　　（一）微笑是带着体温的一缕阳光 ……………………… 175
　　　　　　（二）微笑的实质是亲切、是鼓励、是温馨 …………… 176
　　　　　　（三）微笑服务则是一个人内心真诚的外露 …………… 180
　　　　六　对顾客实行人情味式的关怀服务 ……………………… 181
　　　　七　构建服务辅助保障平台 ………………………………… 182
　　　　　　（一）优质的管理就是服务 ……………………………… 182
　　　　　　（二）服务专业化——高效的服务体系 ………………… 183
　　　　八　提升边检人员的素质实现服务转变 …………………… 184
　　　　　　（一）提升服务主体的自觉性 …………………………… 185
　　　　　　（二）扩大服务内容的涵盖性 …………………………… 186
　　　　　　（三）增强服务效果的实效性 …………………………… 187
　　　　九　满意的顾客代表了北京边检的一种真实的、无形的资产 …… 188

第六章　结论与展望 …………………………………………… 189

参考文献 ……………………………………………………………… 192

致谢与声明 …………………………………………………………… 197

附录A　由中国传统儒家文化谈北京边检顾客满意度核心价值观
　　　　调查问卷 …………………………………………………… 199

附录B　Traditional Chinese cultural spirit of Confucius and Mencius on
　　　　inspection of Beijing's core values of customer satisfaction
　　　　questionnaire ……………………………………………… 201

附录C　边检顾客服务满意度调查问卷 …………………………… 204

附录D　Survey for customer satisfaction of Immigration Inspection …… 206

个人简历、在学期间发表的学术论文与研究成果 ………………… 208

CONTENTS

Abstract ··· 1

Chapter 1st Introduction ·· 1

    1.1 Background ··· 1

    1.2 Problem and research objects ······································ 6

        1.2.1 Issue raised ··· 6

        1.2.2 Research object ·· 6

    1.3 Research purpose and significance ······························· 6

        1.3.1 Research purposes ·· 6

        1.3.2 Significance ··· 7

    1.4 Research programme ··· 7

    1.5 Research current situation ·· 8

        1.5.1 Customer satisfaction research in China ············ 8

        1.5.2 Customer satisfaction and development trend analysis ······ 9

    1.6 The main research results of predecessors research field ······ 10

    1.7 The focus of the research ·· 12

Chapter 2nd review of Literature ··· 14

    2.1 Customer satisfaction theory ······································· 14

2.1.1 Customer satisfaction theory ……………………………… 14
2.1.2 Customer delivered value theory ……………………… 15
2.1.3 Customer satisfaction index model …………………… 15
2.1.4 Customer satisfaction strategy CS (Customer satisfaction) …………………………………………………… 22

2.2 Traditional Chinese Confucian culture ……………………… 28
2.2.1 Why traditional Chinese Confucian culture education in Beijing is important to Beijing immigration office? …… 28
2.2.2 The Confucian culture and contemporary moral construction ………………………………………………… 29
2.2.3 The Confucian culture and modernization …………… 30
2.2.4 The humanistic value of Confucianism culture from a multicultural perspective ………………………………… 33

2.3 The concept, the essence of Confucianism and Confucianism of Confucius and Mencius, benevolence, integrity …………… 46
2.3.1 The concept of Confucianism ………………………… 46
2.3.2 The essence of Confucianism ………………………… 47
2.3.3 Mencius Confucianism ………………………………… 49
2.3.4 The Confucian benevolence …………………………… 53
2.3.5 The Confucian sincerity ……………………………… 57

2.4 The connotation of traditional Chinese Confucian culture's core values ……………………………………………………… 64
2.4.1 Chinese traditional Confucian culture's core values of "Benevolence" ……………………………………… 64
2.4.2 Traditional Chinese Confucian culture's core values of "righteousness" ……………………………………… 78
2.4.3 Traditional Chinese Confucian culture's core values of "ritual" ……………………………………………… 82

2.4.4 Traditional Chinese Confucian culture's core values of "wisdom" ······ 118

2.4.5 Traditional Chinese Confucian culture's core values of "faith" ······ 120

3rd Beijing Frontier Inspection's Situation, problem and cause analysis of customer satisfaction degree ······ 123

3.1 Beijing Inspection of the Customer satisfaction ······ 123

  3.1.1 BeijingEntry—Exit Frontier Inspection General Station ··· 123

  3.1.2 Beijing Entry—Exit Inspection services ······ 126

3.2 Customer satisfaction issues at Beijing inspection office ······ 127

  3.2.1 Systems or processes to be further refined ······ 127

  3.2.2 "Customer satisfaction" understanding the meaning of enough ······ 128

  3.2.3 Service standardization, standardization to be increased ······ 128

3.3 Impact of inspection of Beijing's core values of customer satisfaction enhancement main reason ······ 128

4th Beijing Frontier Inspection of the core values of customer satisfaction measurement ······ 130

4.1 Investigation of the basic and Inspection of Beijing's core values of customer satisfaction ······ 130

  4.1.1 Overview of investigation ······ 130

  4.1.2 Inspection of Beijing's core values of customer satisfaction ······ 133

4.2 Analysis of benevolence, righteousness, propriety, wisdom and trust by using SPSS ······ 141

  4.2.1 Benevolence ······ 141

4.2.2 Righteousness ……………………………………… 146

4.2.3 Ritual …………………………………………… 151

4.2.4 Wisdom ………………………………………… 156

4.2.5 Trust …………………………………………… 161

5th Beijing inspection countermeasures for improving the core values of customer satisfaction ……………………………………………… 167

5.1 Focus on border control officers methods, Establish image of the country ……………………………………………… 168

5.1.1 Focusing on good appearance …………………… 168

5.1.2 Courteous ……………………………………… 168

5.1.3 Particular about code for the United States ……… 169

5.2 Enhanced fine management, keeping the flow ……………… 169

5.2.1 Implementation timed of services ………………… 170

5.2.2 Advanced waiting for passengers ………………… 170

5.2.3 The flexibility to adjust channels, checking resources …… 170

5.3 Strengthened control measures, the protection of national security ……………………………………………… 171

5.3.1 Carrying out immigration control duties according to the law ……………………………………………… 171

5.3.2 Effectiveness of efforts to enhance immigration control … 172

5.4 Strengthening Beijing's inspection team cohesion ……………… 173

5.4.1 Building the efficiency the service Team ………… 173

5.4.2 Service quality of Teams ………………………… 173

5.4.3 Coordination and cooperation …………………… 174

5.5 Understanding smile ……………………………………… 174

5.5.1 Is a warm smile as sunshine with a body's temperature … 175

5.5.2 Smile is the essence of a cordial greeting and is to be encouraged ……………………………………………… 176

5.5.3 A sincere smile service is a person's inner beauty to exposed ········ 180
5.6 Human—imposed on customer care service ············ 181
5.7 Build services—assisted assurance platform ············ 182
    5.7.1 Excellent management provides good service ········ 182
    5.7.2 Professional servicesEfficient service system ········ 183
5.8 Improving border control officers quality implementation of service changes ············ 184
    5.8.1 Improvement in service awareness of the subject ······ 185
    5.8.2 Expansion of services covered ············ 186
    5.8.3 The effectiveness of the effect of enhanced services ········ 187
5.9 Satisfied customers represent a real and intangible result of Beijing inspection will give attention ············ 188

6th Chapter conclusions and forward planning ············ 189

Literature ············ 192

Thanks and declarations ············ 197

Appendix A ············ 199

Appendix B ············ 201

Appendix C ············ 204

Appendix D ············ 206

Personal curriculum vitae, academic papers and research results published during the study time ············ 208

摘 要

中国传统儒家文化深刻地影响着顾客与员工的价值观，而顾客与边检组织的满意度又是基于价值观上的契合。北京出入境边防检查总站的千余名员工在新的时代如何秉承中国传统儒家文化来建立北京边检顾客满意度的核心价值观呢？本研究旨在探索中国传统儒家文化影响下的北京边检顾客满意度核心价值观，即仁义礼智信相对应的沟通状况、通关速度、仪表态度、专业素养和边检品牌等方面的顾客满意度。论文采用 SPSS（Statistical package for the social science）软件的基本统计分析及结构方程模型等多元统计分析方法，通过对北京出入境边防检查总站执勤的首都国际机场 T2、T3 航站楼和北京铁路西客站等几个主要场点的 311 名旅客的问卷调研，用顾客满意度、顾客让渡价值、顾客满意度指数基本模型、顾客满意战略 CS、中国传统儒家文化、北京边检为什么要提出中国传统儒家文化教育、儒家文化与当代道德建设、儒家文化与现代化、从多元化视角看儒家文化的人文价值、儒学的概念、精华及孔孟的儒学、仁学、诚信思想和中国传统儒家文化的核心价值观仁、义、礼、智、信等理论进行研究。但因问卷是随机调查，固未能科学均衡考虑各类人员的构成比例而将问卷发放于北京边检所辖全部站点，仅以首都国际机场及北京西客站的旅客为边检服务对象进行了顾客满意度的研究，研究对象未涉及及北京周边机场。难免有不周全之处，各项数据的也只是经调查顾客的个人意见，仅供参考。本书作者展望能继续努力，通过利用所学的管理哲学、国学和目前正在学习的经济学的知识整合中国传统儒家文化进一步深入研究北京边检顾客满意度核心价值观。

关键词：传统儒家文化；孔孟精神；边检顾客满意度；核心价值观。

ABSTRAC

China's traditional Confucian culture has a profound impact on the values of the customers and staff, the satisfaction of the customer and border organizations is based on the values fit. Beijing Entry—Exit Frontier Inspection Station, more than 1000 employees in the new era of how to uphold the traditional Chinese Confucian culture to establish the core values of the border customer satisfaction? This study aimed to explore the border of Beijing in China's traditional Confucian culture under the influence of customer satisfaction core heart values, corresponding to the communication conditions of wisdom and faith, customs clearance, instrument attitude, professionalism and border brand of customer satisfaction. Paper using the SPSS (high inflation package for the social science) software for statistical analysis and structural equation model of multivariate statistical analysis, the Duty of the Beijing Entry—exit Frontier Inspection Station capital international airport T2, T3 terminal and Beijing West Railway Passenger Station, several major points of the questionnaire survey of 311 passengers, customer satisfaction, customer delivered value, the basic model of the customer satisfaction index customer satisfaction strategy CS, traditional Chinese Confucian culture, border, why Inspection of Beijing raised the Chinese traditional Confucian culture, education, Confucian culture, and contemporary moral construction, Confucian culture and modern, from the perspective of a multi-cultural look at the humanistic value of Confucian culture, the concept of Confucianism, the essence of Confucianism and Confucius and Mencius, of benevolence, integrity and ideas and the traditional Chinese Confucian culture the core values of benevolence, righteousness, propriety, wisdom, letters and other theoretical studies. however, the questionnaire is a random survey, solid failed to balance the consideration of the proportions of the various types of personal questionnaires under the jurisdiction of all sites in Beijing border, only the Capital International Airport and Beijing West Railway Station for the border service object of customer satisfaction, the subjects not involved in and around Beijing airport. Inevitably it will be inadequate, the data is only the personal opinion of the survey of customers for reference only, With this view in mind the author of this article can continue their efforts through the use of the management philosophy, sinology, and is currently studying the economics of knowledge integration of traditional Chinese Confucian culture to further study the Inspection of Beijing's core values of customer satisfaction.

KEY WORDS: traditional Confucian culture the spirit of Confucius and Mencius border customer satisfaction core values

第一章 引言

一 研究背景

随着制造业和大规模生产向信息业的不断转换，传统的经济理论和量度方法已很难对现代经济增长与人类自身发展客观需求的匹配程度做出准确衡量。对于任何一个国家或企业单位来说，经济增长及其合理性已不仅仅取决于如何用较少的资源生产出更多的产品，而更多地是依赖于这些资源产出的功能与品质满足需求者的程度。现代市场经济的本质含义是，企业存在并且竞争以满足顾客需求，即谁真正满足了顾客，谁就取得了成功，所以对顾客满意度的研究就势在必行。

顾客满意度理念是针对整体产品的，它的基础是顾客根据自己的价值标准对整体产品进行的价值评估，它是在市场经济条件下，经济发展到一定阶段后的必然产物，满足顾客需求的那些企业将在竞争中生存下来，而那些不能很好地满足顾客需求的企业将在激烈的市场竞争中被淘汰。进入21世纪以来，又一轮金融风暴席卷全球，市场竞争变得更为激烈，企业组织推出的产品如果不受顾客的欢迎，就无法在市场中立足。现代边检行业的顾客对边检组织和边检人员提供的服务提出了更高的要求，如何在新形势下做好边防检查管理的同时提供高质量的服务，如何让北京边检尽可能在短的时期内整合中国传统儒家文化的核心价值观并赶超世界先进机场出入境同行的服务水平,这就是本书对北京边检顾客满意度研究的由来。

儒家的恕道(己所不欲,勿施于人)和仁道(己欲立而立人,己欲达而达人)可以作为全球伦理的基本原则。这是在人类文明对话年(2001年),由科菲·安南所主持的一个世界知名人士小组中,瑞士的神学家孔汉思先生主动提出的。因此,现代的我们更有必要简要地回顾一下中国传统儒家文化的核心价值观。

所谓儒家的核心价值观是指孟子的四端——仁、义、礼、智,以及汉代发展完善的五常——仁、义、礼、智、信。

"仁"是孔子第一教义,仁就是爱,所以叫仁爱。孔子的仁爱源自于西周以来的"保民"思想传统。《左传·桓公六年》记载随国的季梁说:"夫民,神之主也,是以圣王先成民而后致力于神。"意思是说人民是神派来做世界主人的,因此圣人要做的工作首先是带领人民获得幸福,然后再去奉献给神。这种"保民"思想传统对孔子的影响是决定性的,我们看孔子一生的工作,就是"先成民而后致力于神",是一位积极入世的、为人服务的圣人。在孔子的观念中,以人为本,以人为上,甚至还说"人能弘道,非道能弘人",人比道更重要。所以,孔子说的"仁"不是指去爱某一个人,而是指爱所有的人,仁是爱全人类,并落实到每一位人身上。这是超越种族、阶级与文化的爱,是爱的信仰,而非功利主义的爱。因此在漫长的历史中,仁爱成为所有人的盼望,它关怀人的精神,安慰人的心灵,使人在所有环境中都得到来自整个世界的慰藉,给人以生活的希望。有爱心、有行动的人被称为"仁者"。孔子指出,仁者要从以下五个方面去行仁道:恭、宽、信、敏、惠。恭指做人恭谨,宽指做人宽恕,信指做人讲信用,敏指做人灵活敏捷,惠指做人常给人好处。以上五者被称为"仁道五德",其中"宽"最重要。宽指宽恕、忠恕,"夫子之道忠恕而已",善于推己及人,己欲立而立人,己欲达而达人。孔子名言:"己所不欲,勿施于人。"意思是自己都不愿意的,千万不要强迫别人去做。此言已成为人类道德的黄金定律,是维系人类和平的基石。仁者对人的关怀超越功利,是一种先天本能,因此仁道又被称为先天之道。后天培养很关键，更重要的是不丧失先天的良知。仁又是一种差等的爱，此说法曾经引起了诸多批评。批评者认为墨子的"兼爱"或者基督教的"博爱"要比儒家的"差等的爱"更符合平等的原则。所谓差等的爱，从孔子、孟子开始就是针对一种普遍的、没有分疏的爱而作出的回应。儒家的一个基本预设是把社会理解为一个同心圆，从个人到家庭、家族、社会、国家、人类社群一直到生命共同体。这样，仁就需要推己及人，从内向外，从私到公。可是在实践过程中，如果不是主动自觉的，而是强迫对陌生人的爱如同对自己父母乃至兄弟姐妹孩子的爱是一样的，其结果就是对自己亲人就如同对路人一样的疏远。因此，差等的爱也是一个普遍原则，通过实践过程而逐渐向外展现的。

"义"是"仁"的外化，"仁"是"义"的内涵，二者不可分割，通称"仁义"。

仁指仁心，义指义行。一个是精神，一个是行动。当精神外化为行动，就产生力量。当行动有了精神，就有了方向。义是天下之公义、社会之公理，是公道人心的力量。义是坚持真理，相信人人天生平等，每个人都有自己的生存权利与尊严。义是人权。孟子说："行一不义、杀一不辜之人而得到了天下，君子也不会去做。"上帝是公义的保护者，君子是公义的践行者，良心是公义的火炬，任何事用良心一照就明亮了。著名学者辜鸿铭先生指出："在中国，良心就是宗教，良心比法律更能约束人。"是这样的，中国人说"头上三尺有神明"，强调人要用良知来省察自己，用良心做人。一个有良心的社会必是一个有秩序的文明社会。因此，儒家提倡讲义、行义，推崇义人、义士，这是有益于人类社会进步的。义是坚持原则，任何时候不放弃信仰，做一个真正的人、大写的人。同时，义对利确实是有所冲突，有些人批评它不符合现代市场经济。实际上，义和利的关系可以表述为：义可以包括利，但是利不可以包括义。义是所谓大利，是长远的、全面的利，而不是狭隘的、短期的利。很明显，儒家所讲的大同，就是不同，就是在差异中寻找大同，也是"和"而不同之意。

"礼"最开始专指祭祀，礼就是祭祀，人向神献祭。到后来从神人关系进入人与人的关系，礼成为人际关系的准则。礼是伦理道德与国家制度，文化艺术是礼的显现，礼是教育的目标。礼对人类社会起到稳定与发展的作用，并且通过变革实现和谐。对于每个人来说，礼意味着学习，意味着谦虚。一个人地位虽高、学问虽好，也要加入学习的洪流，这样生命是活的，进入生生不息的世界。刚开始，礼是一种约束，到后来，随着我们灵性学习的深入，礼成了自觉的行为、自由的境界。这时的礼是一种感恩、一种深深的爱。"礼"是中国社会的纽带。什么是礼？一般说来，礼是一切人际关系的总和，同时指国家制度。分为"礼"与"法"，合称"礼法"，孔子向老子问的就是礼法。"礼"指道德修养与伦理规范，"法"指法律。在古代，"法"属于"礼"的范畴。孔子所说的礼，一般指上下关系通过秩序达到和谐。孔子弟子有子转述孔子的话说："礼之用，和为贵，先王之道斯为美，小大由之。"（《论语·学而》）意思是礼的作用在于调和人事，这是很宝贵的，先王通过礼治理国家，使社会美好，无论小事大事都离不开"礼"，礼就是和谐。现代社会特别注重社会资本和文化能力，不仅是经济资本和科技能力。任何一个社会，如果用法来治理，可以得到社会的安定，但不能成为一个动力高、人与人之间交往厚的社会。那么，礼作为社会中非正式的人际关系必须依据的、有时却不能量化的行为规则，就可以成为建构在法律的基础上向上提升的社会资本和文化能力。

"智"是仁者的修养，也就是说，作为仁者，不但善良，而且有智慧。圣人有的是办法，君子能处理好各种事情，乐于与各种人打交道。愚人与人相处只知道贪婪索取，智者与人相处乐于付出。他不说"要"，他说"给"。他不说"不"，他说"好"。就这样，他的积累越来越厚，沉淀越来越深，达到无私而广博的境地。成为智者有三个阶段，第一个阶段，寻找灯，寻找光明；第二个阶段，找到灯，去点灯；第三个阶段，灯已点亮，成为光明。智者处世，要用"灯"的眼光看世界，给人光亮。光是透明的，智者是快乐的。孔子说"智者乐水"，讲智者像水一样流动，没有停留。这样，世间一切烦恼都不见了，留下的只是光明。智，类似西方所理解的 Wisdom。如果面对我们现在所碰到的困境、情况，有必要分清素材（Data）、信息（Information）、知识（Knowledge）、智慧（Wisdom）四者之区别与联系。从上往下看，智慧可以包括知识、信息、素材，知识则可以包括信息和素材。而信息的扩展、知识的扩大，是否能够达到智慧，正是大家所要关心的问题。智慧的获得除了要通过听的艺术，要通过人与人之间的沟通，同时要对历史上积累的智慧，即所谓智慧的源泉进行开发，而这些都不能够量化。智慧的获得和人的成长、知识的转化关系密切。因此，在今天，科学技术总是与日俱新，而历史、哲学、文学仍要回到源头寻求智慧。比如柏拉图虽然是奴隶社会的思想家，大家却认为他有很多很深刻的智慧，就是最杰出的研究生要重新了解柏拉图的智慧，也必须通过严格的训练和终身的努力。所以怀特海说，整个西方哲学都是柏拉图的注脚。儒家传统也可说是孔子的注脚。回到《论语》、《中庸》、《孟子》、《大学》这些智慧的源泉，它们不会因为时间推移而逐渐消失，并失去重要性。因此有必要对文本、对智慧的源泉，作一些理解和认识。

"信"是做人的底线。信就是信用，讲信用叫君子。人是社会人，我们通过信用与人建立关系。无论什么事情，只有信用才能达成共识，办成事情。只有承诺是不够的，关键在于践行。孔子说"君子无宿诺"，意思是说一个负责任的人不会把明天的事今天晚上就做出承诺，而是默默地去做。孔子深刻理解，天地都是讲信用的，因此这个世界稳如磐石。因此人也应该讲信用，未来才是可以预见的，事业才是可以操作的。不用说话，通过做事，信用在其中。孔子说："天何言哉？四时行焉，百物生焉，天何言哉？"（《论语·阳货》）意思是说天地无言，什么都有了。人也应该无言，该有的一切会有。无言是最高的智慧，信在其中。人用信心战胜一切、得到一切。需要指出的是，在商业伦理方面，如果没有诚信，没有透明度，没有公信度，没有相互信赖的机制，那么商业行为、竞争力强的市场经济就无法进行[①]。

---

① ［美］杜维明著：《儒家传统与文明对话》，彭国翔编译，人民出版社2010年版，第185页。

二 问题的提出与研究对象

（一）问题的提出

虽然国外已经有一些关于顾客与组织满意度的研究和测量工具，但许多学者认为，研究开发本土化（Indigenous）的测量工具更有意义。国内对此类研究还不是十分系统，尤其在中国传统儒家文化背景下，针对北京边检顾客满意度的研究较为少见。为此，本人选择了《由中国传统儒家文化谈北京边检顾客满意度核心价值观》作为研究题目。

（二）研究对象

本研究对象是北京边检（以北京出入境边检总站为主体）的顾客满意度，并在此基础上分析北京边检顾客满意度核心价值观与中国传统儒家文化的整合，及其与一些相关因素包括仁、义、礼、智、信等的关系。同时，对相关因素结合北京边检顾客满意度核心价值观的问卷调查进行比较研究。

三 研究目的与意义

（一）研究目的

Hofstede（1990）认为，国家文化的差异更多地体现在价值观上，而不是实务上。虽然不同行业之间的事务（行业行为）看起来是很相近的，然而深层次的国家价值观还是很不同的，而这些价值观与组织成员成长的过程、教育、环境有密切的关系。Hofstede 和 Bond 在研究亚洲地区 80

年代经济增长时，发现了第五个"组织文化构念"——儒家思想特质（Confucian Dynamism）。在 1997 年分析比较了这一维度在世界各国和地区的差别，发现中国分数位居第一。这些研究都表明，中国有着独特的传统文化背景，因此具有相对独特的组织价值观体系。为此，本研究针对中国传统儒家文化影响下的北京边检顾客满意度，深入探索其内容和结构，开发有效的调查问卷等测量工具，进而研究基于顾客满意度的北京边检与中国传统儒家文化核心价值观，及其与相关因素的内在关系。

（二）研究意义

中国传统儒家文化与北京边检顾客满意度核心价值观研究所要解决的问题，就是测量北京边检的顾度满意度。北京边检目前正处于改革与发展的重要阶段，加之受传统文化的深远影响，在顾客满意度上有着与国外明显的不同。这就是为什么我们不能照搬国外的量表，而要立足中国传统文化与当今北京边检实际，来研究当前北京边检顾客满意度的测量，这正是本研究的意义之一。第二个意义在于国外对于儒家思想理解不完全一致，一些测量表没有涉及儒家思想的实质，因此，有必要进行更为深入的研究。第三个意义在于对实践的指导，探索北京边检在不同价值观上的顾客满意度，及其对工作表现的不同影响，对边检管理实践具有指导作用。

四　研究程序

研究过程由以下三个阶段：调查问卷的编制阶段、调查阶段、总结阶段。中国传统儒家文化谈北京边检顾客满意度核心价值观模型的建立本人做了大量的准备工作，多次到首都国际机场 T2、T3 和铁路西客站的边检执勤现场进行调研，根据实际情况整整一个月的时间到国家图书馆查找相关的建模资料，在北京出入境边防检查总站的有关领导和本人的具体部门相关领导的支持下，与有关领导、检查员和论文指导教授作了调查问卷的设计探讨，请教多位中外旅客、公司代办和地面工作人员，吸取他们的合理化建议，经过多次的问卷试验调查，不断改进问卷的设计并最终采用了附后的调查问卷（中文版见附表1，英文版见附表2）。具体步骤见下图。

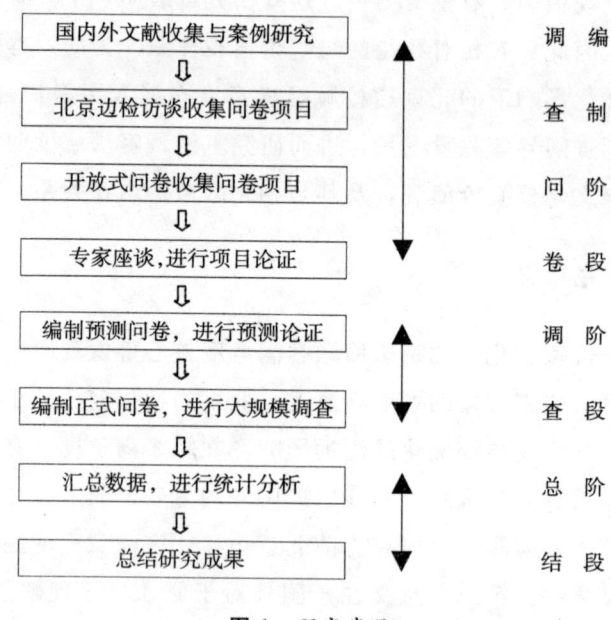

图1　研究步骤

五　选题研究现状

北京边检提高服务水平是一种具体的实践活动，分析其本质必然要受到顾客满意度这一科学理论基础的指导和约束。

（一）我国顾客满意度研究的现状

我国无论是对顾客满意度的研究还是对顾客满意度理念的实践，其时间都比较晚。1995年12月，我国234家企业联合发出了"深入开展顾客满意活动，实施顾客满意工程"的倡议，这可以看成我国宣传顾客满意度理念的开始。1996年5月，国家8个部、会、局，成立了顾客满意工程联合推进办公室，1997年增加到15个部、会、局，而现今已发展到全国近万家企业加入这一利国利民的活动中来。各省、市政府,民航、邮电、冶金、机械、电子等各部门以及质协、企协等都十分重视,不少企业建立了相应机构,强化适应市场与满足顾客需求的职能。宝钢、长虹、海尔等成功企业已经开展全员顾客满意培训。中国质量管理协会多次举办顾客完全满意研讨及培训,邀请国外公司介绍顾客满意的做法,交流顾客满意的概念、内涵、方法与评价体系。

近几年,顾客满意活动随着经济发展,很快在全国得到推广,越来越多的企业管理者、质量工作者积极地加入到了顾客满意活动中来,越来越多的市场调查公司也加入了其中,为企业和政府承接各种有关顾客满意度的调查项目。但是,不得不提的是,我国虽然有不少企业在开展顾客满意度调查,对改进和提高产品质量起到了一定的作用,但方法尚简单,缺乏可比性,无法为企业在激烈的竞争中提高市场占有率提供可靠的依据。

(二)顾客满意度的发展趋势分析

70年代早期,美国就开始对顾客满意度进行大量的研究。研究表明对产品(服务)满意的顾客不仅重复购买,成为忠诚顾客,还会给企业带来很好的宣传效果。从1977年开始,美国学者亨特、奥立佛等相继发表了多篇论著,并以此为主题召开了几次专题研讨会,提出了顾客在购买产品或服务之前的期望和期望的不稳定性,都影响了顾客在购买之后主观感受相比较后而产生的满意程度。自80年代开始,欧美、日本等发达国家的一些先进企业开始将顾客满意战略引进企业的经营之中,引起了企业经营的革命,对顾客满意度进行测量和研究也成为这些企业整体质量计划的重要组成部分。质量工作者和数理统计学家加入了这一课题的研究,尤其是计量经济学的发展和成熟,把计量经济模型引入到顾客满意程度的分析和计算过程。

国际第一个全国顾客满意度指数是瑞典顾客服务测评标准(SCSB),创建于1989年,它是由美国密歇根大学商学院国家质量研究中心费耐尔博士设计的,运用瑞典统计局收集的数据,编制适用于瑞典国家指数、瑞典经济各领域指数和各类公司指数的数学模型。现在它已成为瑞典极具价值的国民经济指标。从模型的提出到不断改进，顾客满意度理论的研究随着实践的发展也在不断成熟和完善。

六 选题领域前人主要研究成果

从20世纪70年代开始，许多发达国家开始着手研究顾客满意度，逐步形成了较为成熟的模型框架。Fornell（2001）在《哈佛经济评论》发表的文章《满意度科学》（The Science of Satisfaction），总括性的介绍了顾客满意度在社会经济中的重要性，同时这也意味着主流经济学已经越来越关注这一课题。当时，在顾客满意度（customer Satisfaction）理论模型研究方面起主导作用的是奥利佛、欧尔森和德芙等人提出的"期望——不确定"模型。他们认为顾客的期望是衡量顾客满意程度的标准。当实际的绩效（Actual Performance）等于顾客的期望时，顾客满意；当实际绩效大于顾客的期望时，顾客非常满意；反之，顾客不满意。后来，很多学者如尔内斯特和罗伯特、特斯和威尔顿等人又从心理学、管理学角度对这一理论模型作了进一步的扩展和补充。但由于这一模型的主要缺点是只注意期望对满意度的影响，却忽略了满意度的另一个基本决定因素——需求的研究。90年代以来，美国的斯普林格、麦肯齐和奥尔沙夫斯针对前人研究的缺点，提出了顾客满意新模型。这一模型认为，当顾客把他们对产品或服务绩效的感知（Perception）与欲望和期望相比较时，就能决定满意感是否会产生。它的贡献在于：一方面导入了欲望因素，分析顾客需要的层次和水平对顾客满意度的影响；另一方面，提出一个信息满意因素，要求企业与公众进行信息沟通时精确地传递信息，否则也会影响顾客满意的形成。在顾客满意度理论和模型发展到比较成熟的阶段后，瑞典、美国、挪威等国家和地区根据各自的实践特点，相继建立了国家顾客满意度指数模型。

80年代以来，一种新的营销战略观念在日本和欧美各国兴起，那就是顾客满意度（Customer Satisfaction）。科特勒认为"满意是一种感觉状态的水平,它来源于对一件产品所设想的绩效或产出与人们的期望所进行的比较"。瑞典于 1989 年在世界上率先建立了国家层次上的顾客满意度指数模型,该模型是在美国密西根大学的福内尔教授等人的指导下开发的,该模型共有五个结构变量:顾客预期、感知价值、顾客满意度、顾客抱怨和顾客忠诚。美国顾客满意度理论模型是由密西根大学国家质量研究中心主任克莱斯·福尼尔等人提出,它由 6 个不同但紧密相关的因素构成,即顾客期望值、质量认知、价值认知、顾客满意度、顾客忠诚度和顾客投诉。在这个模型中,质量认知、价值认知和顾客的期望值构成顾客满意度的三个前提;顾客满意度是最终追求的目标变量,而顾客投诉和顾客忠诚度则是顾客满意度的结果变量。由于这些变量都不是直接可测的,我们称之为潜在变量。

Cardozo (1965) 最初将适应水平理论中的差异理论 (Contrast Theory) 引入到对顾客满意度的研究中,他指出:当人们所获得的外来刺激比期望的要差,他将夸大这种差异,即便期望发生了变化,他也会将刺激与最好的期望进行比较。Olshavsky 和 Miller (1972) 引入同化——差异理论 (Assimilation Contrast Theory) 进一步补充:如果产品表现与期望相差太远,人们会倾向于与期望趋同。Oliver (1980、1981) 借鉴了工作满意度的研究成果,首先将适应水平理论应用在顾客满意度的研究中,他指出,一个人关于产品表现的期望水平一旦建立,就可以作为适应水平。最具代表性的认知模型是 Oliver (1980) 提出的"期望——不一致"(Expectation-Disconfirmation) 模型。该模型认为,顾客在消费过程中或消费结束后,会根据自身的期望,以及顾客所感知的产品或服务的实际表现与期望的不一致情况进行评价,如果产品或服务的实际表现超过期望,顾客就会满意,反之顾客就会不满意。

近年来,我国学者对顾客满意度的研究主要集中在顾客满意度识别及与其相关因素关系的研究上。韦福祥 (2001) 研究了服务质量、顾客满意与顾客忠诚之间的关系,指出三者并不存在强的正相关,但是服务质量高会导致顾客满意,对服务质量与顾客满意进行了实证研究。刘满凤、黎志成 (2002) 总结了目前国内外对顾客满意度识别的方法。王永贵 (2002)

在考察了手机市场的基础上,构造出服务质量、顾客满意与顾客价值的整体框架,尤其强调了顾客价值对服务质量与顾客满意的调节作用。

七 选题研究的重点

联系到我国现阶段的国情,满意度的研究非常重要,一方面,它能够促进我国企业经营观念的转变,推动企业管理水平的提高,从而促进经济的迅速发展;另一方面,它能够推动我国的政治体制改革,促进政府管理水平的提高。对于北京边检如何进一步提高顾客满意度也同样重要。鉴于满意度与满意度指数的重要性以及时间上的迫切性,本书对满意度进行了初步的探讨,为了实现这一目标,文章分六章进行论述:第一章引言,包括研究背景、问题的提出与研究对象、研究的目的与意义、研究程序、选题研究现状和选题领域前人主要研究成果;第二章文献综述:顾客满意度的相关理论(包括顾客满意度理论、顾客让渡价值理论、顾客满意度指数基本模型、顾客满意战略);中国传统儒家文化(北京边检为什么要提出中国传统儒家文化教育、儒家文化与当代现代化、从多元文化视角看儒家文化的人文价值);儒学的概念、精华及孔孟的儒学、仁学、诚信思想;中国传统儒家文化核心价值观的内涵(中国传统儒家文化核心价值观的"仁"、中国传统儒家文化核心价值观的"义"、中国传统儒家文化核心价值观的"礼"、中国传统儒家文化核心价值观的"智"和中国传统儒家文化核心价值观的"信");第三章北京边检顾客满意度现状、问题及原因分析:包括北京边检顾客满意度现状(北京出入境边防检查总站、北京出入境边防检查总站服务现状);北京边检顾客满意度方面的问题(制度或者流程可进一步细化、对"顾客满意度"的含义理解不够深入和服务的规范化、标准化有待于提高);影响北京边检顾客满意度核心价值观提升的主要原因;第四章北京边检顾客满意度核心价值观的测量:调查的基本情况和北京边检顾客满意度核心价值观均值;利用SPSS统计表格分析仁、义、礼、智、信;第五章北京边检提升顾客满意度核心价值观的对策建议：包括注重边检人员仪表，树立国门形象；强化精细化管理确保旅客通关速度；强化管控措施，保障国家安全；增强北京边检团队的凝聚力；懂得微笑；对顾客实行人情味式的关怀服务；构建服务辅助保障平台；提高边检人员的素质实现服务转变；满意的顾客代表了北京边检的一种真实的、无形的资产；第六章结论与展望，包括研究结论、研究局限与不足和研究展望。

第二章 文献综述

一 顾客满意度的相关理论

（一）顾客满意度理论

二战前，产品的供给通常满足不了顾客的需求，由此导致了企业以生产为导向（production—oriented）。二战后，出现了以产品为导向（product—oriented）的理念，但它并没有盛行很长时间，很快就被以顾客为导向（customer—oriented）的理念所取代，因为企业界发现，自己认为最好的产品并不一定就是顾客认为能最好满足其需要的产品。而这种以顾客为导向的理念，其实就是顾客满意度的另外一种说法。80年代以来，一种新的营销战略观念在日本、欧美各国兴起，那就是顾客满意度（Customer Satisfaction）。科特勒认为"满意是一种感觉状态的水平，它来源于对一件产品所设想的绩效或产出与人们的期望所进行的比较"。所以，公司营销的目标就是要不断提高期望同时提升绩效，两者结合，追求所谓的"整体顾客满意（Total Customer Satisfaction）"。顾客对产品或服务期望来源于过往经验、他人经验的影响、营销人员或竞争者信息承诺，而绩效来源于整体顾客价值（由产品价值、服务价值、人员价值、形象价值构成）与整体顾客成本（由货币成本、时间成本、体力成本、精神成本构成）之间的差异。

（二）顾客让渡价值理论

顾客让渡价值理论是 1996 年美国著名的市场营销专家菲利浦·科特勒首次提出的，它是指顾客购买商品或劳务所获得的总价值和支付的总成本之间的差额。顾客的总价值是指顾客购买某一产品或服务所期望获得的一切利益，它包括产品价值、人员价值和服务价值等。顾客的总成本是指顾客为购买某一产品或劳务所消耗的时间、精力、体力以及所支付的货币资金等。因此，顾客的总成本包括货币成本、时间成本、精神成本和体力成本等。顾客在购买产品或劳务时，总希望从中获得最大的实际利益，以使自己的需要得到最大限度的满足，但同时又希望把支付的总成本降到最低限度。所以，顾客在选购产品和劳务时，往往从价值和成本两个方面进行比较分析，从中选出价值最大、成本最低，即顾客让渡价值最大的产品或劳务进行购买。菲利普·科特勒提出的"顾客让渡价值"理论，为企业在后经济时代维系顾客关系的有效性提供了理论基础，顾客让渡价值的大小决定了顾客满意度的高低，从而决定了顾客忠诚度的强弱。在企业的战略安排上，顾客让渡价值理论的意义在于，企业必须构造完整的产品价值链，从整体顾客价值着手，在顾客心中实现准确定位，从而为企业驾驭顾客资产指明了战略方向。

（三）顾客满意度指数基本模型

国外对满意度指数的研究历史并不长，世界上第一个推出顾客满意度指数的国家是瑞典，1989 年，瑞典实施了"瑞典顾客满意度指数"，简称 CSB。CSB 是基于计量经济学模式的原理，用量化的百分比来表示有多少顾客再来购买商品或服务，这个信息对企业而言是至关重要的。

德国、美国、意大利、新西兰等国家和台湾地区继瑞典之后相继采用了 CSI 这一新型的宏观经济指标，开始对这方面进行研究并加以应用。1992 年德国建立了德国顾客满意度指数（DK）；1994 年美国建立了迄今为止行业覆盖最广的美国顾客满意度指数体系（America Customer Satisfaction Index，简称 ACSI），并逐渐确立了其在顾客满意度理论研究及实践方面的主导地位；1995 年新西兰开始测评为数不多的几个行业；1998 年，韩国才开始学习西方国家对满意度指数的研究，开始实施试点项目；2000 年欧洲质量组织和欧洲质量管理基金会与安达信公司合作，通过对欧洲顾客满意度指数的可行性研究，研究并开发了欧洲顾客满意度指数（European Customer Satisfaction Index，简称 ECSI）。应该这么说，顾客满意度指数的研究已转化为一种势不可挡的国际趋势，并将越来越受到各国的重视。

瑞典顾客满意度指数模型（SCSB）

SCSB（Sweden Customer Satisfaction Barometer）是最早建立的瑞典全国性顾客满意度指数模型。该模型的前导变量有两个：顾客对产品/服务的期望；顾客对产品/服务的价值感知；结果变量是顾客投诉和顾客忠诚度。顾客忠诚度是模型中最终的因变量，如下图 2 所示。

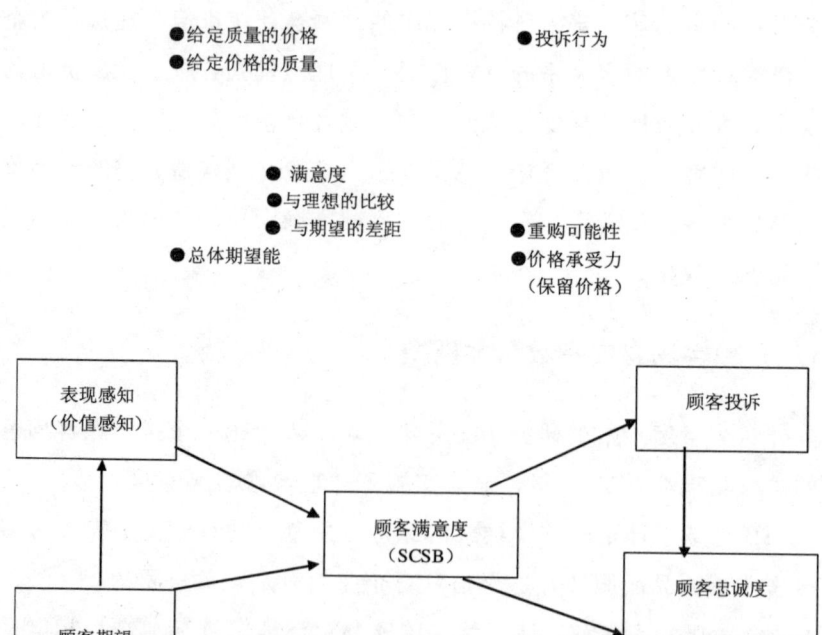

图 2　瑞典顾客满意度指数模型（SCSB）图示

SCSB 模型推出后，在实践中受到了质疑：价值感知对顾客满意度的影响是必然的，但是价值因素和质量因素相比，哪方面更重要呢？由于顾客对不同产品/服务的质量感知是有差别的，如果在模型中加入质量感知变量，如何来衡量呢？等等。

美国顾客满意度指数模型简述

美国顾客满意度理论模型是由密西根大学国家质量研究中心主任克莱斯·福尼尔等人提出，它由6个不同但紧密相关的因素构成，即顾客期望值、质量认知、价值认知、顾客满意度、顾客忠诚度和顾客投诉。在这个模型中，质量认知，价值认知和顾客的期望值构成顾客满意度的三个前提；顾客满意度是最终追求的目标变量，而顾客投诉和顾客忠诚度则是顾客满意度的结果变量。由于这些变量都不是直接可测的，我们称之为潜在变量（或者陷变量）。

（1）ACSI 的基本理念

ACSI 的基本信条是，满意的顾客代表公司真实的无形的资本。

按此信条，资本产生未来收入，等于股东的真正资本，作为公司应当为这种资产增加投资。在这里 ACSI 升华了为顾客服务的概念，即将服务的内涵进行了延伸，ACSI 提出的不仅仅是"顾客是上帝"的问题，而是怎样营造成一个满意的顾客群体的问题，怎样把这些顾客变成真正的经济资产的问题，怎样为这些资产增加投资的问题。我们过去提出的企业效益与社会效益的结合虽有异曲同工之妙，但多了一份抽象，少了一份体贴。在今后的顾客服务工作中，我们应在这份体贴上做文章，从观念上我们应树立为顾客想、为顾客做的意识，努力建立起企业自己的忠诚顾客群体，从而促进企业的持续发展。

①对价值认知的再认识。

价值认知是 ACSI 模型的三个前提之一（这在以后的叙述中将会重点介绍），它是顾客对所支付价格相关的产品或服务质量水平的感受。ACSI 提出："每一美元对应的质量或价值是顾客用来比较相似品牌和等级的普遍标准。"这其实就是中国人常说的"物有所值"、"按质论价"或"按价论质"。

②把顾客投诉真正当作礼物。

大工业生产的产品不可能尽善尽美，所以顾客投诉不可避免，实现零投诉是不可能的，也是不现实的。顾客满意增加的直接结果就是减少顾客抱怨和增加顾客对企业及其产品的忠诚度。ACSI模型形象地指出，顾客投诉是一种礼物，处理得好可以把投诉的客人转变为忠诚顾客，反之，投诉客户就有可能离开。

（2）ACSI模型的建立

ACSI是用消费者的消费经验来衡量产品和服务的质量的。一个独立企业的顾客满意度指数（CSI）体现了它所服务的市场（顾客）对购买与消费情况的总体评价，包括产品的实际使用情况和对产品的期望。总体顾客满意度指标需具备统一性和可比较性的特点，因此ACSI有两个前提条件：

①首先，满意度是一种来源于顾客的评价，不能被直接观测，因此ACSI中把总体顾客满意度看作一个潜变量，用多重指标的方法来测量，测量结果是潜变量的分数，可以用测量结果对各个企业、行业、经济领域和国家的顾客满意度情况进行比较。第二，作为一个全面测评顾客满意度的方法，ACSI不仅考虑到实际消费经验，更注重对未来前景的预测。

②为了使ACSI具有预测性，整个模型结构的建立以因果关系为基础，将ACSI置于一个因果关系链中考虑（如图5—1所示）。因果关系链始于影响顾客满意度的前期因素，即顾客期望、感知质量和感知价值，终止于顾客抱怨和忠诚，ACSI位于价值链的中心。通过这种设计，ACSI可以获得目标市场对企业所提供的产品和服务的评价，包括对历史情况的评价以及对未来情况的预测。

③总体ACSI有三个决定因素：感知质量、感知价值和顾客期望。

总体顾客满意度的首要决定因素是感知质量或感知绩效。即接受服务的顾客群体对近期消费经历的评价，这对总体顾客满意度有直接的正向影响。为了使感知质量的测量具有可操作性，用两个概念来阐述主要的消费经历：①定制化，指企业提供的产品或服务能满足不同顾客需求的程度；②可靠性，指企业提供的产品或服务的可信赖性、标准化及无缺陷的程度。

总体顾客满意度的第二个决定因素是感知价值，或者称为与价格相关的产品质量的感知水平。将带有价格信息的感知价值加入 ACSI 模型中，增加了 ACSI 分析结果在企业、行业和地区间的可比性。不同的受访者之间存在着收入差异和支出预算差异，利用修正的价值来衡量绩效，可以解决这个问题，进而可以对不同价格的产品和服务进行比较。与感知质量相同，感知价值与顾客满意度之间存在正相关关系。

总体顾客满意度的第三个决定因素是顾客期望。顾客期望体现了两方面内容：一方面是对企业提供的产品的先验的消费经历，包括来自如广告和口碑的非经验信息；另一方面是对企业未来能够提供的产品质量的预测。因此，顾客期望既是回顾性的，又是前瞻性的，它涵盖了 $t-1$，$t-2$，…，$t-m$ 时期中所有的产品质量感知信息。那么很自然，顾客感知同企业绩效（如整体顾客满意度）的累积评估结果之间具有正相关关系。同时，在 t 时期的顾客期望也能够预测 $t+1$，$t+2$，…$t+n$ 时期企业能够满足市场的能力。由于顾客对未来产品质量的期望影响着整体的顾客满意度，因此顾客期望对于企业与其顾客群未来关系的发展至关重要。期望的预测作用同样表明了它对总体顾客满意度有正向影响。

另外，顾客期望影响着感知质量并最终影响着感知价值。顾客期望就像一面镜子，敏锐地映射出当期产品的质量。因此顾客期望在很大程度上能够合理地反映出近期顾客所消费的产品和享受到的服务水平，并对未来的质量具有预测能力。

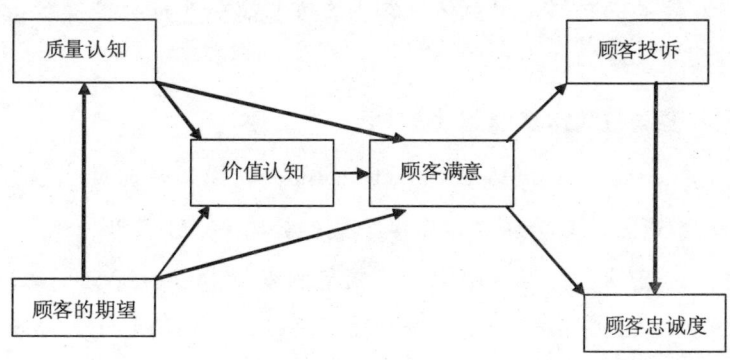

图 3　美国顾客满意指数（ACSI）模型

美国顾客满意度（ACSI）是根据顾客对在美国本土购买、由美国国内企业提供或在美国市场上占有相当份额的国外企业提供的产品和服务质量的评价，通过建立模型计算而获得的一个指数。为了能反映国家整体的经济情况，ACSI 收录了 200 多家企业的数据，涵盖了 7 个（如今发展到 10 个）主要经济领域的 40 多个行业，这些企业 1994 年销售总额超过了 2.7 万亿美元。每年列入美国顾客满意度指数调查的美国有关企业和机构的产值约占国内生产总值的 40%。ACSI 以年度数据为基础，使用一个经过检验的多方程计量经济学模型来生成四个层次的指数：先得到每个企业的顾客满意度指数（200 个企业），再对这些企业的指数加权计算得出各行业（41 个）、各经济部门（10 个）以及国家的顾客满意度指数。美国 30 家最大的联邦政府机构也包括在美国满意度指数的年度调查之中。从 2000 年开始，该指数中又新增了电子商务行业。ACSI 的所有调查结果都在《华尔街日报》（The WALLStreet Journal）上刊出。

ACSI 是对消费的产品或服务质量的一种测评。一个企业的 ACSI 代表了它的顾客群对企业所提供的产品和服务整体的满意情况。同时也包括了消费者的消费经历和期望。与之类似，行业的 ACSI 代表的是顾客对一个行业的产品和服务的总体满意情况。经济部门与国家亦是如此。ACSI 代表的是一个企业提供的产品和服务的总体水平，而不是某个个人对特定交易的评价。当然，特定交易的顾客满意度调查能为某种特定产品或服务提供有针对性的诊断信息。总体顾客满意度是对企业过去、现在和将来的业绩更全面而基础的评价指标。①

中国顾客满意度指数模型（CCSI）

CCSI（China Customer Satisfaction Index）模型是在对 SCSB、ACSI 和 ECSI 模型进行比较分析的基础上形成的，与 ACSI 模型相比，CCSI 主要进行了三点变动：首先，增加了公司形象变量并相应配套了解释变量。赵平（2000）认为，由于信任危机和面子心理，中国消费者对品牌形象有

---

① 刘金兰：《顾客满意度与 ACSI》，天津大学出版社 2006 年版，第 52 页。

较强的认知和依赖，因此在模型中加入了品牌形象变量。其次，从模型中剔除了顾客抱怨变量。根据试点调查结果分析，发现用户抱怨与用户满意并没有明确的相关关系，剔除了用户抱怨变量。最后调整了预期质量、感知质量、用户满意度的解释变量，对预期质量和感知质量增加了服务感知质量解释变量，对用户满意度增加了同其他品牌比较的解释变量。

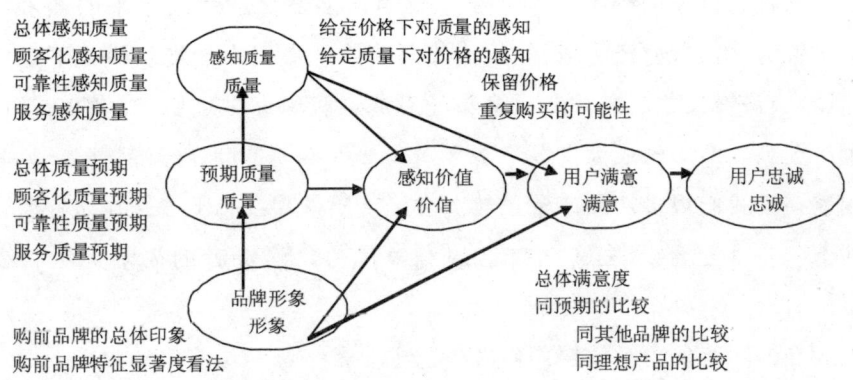

图 4 中国顾客满意度指数模型（CCSI）图示①

（1）对建立我国满意指数评价体系的思考。

①建立中国顾客满意度指数体系（CCSI）的必要性

随着我国市场经济的发展和完善，市场竞争日益激烈，逐渐由卖方市场转变为买方市场。随着生活水平提高，人们对产品质量有了不同的认识。目前对质量的定义主要来自消费领域，如美国质量管理专家朱兰博士所提出的：产品质量就是产品适合顾客需要的程度。在国际质量管理和质量保证技术委员会发布的《质量术语》标准中，对物质产品和服务的质量下的定义为：产品和服务满足规定或者潜在需要的特征和特性的总和。由上可知，目前对质量的认识有以下两种含义：一是产品自身具有的特征，即符合技术标准的程度，我们可称其为品质；二是顾客满意程度。所以说品质不高的产品当然是低质量的产品，但是品质优良的产品也可能是质量

---

① 廖颖林：《顾客满意度指数测评方法及其应用研究》，上海财经大学出版社 2008 年版，第 40 页。

低下的产品,因为这种产品可能没有满足顾客的需要。

②从产出的角度分析,一国的经济增长包括产品数量的增加与产品质量的改进这两方面的内容。在 GDP 的国际比较中,产品的数量是固定的,无法改变。而产品税的质量在比较中则将显示出巨大差异。经济增长效果的因素恰恰是各国产品质量的差异。所以,从产出的角度来看,我们可以将经济增长区分为两种类型:一是主要由产品数量的增长带来的经济增长,可称为"数量型经济增长"。而我国改革开放以来的增长模式下是以"数量型经济增长"为主。经过多年的发展,我国许多重要产品的产量位居世界前列,中国已成为世界经济大国,却称不上是世界经济强国,究其原因就在于我们很多产品产量虽然上去了,质量却没有上去。在这种增长模式下,企业已经无法确立自己的竞争优势,消费者的需求无法得到满足。

③在国际竞争力对比层面,考虑的主要是一国的经济发展水平,而之并不是用以本国货币计价的 GDP 和人均 GDP 增长速度来就可以准确度量的。按照联合国和世界银行的标准:采用以美元计价 GDP 和人均 GDP 作为各国发展水平的指标;同时用以本国货币不变价格计算的 GDP 实际增长率和人均 GDP 实际增长率来评价各国经济增长速度。这样就会出现不一致的现象:即评价经济发展水平以美元为计量单位,而评价经济增长速度采用的则是以本国货币为计量单位的实际增长率指标。如果采用有价值增长率的概念,即将以统一单位(美元)不变价计算的增长率称为有价值增长率,来衡量经济发展水平;而以本国货币不变价计算的增长率称为实际增长率,因此许多国家并没有实现经济的高增长,我国的 GDP 增长也存在高估的现象。①

(四)顾客满意战略 CS(Customer Satisfaction)

即"顾客满意战略",是指企业为了使顾客能完全满意自己的产品和

---

① 张大江:《顾客满意度测评研究》,北京工商大学,2003 年。

服务，综合、客观地测定顾客的满意程度，并根据调查分析结果，对企业进行产品、服务、企业文化一体改善的一种经营战略。要建立的是顾客至上服务，使顾客百分之百满意从而使效益倍增的系统。通过对顾客满意度的相关理论分析阐述提高边检服务水平在边检工作中的重要作用。

马斯洛的需求层次理论告诉我们，人的需求是分层次从低级向高级发展的，当低级需求得到满足后不再成为动力的源泉，而高一级的需求则激发他去产生新的动力[①]。

顾客的需求可分为基本需求、期望和超越期望三个层次。顾客的"基本需求"是产品的服务"必须有"的属性或功能，亦即顾客认为是这种产品或服务当然应有的基本功能。"顾客期望"是提供的产品和服务较优秀，但并不是"必须的"产品属性或服务行为，有些期望甚至连顾客自己都不清楚，但却是他们希望得到的。如果能满足顾客的这些期望和要求，就有可能使顾客满意、高兴，吸引顾客回头。"超越顾客期望"是提供给顾客一些完全出乎意料的产品属性或服务行为，或者顾客从未体验过的需求，使顾客产生惊喜。

由于顾客需求的变化，甚至连顾客也很少知道三年之后他们需要什么。所以，企业不仅要了解顾客需求，而且还要设想顾客的需求，从而来开发和定义顾客满意的产品要求。产品要求是顾客期望的产品规范。那么如何把由顾客语言所描述的期望转为由边检定义的产品要求呢？质量功能展开（Quality Fuction Deployment，QFD）提供了转换设计高质量产品的新方法，其基本原理是对内部和外部顾客的需求进行集成、记录和优先排序，确保把这些要求转换成相应的产品/服务规范。使用 QFD 方法增强了供应商——顾客的交流，减少或消除了重复设计和返工，QFD 可以降低产品开发成本，缩短开发周期。在了解和预测顾客需求之后，应用 QFD 的方法来定义产品要求，可以提供更加符合顾客需求的产品和服务，

---

① 国家质检总局质量管理司、清华大学中国企业研究中心：《中国顾客满意度指数指南》，中国标准出版社 2003 年版。

为顾客增加价值①。

顾客满意度战略是一种质量战略

一般地讲，顾客满意包括以下五个方面的内容：(1) 理念满意：这是企业经营理念带给顾客的满足状态；(2) 行为满意：它是指企业全部的运行状态带给顾客的满意程度；(3) 视听满意：这是企业可视性和可听性外在形象带给企业内外顾客的满足状态；(4) 产品满意：这是企业产品带给顾客的满足状态；(5) 服务满意：这是企业服务带给顾客的满足状态。可见，顾客满意体现了"顾客第一"的观念、"顾客总是对的"信念、"员工也是上帝"的思想。

从顾客满意理念来分析，顾客满意度战略是顾客对企业的理念满意、行为满意和视听满意三方面因素协调运用，全方位促使顾客满意的整合结果。这三个方面不仅有紧密的关联性，而且有很强的层次性，从而形成了一个有序的、功能整合的顾客满意系统结构，是一项十分复杂的系统工程。它的价值取向是以顾客为中心。如上所述，北京边检的顾客可以指北京边检内部成员，包括北京边检的员工和各级机关、队所；可以指北京边检外部顾客，包括出入、通过北京口岸的旅客或团队及和北京边检有业务往来的各航空公司与驻场友邻单位。

然而，从实际上讲，顾客满意度战略是20世纪80年代国外企业为了适应世界经济形势的变革，而提出的一种新的营销战略，并形成一种独立的理论体系，这一理论体系是以市场为中心、以顾客为中心的。不妨称之为传统的顾客满意度战略理论体系。稍加分析就能看到，虽然顾客满意度战略在当时是作为一种新的营销战略提出来的，也起到了积极的作用，但随着经济全球化的加快以及顾客满意度战略深入的实施，当今21世纪，如果还仅仅把顾客满意度战略作为营销战略则是远远不够的。任何一个企业能否以市场为中心，以顾客为中心，让顾客满意，不仅仅取决于企业的营销方面，还主要地取决于企业全部运行过程及其质量。为什么呢？因为

---

① 唐晓芬：《顾客满意度测评》，上海科学技术出版社2001年版。

顾客满意指的是对企业所提供的产品和服务的满意,而产品和服务的质量是企业整体运行的结果,两者相互统一不可分离。但毫无疑问,产品质量是服务质量存在的基础。而产品质量取决于企业运行的全过程,而与营销无关。因此,仅仅把顾客满意度战略理解为营销战略是太狭隘了,而应当把它作为整个系统的一个质量战略才有意义。这就是本书对顾客满意度战略所提出的新观点。因此,从这个角度研究顾客满意度战略,建立新的理论体系十分迫切和必要,为企业在 21 世纪激烈竞争环境中实施顾客满意度战略而取胜提供了理论依据。

顾客满意度战略的指导思想

顾客满意度战略是流行于当今美日等发达国家的全新的行销战略。它的指导思想是建立顾客至上的服务,为使顾客获得百分之百的满意,从而使企业效益倍增。所谓现代市场营销观念按照美国西北大学教授菲利普·科特勒的解释,是以整体营销活动为手段来创造顾客满意并达到企业目标的顾客导向的企业经营哲学。为确保顾客满意度战略的实施,必须树立现代市场营销观念,以现代市场营销观念为指导。顾客满意度战略与现代市场营销观念的三层含义关系密切,具体表现如下。

(1) 顾客导向是实施顾客满意度战略的前提和基础

顾客满意度战略的实施必须以顾客导向为基础。顾客导向指的是把顾客的需要作为营销活动的起点,从人类生活需要解决的问题入手,实实在在地为顾客着想。正如美国哈佛商学院教授西奥多·莱维特在他的《营销近视症》中得出的结论所说,任何企业要想获得成功,任何企业要想长盛不衰,就要改变传统的观念真正以顾客及其需要为出发点。而真正以顾客为导向的企业所提供的东西不是由卖主决定的,而是由买主决定的,也就是由顾客决定的。为此,企业必须首先对顾客的行为进行研究,确定顾客需要的真正含义。在了解顾客真正需求之后,企业还应明确不同的消费者有不同的需求。据此,企业可进行市场调查,确定适合自身特点的一个或几个目标市场,并针对不同的市场形成差异化的营销策略及行动方案,进而付诸实施。

顾客导向不仅局限在满足现有的顾客和需要上,还应包括潜在的顾客需要，因为一方面企业的生产经营活动同顾客需要的产生和变化在时间、空间等方面有一定的差距，另一方面顾客的需要会随着经济状况、社会地位、文化修养、心理因素的变化而变化。所以企业坚持顾客导向时应注意潜在的顾客需要。

（2）顾客满意是顾客满意度战略的核心

社会心理学家认为，人们之间存在着互换行为和心理，当人们给他人以帮助和支持后也会得到他人的回报。顾客在得到企业提供的满意产品和服务后就会实施回报行为。据美国汽车业的一项调查表明，一个满意的顾客会引发8笔潜在的生意，其中至少有1笔成交；一个不满意的顾客会影响25个人的购买意愿。由此可见，顾客满意与否不但影响到顾客一方，而且同时也必然会影响到企业一方。上述提到顾客满意包括理念满意、行为满意、视听满意、产品满意、服务满意五个方面。也可以把它们归纳成产品满意、服务满意和社会满意三个层次。

顾客满意的评价和改进

顾客满意度战略实施一轮情况如何，需要通过建立评价原则，提出评价方法，制定评价体系，对最高管理者和顾客满意度主管的职责、市场需求分析、资源结构与质量、过程控制实施测评、分析，找出存在的问题，并及时进行改进，不断提高顾客满意度。众所周知，企业的战略有许多，例如：（1）企业中的战略层次：公司战略、经营战略和职能战略；（2）单一业务公司的战略结构：公司/事业部战略包括市场战略、生产战略、研究与开发战略、人力资源战略；（3）跨行业经营企业的战略结构：公司战略包括若干事业战略。每一事业战略又包括市场战略、生产战略、研究与开发战略、人力资源战略。还有一体化战略（前向、后向、横向一体化战略）；加强型战略（市场渗透、市场开发、产品开发战略）；多元经营战略（集中化、横向、混合式经营战略）；防御型战略（合资经营、收缩、剥离、清算、组合战略）；迈克尔·波特的一般性战略（成本领先、差异化、专一经营、价值链、国家竞争优势战略）。只有通过恰当的评价，顾客满意度的改进才会得以有的放矢。

实施顾客满意度战略的意义

（1）促进企业根据自身特点，把所有的各个被割裂开的战略有机地联系起来，建立全新的顾客满意度战略，有利于制定企业目标和方针。

（2）促进企业根据 2000 版 ISO9000 质量管理体系建立自己的质量管理体系标准，制定质量目标和方针，加强质量意识，为让顾客满意打下坚实的基础。

（3）它不仅仅是经营战略，而是企业运行全过程的质量战略，因此，不仅要求服务质量让顾客满意，而且要求全过程质量让顾客满意，因而这样的顾客满意具有乘数作用。即一人满意就会传递十人满意，十人满意会传递百人满意，等等。从而，大大地提高顾客对企业的忠诚度。

（4）促进企业与国际接轨，按国际质量标准提供产品和服务，有利于在国内外市场中竞争。中国已经加入世界贸易组织，全球化加快，中国企业将面临着越来越激烈的外来竞争，这一点十分重要。否则，我们的产品和服务不能甚至没有资格与国外同类产品和服务竞争，更谈不上取胜。因此，只有实施这种顾客满意度战略才能增强顾客满意度才能加强中国企业在国际市场的竞争力而立于不败之地。

（5）实施这种顾客满意度战略，有利于企业文化建立，提高企业信誉，还有利于实现利润，增加效益。顾客满意是顾客对企业的忠诚和信任，是企业实现其全部利润的基础。因为企业多一个满意的顾客，就多一个售出产品或服务的机会，就多一份获取利润的可能。因此，顾客满意就变成了企业获利能力的重要内容。

（6）实施这种顾客满意度战略才能使企业注重市场及其变化的研究，由于消费者知识水平的提高，价值观念的变化，现有产品或服务的内涵已难令其顾客满意，加上社会环境的变迁，经济、科技的发展，企业有能力提供更使顾客满意的创新产品或服务。促进企业建立知识、技术库，促进企业技术进步，表现为创造出更多的知识和技术，以及先进的管理手段与方法，提高满足顾客需求的能力。促进企业建立 ERP 系统以及专家人工智能决策支持系统，实现资源共享，实现决策科学化和最优化①。

二 中国传统儒家文化

（一）北京边检为什么要提出中国传统儒家文化教育

1997年9月12日江泽民在党的十五大报告中指出，有中国特色的社会主义文化，是渊源于中华民族五千年的文明史。阐明了社会主义新文化与传统文化之间的历史联系。中国的文明传统，一直影响着中国人的思维方式、价值观念、理想追求，乃至中国的发展方向。这些论断不仅阐述了中国传统文化对世界文明进程的价值，而且说明中国的优秀儒家文化传统，仍然是实现中国社会主义现代化的精神动力。

北京边检为什么要提出中国传统儒家文化的"素质教育"？是时代发展的需要，是时代发展的产物。人们根据当今世界变化和发展潮流，提出了实施"素质教育"的紧迫性、必然性和必要性。冷战结束后，世界向多极化方向发展，为了抢占经济和科技的制高点，全球的竞争日趋激烈，这种竞争又是以合作为前提，民族经济之间越来越相互依赖、相互补充，一国一地区的经济发展日益取决于他国和他地区的经济发展，这种国际趋势的出现，对我们的人才素质提出了挑战。日本较早提出了"国际人"的人才培养要求，日本提出"为培养具有国际社会生活能力的日本人，应加强国际理解的教育"。美国一个由33位大学校长和权威人士组成的迎接挑战委员会在一份致总统的建议书中"建议"：1. 支持并加强国际问题的研究和学习；2. 鼓励老师和学生的国际互换；3. 加强各级各类学校的外语教学；4. 帮助美国高校与外国高校开展教育与科研的合作交流。1994年4月联合国教科文组织成立的"国际21世纪教育委员会"一份题为《学习：

---

① 刘宇：《顾客满意度测评》，社会科学文献出版社2003年版，第19页。

内在的财富》的报告，指出教育应该具有四个支柱，即学知、学做、学会发展、学会共同生活。人类社会发生了几次科技革命的浪潮，带来了人类物质文明的巨大进步与飞跃，但也产生了一系列世界性的问题，如资源危机、环境污染、生态失衡、心病加剧、价值标准失范、道德滑坡等等。"科学技术是一柄双刃剑，对善和恶都会带来无限的可能性。"主要反映在社会问题和人文精神的失落这两个方面。文化时代的到来：一是知识已渗透到政治、经济等社会生活中的一切领域并处于中心的位置；二是知识制约并决定了经济、产业发展的方向、结构和水平，并且成为一种产业；三是知识已成为权力的象征，成为能影响财富、政治权力的来源，发达国家与发展中国家的差距就是"知识的差距"。①

（二）儒家文化与当代道德建设

现在很多边检口岸都在提倡以人为本，实际上，以人为本就是以仁为本。孔子和孟子都是提倡以仁为本的，他们的思想值得在边检行业中推广和贯彻。孔子的仁学思想众所周知，《论语》中论及"仁"字的地方多达一百多处。孟子发挥孔子的仁学，把仁学演化成仁政学说，提出了一系列仁政思想。他强调"亲亲，仁也；敬长，义也"（《孟子·尽心上》）、"仁者爱人，有礼者敬人。爱人者，人恒爱之；敬人者，人恒敬之"（《孟子·离娄下》），把儒家的仁政思想推广到边检管理中，就是不仅要注重边检的眼前效益，更应该考虑边检的长远效益。

在人和自然方面，应该达到"天人合一"之境。人类对大自然的暴烈索取造成了无数的自然灾害，全球变暖、飓风、暴雨、泥石流、地震、海啸、臭氧空洞……正在以加速度的方式向人类袭来。2004年东南亚大地震及其引发的海啸吞噬了二十多万无辜者的生命。2005年8月29日的一场飓风，又使一座现代化的都市、美国最有魅力的城市之一的新奥尔良瞬间化为一片汪洋。这难道不是大自然对整个人类发出的警告？在这种情况

---

① 王中江、李存山主编：《中国儒学》第六辑，中国社会科学出版社2011年版，第179页。

下,儒家的天人合一思想应该对人类提出警告,这种天人合一的思想,被有的诗句通俗化为:"劝君莫打三春鸟,子在巢中待母归。"韩国儒家学者也同样推崇天人合一的思想,韩国大儒李退溪在《圣学十图》中首揭《太极图说》,肯定"与天地合其德,日月合其明,四时合其序,鬼神合其吉凶"的天人合一模式。退溪自己也极力主张天人合一,认为"人为开形气之拘,虽与天地之化似不相干,而感应消长之理,实与天地相为流通"(《拾遗》)。人类对自然界中的一草一木一鸟一兽都要爱护,它们是自然的一部分,人类应该和自然和谐相处。天人和谐的思想,对解决生态环境危机会发挥非常大的作用。所以退溪在《陶山杂咏并记》中肯定那种"恐或流于洁身乱伦,而其甚则与鸟兽同群,不以为非"的"古之有乐于山林者",主张"推事亲之心,以尽事天之道,无时而不修省,无时而不恐惧"。

现在的问题是,对儒家仁的思想在某种程度上不是知道不知道的事情,而是实行不实行的事情。从实用儒学的立场出发,应该多抓实行的问题。如果抓好了实行,那么仁的思想就真正深入边检人的心中了①。

(三) 儒家文化与现代化

东亚地区现代化成功的案例包括:日本、韩国、新加坡、中国台湾与中国香港。这五个地区或国家自20世纪70年代以来,一再创造举世瞩目的经济奇迹,以致被誉为东亚五小龙。这是继西欧与北美之后,人类历史上第二个现代化的例子。值得追究的是:为什么它们能够走上现代化?这五个地区或国家的人接受什么共同的信念?答案非常清楚,这些人的共同信念来自儒家思想的影响。是儒家使他们忠于家庭、服从权威、尊敬长者,以及勤奋努力、俭朴自制、互助合作。如果缺乏这些伦理信念以及由此形成的价值体系、生活规范与社会结构,那么现代化恐怕很难顺利实现。因此,儒家与现代化的内在关联,值得进一步阐明。由于东亚五国的

---

① 2008浙江省社会科学界联合会编:《中国衢州国际儒学论坛论文集》,《儒家文化与当代道德建设》,浙江古籍出版社2010年版,第109页。

现代化，许多学者在分析儒家伦理的特性时，难免会探问：儒家是否也教人"入世"与"禁欲"？儒家一向具有明显的入世性格，就是鼓励人尽力而为去改善社会与国家。那么，禁欲精神呢？这个重要的特性是不可缺少的，否则我们不会为家庭而牺牲眼前的享受，也不会把百分之三十四的收入储蓄起来，更不会为了行善助人而自我约束。孔子说过，"己所不欲，勿施于人"，他自己还表现出"毋意、毋必、毋固、毋我"的开明心态。至少我们也该做到"非礼勿视、非礼勿听、非礼勿言、非礼勿动"。儒家这种立场是温和的禁欲评议，并且在实践之时可以感受自得之乐，因为自我生命的满全正在一步步体现。细读儒家经典，确实感觉一股强大的力量在敦促华人日新其德，向着完美的目标前进[①]。

儒家文化与中国未来的社会力量

改革开放以后成长起来的一代青年人，中国称之为"80后"一代，即1980年后出生的一代人，他们正在成长、壮大。在全球化、信息化和知识经济的影响之下，他们开始培育自己的独立人格。媒体推崇的"中国十大创业新锐"，其中有一个1980年出生的李想，高中毕业放弃高考，独立开创互联网事业，发展成为中国IT业巨头之一。还有几位IT业巨头，如高燃，25岁；戴志康，25岁；茅侃侃，23岁。他们都创下了宏伟的业绩，媒体称他们："视野开阔，思维活跃，独立独行，敢于挑战权威。"在大学里，学生不再拘泥于老师的课堂教学，而是独立地寻求知识。对于说教课程，他们采取各种回避方法，最后应付一个考试及格就万事大吉了。中国人二千年的见面语是"吃饭了吗？"可见，"吃饭"对中国人来说是多么的重要，它压得中国人代代不得翻身。近些年来，人们开始把见面语改为："上网了吗？"后来又改为："博客了吗？"年轻人大部分成为"博客"，在那里他们可以自由地发表自己的见解，他们心目中再没有至上的圣贤和绝对的权威。

美国《新闻周刊》2006年9月25日一期发表文章说："新一代乐观

---

① 傅佩荣著：《孔孟与现代人生》，北京理工大学出版社2011年版。

向上、有责任心、见多识广的中国人正在其童年时代无法想象的未来。""中国人自己也发现他们在过渡时期表现的个性是前所未有过的。中国的传统价值观在改革开放、城市化和发展的压力下受到削弱。离婚率达到创纪录的水平，这是对家庭作为中国人生活中心的角色发起的挑战。"他们完全以一种崭新的姿态对待家庭、婚姻、生活方式。他们走南闯北，在科技、服务、管理、工厂、商海的各个领域大显身手。这是中国社会蕴藏在内部的才刚刚爆发出来的无法估量的力量。2010年6月《福布斯》杂志发表新闻调查：全球亿万富豪中有十四名女性是靠自身的企业家素质跻身亿万富豪行列的。这十四名女性中有七名是中国妇女。

  在中国的新青年和新女性身上，我们一方面看到了儒家文化使社会产生了强大的反弹力，使中国人民埋藏在心底的能量冲破禁锢迸发出来；另一方面在新的社会潮流中也更加清晰地看到了儒家文化的宝贵。

  在这个新的历史关头，人们不得不冷静地审视"公权至上"与"私权至上"两种文化的得失利弊，寻求一种"中庸"的、相互融汇的公权与私权统一的文化模式。历史向人们提出了一个新的使命，就是把儒家的有凝聚力的和谐的公权至上文化与保证个人权利和意志自由的私权至上文化协调起来，升华造就出一种崭新的"第三种文化"，这是人类社会迈进更高一级的发展阶段的必由之路。新一代的中国人，应当清醒地认识到这个历史使命，珍惜自己得天独厚的传统文化，立足于独有的文化主权的圣地，自觉地肩负起这个光辉而艰巨的历史使命。

儒家文化的未来走向

  "原创"儒家文化与"新创"美国文化的并驾齐驱。西方的学者提出了一个非常有积极意义的问题："如何全力消除认为中国传统文化与西方的自由民主是相互矛盾的偏见？""如何促成以儒家文化为代表的东方文化与西方文化的融合？"新加坡《联合早报》2007年2月18日以"中国对世界外交的贡献"为题发表文章说：和谐世界的理念是"以天赋人性的善，来疏导外交死结和纠纷，在自己获益的同时让别国也得利"，"好说好商量，和气生财，平等互助，以义托利"。"这既符合中华文化中的道德仁义追求，也符合基督教文化的永久和平和公正秩序理念。"这种文化融合的切合点,这种文明和谐的契机,已经呈现在世人的面前。

美国作为西方发达国家的首富,中国作为发展中国家的领头羊,各自代表着世界发展进程中的一股力量。近年来世界上有一种显赫的声音:中美两国经济成为世界经济发展的两个引擎,中美两国将决定人类历史发展的未来。一个血液里凝结着仁义礼智信文化信条的民族,怎么能与一个推行强权的国家混合在一起呢!这岂不是与狼共舞吗!中国人民谋求的是"朋友遍天下",中国人民只希望在自主、互惠的原则下与美国发展公平的经贸关系,只希望在互相尊重、相互包容的原则下与美国发展和谐的文化交流。历史的发展把中、美两极文化推拥到一起了,因此必须加深对中国儒家文化和美国宪政文化的认识,深入研究两种文化发展的轨迹,促进两种文化的交流、融会、吸纳、升华,这是关系人类未来福祉的大课题。

这两种文化在当今的世界上各自占有自己的重要地位,各自代表着一种文明的存在和文明发展方向。有人提出,世界的前途和未来是由这两种文化的相处方式和相互关系的性质决定的,因为两种文化代表了两种强大和发展的力量。两种文化和谐相处、互相包容,世界就进步发展;两种文化互相敌对、相互冲突,世界就会倒退,甚至可能会陷入困境。前述俄罗斯《政治杂志》文章说:"'北京共识'倡导包容。"文章说:两种文化不可能互相取代,理想的前途是"两种模式和价值体系之间实现某种妥协"。两种文化摆在世人面前,是相互冲突还是相互包容,关系到人类的福祉[①]。

(四)从多元文化视角看儒家文化的人文价值

刘宗贤论及儒学是一种世界性精神文化资源,"儒学是中国人生命气质的一种世界性文化资源,它像一座富矿,蕴藏着对现代人的精神生命、未来人类社会发展有积极意义的恒久价值。"(参见刘宗贤:《21世纪:儒学的地位及儒学研究的发展》,《中国文化研究》2000年第3期。)因此,

---

[①] 孔庆明、陈秀平著:《中国儒家文化》,长春出版社2010年版,第154页。

如果我们能从当今世界多元文化并存的视角来透视儒学的话，可更清楚地看到相对其他东西文化的不同的人文价值。

生于19世纪的德国存在主义哲学家卡尔·雅斯贝斯曾经把人类历史分成四个阶段，并提出轴心时代的观点。他认为其中第三段对于人类文明发展具有特殊重要的意义。这就是以公元前500年为中心，从公元前800年到公元前200年的"历史的轴心"时代，在这一阶段人类几大文明区的精神基础几乎同时、独立地在中国、印度、波斯、巴勒斯坦和希腊开始奠定。而直到今天，人类文明的发展仍附着于这一阶段所定的精神基础之上。（参考冯天瑜等著：《文明的可持续发展之道》，人民出版社1999年，第29—30页。）雅斯贝斯说：

> 在公元前800年到公元前200年间所发生的精神过程，似乎建立了这样一个轴心。在这个时候，我们今日生活中的人开始出现。让我们把这个时期称之为"轴心的时代"。在这一时期充满了不平常的事件……这都是在几世纪之内单独地也差不多同时地在中国、印度和西方出现的。（[德]卡尔·雅斯贝斯：《人的历史》，见田汝康、金重远选编《现代西方学流派文选》，上海人民出版社1982年，第39页。）

"轴心时代"的观点可以作为提出世界多元文化起源和发展的深刻的历史理由。人类文明有各种不同的文化表现，不同的轴心时代的文明有不同的精神资源，不同的潜在力和不同的发展脉络。"轴心时代"的观点被不少学者所认可。这里亦将从这种世界多元文明起源的观点，来看儒学作为其中一种文明所具有的人文价值。正像有的学者在探讨东亚文化复兴现象时所指出的：

> 处于不同传统中的人们对自己的传统作自我分析批判；而这种自我分析批判之所以可能则在于回溯原创，以及在自家的渊源和其他文化原创的渊源之间作深入的比较研究。因为各民族在其文化原创中固然已经包含着因历史境遇差异而来的特点，仍然总是最接近于人类的

本真本性的。从这里出发,我们将能找到对各种传统加以重新审视和批判的原动力,使被视为绝对的东西重新活起来……(杨适:《为了东亚的文化复兴我们该做些什么》,《北京社会科学》2000年第2期。)

儒家文化价值的基本定位:儒家伦理精神

如何评价思想的现代意义,特别是在本土中国的现代意义?笔者以为首先应该破除两种实用的观点,即政治上的实用观点和经济上的实用观点。前者表现为为了现实政治斗争的需要而从主观上任意褒贬儒家及其思想,后者则不看实质,只就表面去看儒家思想与现代经济发展之间可能存在的因果关系,不仅肢解了儒家思想的整体,也存在主观杜撰之嫌。而正确的态度应是从文化发展的角度来看儒学的历史过程和整体结构,找出核心的思想和精神,即至今仍在民族性格、社会心理及价值取向中存活着的民族文化的灵魂,然后再决定对它进行批判取舍的具体方案。这才是对传统文化的批判继承态度。这里不妨借用贺麟先生的话来说明问题,他说:

> 在思想和文化的范围里,不可与古代脱节。任何一个现代的新思想如果与过去的文化完全没有关系,便有如无源之水,无本之木,绝不能源远流长,根深蒂固。(贺麟:《儒家思想之开展》,见《评新儒家》,上海人民出版社1989年,第30页。)

这里把儒家文化的实质概括为一种伦理精神,是从中国文化的本质特色及其与西方文化比较的意义上而言的。从中国文化的特点看,儒家文化是中国文化的主流,具有一种人文主义的特色。但这种人文主义又是紧紧围绕着伦理问题展开的。儒家思想以伦理问题为核心,着重于对人的伦理特性的研究,把人看作从群体需要出发、维护社会群体利益的伦理主体,要求人人都要致力于道德人格的完善,以便维持一种以道德理性为原则,用道德关系作为调节杠杆的稳定的社会秩序。从中西文化比较的角度说,西方文化有基督教思想的传统,可以称之为宗教精神。根据马克斯·韦伯的宗教社会学分析,这种宗教传统在经历了中世纪后期的宗教改革后,曾经对资本主义的产生起过重要的推动作用。即使在今天,宗教作为一种精神信仰、一种文化传统,也仍然活在西方现代人的思想中,影响着人们的精神生活和价值观念。儒家思想不是严格意义上的宗教,但它与宗教有着相通之处。即它与宗教一样包含着对人的生命,以及人的终极目标的关心。不过,西方宗教关心的是人的自然生命及其信仰的独立地位,中国儒家则把着眼点更多地放在与群体关联的社会的人身上。儒家哲学是道德的哲学,用孔子的话说叫作"为己之学",但它不仅说明现世的修身之道,而且从本体上说明做人的道理。它所追求的"圣人"的理想人格,及从"圣人"之德推而广之的理想社会,具有超越现实的意味,与西方人的宗教体验有着相似之处。因此,儒家伦理绝不只是历代现实社会政治制度的附属品,也不单纯是封建社会的意识形态,它作为一种基本的价值观念或为人之道,作为一种普遍的社会伦理意识,存在于我们民族的文化心理结构之中,渗透在我们的血液里,构成我们民族生生不息的内在灵魂。它造就了我们民族的性格,并且至今仍对人们的行为、态度,以及思想信仰发生着作用。所以,我们把儒家文化的伦理特色定义为一种伦理精神,认为它在文化的意义上可以与西方的宗教精神相提并论。

什么是儒家伦理精神?儒家伦理精神,说穿了就是一种以人为伦理主体的文化精神。这种精神作为儒家文化的产物,是在儒家思想长期发展的过程中形成,并在民族文化和社会生活中传承下来的。儒家思想创始于孔子。在孔子之前,早在殷商时期,儒学所赖以形成的社会经济结构、社会制度,所宣扬的道德观念、依据的部分学术经典就已形成。但当时所盛行的思想,还是代表一种神的"天命"或"天帝"观念。这其实与西方的宗教神学没有本质的不同。孔子创立儒家学派,他的思想,是在春秋时期"礼崩乐坏"的大潮流下,对殷商文化进行反思的产物。他反思的结果,突出了人的价值和地位。孔子提出"仁"的观念,标志儒家人文思想的开端。所谓"仁",指社会伦理之仁。孔子认为,"仁"是最高的德("天生德于予"——《论语·述而》),是人所得于天的内在本质("仁远乎哉?我欲仁,斯仁至矣。"——《论语·述而》),是人参与社会和宇宙的伦理责任("人能弘道,非道弘人"——《论语·卫灵公》)。孔子改造了殷周以来的天命观,把决定和主宰的力量从天拉向了人,确定了人作为伦理主体在宇宙中的位置;同时,也就规定了人的最高需求,即对主体首先人格的追求。与"仁"同时,孔子也提出了"礼","礼"是"仁"的外在表现,是以社会组织者及每一个社会成员的道德人格为依据组成的社会秩序(在封建社会就是以君主为最高统治者的封建等级制)。孔子之后,先秦主要由孟荀发展了儒家思想。孟子把"仁"向内在精神的方向发展,荀子则把"仁"向礼义传统的方向发展。孟子讲性善论,把"仁"与心性联系起来,阐明人之所以为人的内在本性(即本原善性)。"君子所性,仁义礼智根于心"(《孟子·尽心上》);"仁,人心也"(《孟子·告子上》)。"仁"以心性为主要标志。孟子从类分的角度说明人与禽兽先天的本质不同,又提出"尽心、知性、知天"的修养路线,表明"仁"不只是人之为人的内在本性,也是自然宇宙的法则。这就不仅从内在根据上肯定了人作为伦理主体的尊严和地位,而且从人的心性出发,说明了天人关系。

儒家文化的理论体系:心性论、知行论、天人论

儒家伦理精神,就其表现说,是一种既入世而又超越的人生态度。它把人的本原善性(社会伦理性)作为追求目标,把实现这种善性的过程作为道德修养实践,要求人人成圣成德,以造成一种理性主义的人类生活秩序。这伦理精神是有一套哲学理论作为思想根据的,这就是主要由心性论、知行论和天人论三部分构成的儒家哲学思想的理论体系。

(1)儒家哲学思想以心性论为核心,心性论也是它的逻辑起点。心性论之"心",具体地指能思维并为身心证实之心,抽象地说,就是指主体精神。而"性",指人的本质、本性。"心"、"性"合而论之,指人的先天道德意识、伦理本性。儒家心性论把道德属性当作人的本质属性,并把它与人的具体的生理和心理条件相结合,构成为一种具体的、现实存在的人。这样的人,就是儒家文化中最基本的存在。从这样的人出发,他们把道德关系看作与生俱来的关系,把道德意识和行为看作出于生命本能的要求和反应,而不是对客观规范的被动遵守。由此而达到高层次的精神需求,便是对人生道德理想的追求。它说明了,道德理想不是远离人生的虚无缥缈的东西，而只是在日用常行中时时奋勉以实现本性的过程。心性论为儒家的为人之道，也为其开展道德教育提供了理论根据。

（2）与心性论直接关联的是知行论。儒家看到人的道德属性，强调为人之道应在道德上磨炼，把道德意识变为更改的自觉。因而儒家所重视的不是客观性的知识，而是与情感意志关系更为密切的实践更改。知行论表明了儒家的重行思想，即人格修养也就是认识原理，一切对外界的认识，终以道德实践为归宿。儒家所主张的"思"也不是单纯为了获得对客观世界的知识，而是为了确立主体性，达到认识自我，即认识"人之所以为人"的自我反思。儒家主张培养意志，净化人的思想，回到天地良知、"天地之性"中去，实现一种道德自觉的境界。它相信人的理性力量，强调以理主情、以理制欲，依靠理性的力量进行心理调节，而不是靠宗教形式的禁欲主义和对外在权威的崇拜和信仰。但在这一点上它也自有高于宗教之处。例如，作为一个理性主义者的人，他可以不相信宗教，却能够在儒家思想的支配下，于生死关头舍生取义。这种道德理性的力量在精神领域里所产生的社会效果远不是对物质功利的追求所能达到的。因此，儒家的这种人生哲理在现代社会中无疑对人的精神生活具有补充和调节作用。

（3）儒家的伦理精神还有着更深的哲理基础，这就是由心性论——知行论而上升到更高理论层次的天人论。儒家天人论以人为本位看天人关系，把天人合观，看作一个整体。他们以为天是人的根本，亦是人的最高理想；人源于天，是万物造化的一部分，人类社会与自然遵循着一个总的规律和法则。儒家以"天"为命，"命"即人性来源。天人合一，确认人从自然中产生，天为人性来源。这样，人的精神超越便具备了本体论的意义。儒家以"天"为"道"，"道"即含天、地、人的宇宙秩序，天、地、人为"道"的"三极"。而"天地之性人为贵"（《孝经·圣治》），"人者，天地之心也"（《礼记·礼运》），人能"范围天地之化"（张载《正蒙·三十》）而"与天地参"，这样，不仅突出了人在社会中的主导地位，也确立人在宇宙自然中的主体地位。儒家把人的伦理意识从社会推之于自然，要求人有理性地开发、利用自然，而达到天人的整体和谐，维护人类的群体生存。儒家的理论体系从其特有的伦理角度出发，观察宇宙、体验自身，奠定了儒家文化的思想基础，也创造了中国人的文化生命。

儒家文化立学根基：仁道的亲情意识

孔子是儒学的奠基人，孔子思想的价值主要体现在他的具有伦理特色的价值观上。孔子的价值观注重血缘亲情，呼唤人与人之间真诚的互爱互敬关系；而其价值观的这一特点，是得益于他对人类问题的体验观察，和对人的道德精神生命的深刻反思。这是孔子思想的人文精神底蕴所在，也是儒学的立学根基。

孔子以"爱人"为仁的核心内容，这里的"仁"，讲的是人类中的爱，即人与人之间相互爱护、相互尊敬、相生相养的关系，这种关系的基础建于血缘亲情的自然情感之上。"孝悌为仁之本"是孔子仁爱思想的基础。对孔子的"孝悌"，以往人们更多的是从西周时期宗法等级制度的角度来阐述，而这里要指出的是孔子在"孝悌"中对于仁爱之情的重视。例如关于子女对父母的赡养，他说："今之孝者，是谓能养。至于犬马，皆能有养；不敬，何以别乎？"（《论语·为政》）子夏问孝，孔子答曰："色难。有事，弟子服其劳；有酒食，先生馔，曾是以为孝乎？"（《论语·国政》）他认为，孝不仅是在形式上侍奉供养父母，如果这样，就与饲养犬马没有质的区别了；人对父母的孝，是以敬爱父母的情感为内涵，有了真实的情感，才会自然流露出愉悦的容色，而这是难于做到的。又如，他指出："父母唯其疾之忧"（《论语·为政》）；"父母之年，不可不知也。一则以喜，一则以惧。"（《论语·里仁》）"父母在，不远游，游必有方是。"（《论语·里仁》）他把子女因对父母发自内心的爱而担忧父母的身体，对父母年事的增高亦喜亦忧，以及因父母年老而不敢远游外出的真情描述得惟妙惟肖，跃然纸上。最有说服力的，是《阳货》章关于宰我问"三年之丧"的一段记载：……由此父慈子孝是父子相互之间天然的义务，也是自然情感的需要。孔子在讲"孝悌"时对于仁爱之情的强调，说明其"孝悌"并不是简单地从现实社会关系出发对"亲亲"观念的改良，而是对远古时期古朴的人际关系的留恋和追忆。孔子主张以"孝悌"为基础推广到"泛爱"，实际上是欲从人类最初的血缘亲情出发，来建立一种理想的社会人际关系，这既是对奴隶社会人际关系异化现象的批判，是对现实社会关系的超越，又是对原始人道主义的提升。人们不仅要爱自己的父母兄弟，而且要把这种爱推广开去，博爱大众，亲近一切有仁德的人。孔子的"泛爱"，是由血亲之爱展开的人际之爱，它具有广泛的社会性，反映了人类对爱的要求，也反映了孔子对这种需求的自觉意识。

儒家文化的基本人格精神：内圣外王

"内圣外王"是儒家的政治理想，也是儒学追求的最高人生境界，因此也可以说就是儒家倡导的基本人格精神。儒家人格精神的基础是"人皆可以为尧舜"的思想。孔子说："巍巍乎，舜禹之有天下也而不与焉！"（《论语·泰伯》）又说："大哉尧之为君也！巍巍呼！唯天为大，唯尧则之。"（同上）他把"仁"当作最高的人格理想，而认为"为仁由己，而由人乎哉"（《论语·颜渊》），"我欲仁，斯仁至矣"（《论语·述而》）。在《孟子·告子下》中记载：曹交问曰："人皆可以为尧舜，有诸？"曰："……子服尧之服，诵尧之言，行尧之行，是尧而已矣。"又，孟子说："尧舜，性之也"（《孟子·尽心上》），"圣人与我同类者"（《孟子·告子上》）。他们都把尧舜看作做人，人通过个人的努力修养而能达到的理想的人格标准，鼓励人们成圣。儒家提倡圣人人格，其圣人人格的基本精神是入世，因而"内圣外王"可以看作是儒家倡导的人格精神。

儒家内圣外王讲内在修养与外在事功的和谐一致的关系。人君治国必以个人德性修养为基础，要实现理想的社会秩序，就不能不充实与完善个人内在的品德，如此才能由我而化众进入人我交融安平富乐的理想社会。这本来是一种政治伦理思想。例如孔子的"博施于民而能济众"（《论语·雍也》），是用一种推己及人的态度来面对国家和社会。孔子又讲"修己以敬"（《论语·宪问》），"修己以安人"，"修己以安百姓"（同上），更是由我而及人、及百姓，点出了内圣外王之学的真谛。孟子由孔子之仁而发展为"仁政"，主张"亲亲而仁民，仁民而爱物"（《孟子·公孙丑上》）。"老吾老，以及人之老；幼吾幼，以及人之幼。天下可运于掌"（《孟子·梁惠王上》），"行仁政而王，莫之能御也"（《孟子·公孙丑上》）。将己之"仁"而推之天下，这就是仁政的核心内容，适与孔子"修己以安百姓"的思想呈一贯发展之势。当然，就孟子的全部思想看，他在内圣与外王的关系中偏重于内圣，强调向内的心性修养，将外王之道奠基在内圣之学的基础上。这是与他以"性善"论为核心的思想体系相一致的。《大学》所讲的治国之道，也就是"内圣外王之道"。它不仅对先秦内圣外王的思想做了系统的理论化的总结，阐发了统治者个人心性修养与治国策略的关系，将内圣、外王分为格、致、诚、正，以及修、齐、治、平的实施层次。

儒家内圣外王思想就其所在的时代意义讲，是立足于封建宗法家族型的社会，要人从事大学之道，以个人的修养为核心，通过修身、齐家、治国、平天下的由内及外的步骤，以把个人的能量逐步释放于社会，来维护安定和谐的社会秩序，实现儒家理想的大同社会。但主定命题就更广泛的意义上讲，也可看作是一种人生态度和人格理想，即它是指人格的发展在向内发掘和向外开拓这两方面的协调统一。向内发掘是就道德潜能上讲的，向外开拓则是面向社会，把蕴藏于人的心性本质中的潜力发放出来，以利于社会。儒家主张将个人置之于社会，但它其实也并不反对个人能力的开发，这里最典型的证明是它的"三不朽"说。不朽，指长久的价值。儒家以"立德"、"立功"、"立言"为人生有无价值的衡量标准，是因为："立德"，人具有崇高品德，便能人格不朽；"立功"，有辉煌的业绩，便能事业不朽；"立言"，著书立说，为后世留下永存的文字，便能思想不朽。这"三不朽"都是人能力的发展在社会中所表现的长远利益和贡献讲的。体会儒家内圣外王的思想，作为儒家提倡的一种基本人格精神，儒家所关心的，是个人在历史长河中和社会群体中所表现的个人价值；它所培养的，是对社会群体长远利益更为关切的一种责任心。

儒家文化协调社会人际关系的机制：忠恕与中庸

儒家文化讲群我关系，维护社会的稳定，然而它所崇尚的人际和谐是以个体的心理调节、道德自觉为基础的，它所追求的社会稳定建立于个体心中所具有的理性原则的基础上。

（1）忠恕之道的群我关系原则。儒家人文思想以孔子的仁学为基础，而忠恕之道是仁学思想的最基本内容。"忠恕"是孔子"一以贯之"的原则，是终身行之而不悔的品德。它包括"忠"与"恕"两个方面。所谓

"忠"就是忠信，诚恳以待人。正如孔子所说："己欲立而立人，己欲达而达人"（《论语·雍也》）。这是从积极的方面讲推己及人。而从消极的方面讲推己及人就是"恕"。"己所不欲，勿施于人"（《论语·卫灵公》）。这就是宽容待人，与人为善。总之，忠恕之道是一种将心比心、推己及人的原则。用这样的原则去处理群我关系，表明了儒家对群我关系的看法。

（2）克己复礼的自我内心约束机制。"克己复礼"是孔子的政治伦理思想。过去由于"文革"的原因，人们往往把它当作政治复辟的口号，而不深究其内容。其实"克己复礼"，若从道德上看，包含着丰富的积极内容。"克己复礼"之"礼"，指一个社会的社会组织、政治体制、社会秩序等上层建筑。而"克己"之"己"，指己私，不符合社会秩序和群体规范的个人的思想行为。"克己复礼"所强调的，是个体以内在的自觉，不用别人强制，而主动进行道德修养，使自己的思想和行为符合社会道德的要求。儒家所谓"礼"是外在的，而"克己"却是要建立起一种内心的机制，来保证"礼"的实行。它要求人人都从自我做起，向内心探求，凭个人的道德自觉来发挥创造性。这是一种反省的态度，"君子求诸己，小人求诸人"（《论语·卫灵公》）。同时它包括以别人的贤德为榜样，以不贤为警戒，不断地修正和完善自己，所谓"见贤思齐焉，见不贤而内自省也"（《论语·里仁》）。如果人人都能以有道德的人为榜样，"过，则勿惮改"（《论语·学而》），那么良好社会秩序的形成则是不难的。

（3）中庸的思想方法和协调原则。关于中庸，孔子说："中庸之为德也，其至矣乎！民鲜久矣。"（《论语·雍也》）把中庸看作是一种最高的道德准则。《论语·先进》篇载："子贡问：'师与商也孰贤？'子曰：'师也过，商也不及。'曰：'然则师愈与？'子曰：'过犹不及'。"孔子根据自己丰富的常识和实践经验，得出对事物本质以及发展最佳度的认识，因而提出中庸的方法。这种方法的最好表述是"执其两端用其中"（《礼记·中庸》），即要面对事物的矛盾以及道德价值的冲突，采取无过无不及的处理方式，以适度的分寸感来处理问题，引导事物向最好的方向发展。

中庸又是一种道德实践的境界和理性的态度。《论语·学而》讲"礼之用，和为贵"，表明儒家对于人际关系以和谐为最终归宿的态度。但是，孔子认为:"君子和而不同,小人同而不和。"(《论语·子路》)同时要用既定的社会规范来约束人们的行为,以达到人际关系中合理的度。事实上,实行中庸也要有一定的原则立场、爱憎分明的感情,"唯仁者能好人,能恶人"(《论语·里仁》)。中庸作为个人的品德,同时也就是处理人际关系的原则。所以《论语》载"子温而厉,威而不猛"(《述而》)。所有这些,都是中庸所要求的品德,也是在人际关系中自我表现的最佳的度。

综上所述,儒学的价值意义,从其文化原创的渊源上考察,它所具有的是一种以伦理精神和伦理结构体系为特征的人文价值导向。儒家人文思想的这种价值导向,一直影响着中国文化的社会倾向性,已经内化到世世代代中国人的精神活动中,成为相应的价值规定、行为准则,成为人们普遍认同和自觉遵循的信念。儒家人文思想的价值观,将会以其特有的合理性,对于培养今后人类社会发展中所迫切需要的新精神,诸如物质创造与精神生活的协调,敬业与乐群的统一,追求个人发展与美好社会理想的一致;以及在社会调控机制上,法治与德治并重,道德的外在强制与内在制约机制并举等方面都会有积极的作用。儒学的价值理念,不仅在以往中华民族精神生活中成为主流和重要支柱,而且经过现代性的整合改造,必将对当代中华民族精神的重塑与发展,北京边检的繁荣与兴盛起着不可忽视、不可替代的作用[①]。

儒家文化的人文精神:

(1)崇德尚义:儒家文化自古以来重视人的德性品格,重视德性的培养和人格的提升,历来高度推崇那些有精神追求的人、具有高尚道德品格的人士,孔子说"朝闻道,夕死可矣",把对真理和道德的追求看得比生死更重要;孔子又说"杀身以成仁",孟子说"舍生而取义",都是认为道德信念的信守和道德理想的坚持不受物质条件所影响,在一定的条件下比生命还重要。儒家的这种思想在社会上造成了崇德尚义的气氛。孟子还说过"富贵不能淫,贫贱不能移,威武不能屈",鼓舞人们追求坚定独立的

---

① 单纯主编:《国际儒学研究》第十七辑,九州出版社2010年版,第280页。

人格尊严，不被任何财富所腐化，不受任何外力所威胁，也为那些为捍卫正义和美好生活的人们进行不屈不挠和艰苦卓绝的斗争提供了精神的激励和支持。在这样的精神影响下，中国文化一贯强调明辨义利，主张明理节欲，在价值评价上对坚持道德理想追求的人高度褒扬，对追求个人私欲的满足的人加以贬斥，人的"美德"和修养始终受到重视。中国文化重视人的价值和尊严，重视自觉的道德修养和意志锻炼，重视完美人格的培育与成就，同时在政治上强调"道之以德，齐之以礼"，注重用道德礼俗实现对社会秩序的维护，反对以刑罚暴力管理社会；对外强调"以德服人"，反对"以力服人"，这些成为中华文化重视道德文明的特色。

（2）群体优先：在中国的人本主义文化中，重视人，但不是强调个人，而是重视人伦，中国文化总是把人作为一定的伦理关系中的人，在一定的伦理关系中负有伦理责任的人，从而个人的德性和价值实现紧密联结于他和他人的关系。人活着不是为了自己，而是为了人伦关系的美满。同时，中国文化重视处理群己关系，强调群体的利益高于个体的利益。群体的利益是公，个人的利益是私，关心国事大事天下事成了中国人发自内心的责任，也成了人们一种不可遏止的情感，体现为忧国忧民的情怀。孟子说君子要"自任以天下之重"，就是要把天下大事作为自己的责任，又说"乐以天下，忧以天下"。这种"天下"的观念是中国士大夫传统能超越家族主义、地方主义，始终把国家整体事务作为己任的文化思想的根源。历史上的爱国志士，为国捐躯，为人民所传诵和敬仰，这样的例子举不胜举。在这种思想文化里，不仅个人对他人对群体的责任意识始终被置于首位，也彰显了以小我成就大我，以牺牲个人和局部利益维护整体和全局利益，以国家和民族利益为上的价值取向。

（3）刚健有为：刚健有为的精神不仅在我们民族兴旺发达的时期起过巨大的积极作用，在我们民族危难之际，更成为激励人们的强大精神力量，在历史上无数志士仁人身上体现出来，如杜甫的诗"剑外忽传收蓟北，初闻涕泪满衣裳"，"出师未捷身先死，长使英雄泪满襟"，陆游的诗"王师北定中原日，家祭无忘告乃翁"，文天祥诗"人生自古谁无死，留取丹心照汗青"，这些读来回肠荡气的诗句，具有强烈的感召力量，无不体现了自强不息的精神，也发挥了爱国主义的激励功能，培育了中华民族反抗压迫、维护民族文化生命的精神。我们的文化从夏商周以来传承连续，从未中断，在民族的融合中国家的政治统一是历史的主流。所以中华民族不仅几千年来文化传承连续不断，而且中华民族赖以生存的政治实体在不断扩大的同时保持了稳定统一。哲学家冯友兰曾说"当世列强，有今而无古；希腊罗马，有古而无今"，英国文化的历史不过1000多年，美国的历史只有300多年，而文明古国有的夭折，有的转移；"惟我中国，有古有今"，所以他总是引用《诗经》的"周虽旧邦，其命惟新"，说明中国是文明古国，但始终在与时俱进的发展，并在这种发展中保持了文化的连续性。近代历史学家就中国历史文化的三大特征问三个问题：一，地域辽阔，人口繁盛，先民何以开拓至此？第二，民族同化，世界少有，何以融合至此？第三，历史长久，连绵不断，何以延续至此？历史学家说，从这三具特征来看，中华民族的历史发展，必然有一伟大的力量寓于其中。这个力量是什么？就是我们的文化和我们的民族精神，给了我们中华民族伟大生命力和凝聚力的内在的东西。其中最核心的就是中华文化中的一套价值观和民族精神。我们今天的一个重要任务，就是去发掘它、维护它，承担起发展中华民族生命的重大责任。

（4）文化自觉：传统文化的连续传承要归功于儒家的文化自觉，2500年前孔子整理了三代以来的文化，确立了中国最早的经典文本，建立了中国文化的经典意识，建立起文化传承的使命感。而后孔子所开创的儒家学派努力传承六经，代代传经释经；后又形成了一种道统的意识，使得后来儒家以传承发扬中国文化的经典和维护华夏文化的生命为神圣的使命。其次，中国自古以来有一个注重历史的传统，很早以来历史的记述不断，而且受到珍视，历史的记述起着承载民族历史记忆、建构民族文化认同的重要作用。儒家在这方面起了重要作用。最后，很重要的是，中国传统文化的士大夫在政治实践、地方教化和文化活动中，始终自觉传播、提倡、强调这些价值观念，强化这些价值观念，使得这些价值渗透在一切文化层次和文化形式之中，从而影响到全体人民大众的文化心理。

三 儒学的概念、精华及孔孟的儒学、仁学、诚信思想

(一) 儒学的概念

孔子对中国及世界意义重大,孔子为我们带来了一个和谐的世界。以孔子仁爱思想为凝聚力的中国社会,以孔子仁爱思想为做人基本信念的讲良心的中华民族,一天都离不开孔子。中国文化以道为核心,道由老子、孔子共同传承。以孔子为标志的中国传统文化是中华人民共和国的精神财富。孔子讲立德是国家的根本,全社会上上下下都要讲德。什么叫德?孔子说:"为政以德,譬如北辰,居其所而众星拱之。"原来,找到中心就叫德。众星拱之,是形式使然。要想居于有利形势,就要进入核心。孔子心中的理想社会是"老者安之,朋友信之,少者怀之",打造人性社会。仁爱是对人文的关怀,任何时候待己、待人、待事、待物都以人性为唯一价值标准,从纷繁复杂的社会现象中超脱出来,回归简单人生。这样做人看得清,并且不累。对具体的人来说,仁爱就他的需求进行满足;对社会整体而言,仁爱是普度众生的爱,在普度众生过程中让众生各安其位。"述而不作",讲孔子忠于史实作信实的讲述而不添加新的观点。无疑,有了孔子这种谦虚而智慧的做法,才使我们的古籍得到很好的传承,当然也使这些古籍所承载的文明得到很好的传承。孔子说:"泰伯其可谓至德也已矣。三以天下让,民无行而称焉。"意思是说:泰伯这个人可以说道德完善,三次把天下让出去,人们都想不出办法称赞他。考礼制,谦让基本上有三种形式:同宗同族相让,比如泰伯让季历,忠"让"或"逃",意思是虽是长子,无德无能,愿把王位让给弟、侄。不同氏族相让,比如尧舜禹相让,叫"禅让",意思是另立祭祀人选。禅让由祭司主持。同一统治集团,在紧急情况下父亲把王位让给儿子叫"内禅",比如唐玄宗让位于唐肃宗,为的是安抚民心。在《论语》这部高度谈理论、谈原则的语录书里,也透露了孔子的价值取向与生活情趣:他喜欢生活本身,并不喜欢好

高骛远。有了这点认识,我们就可以解读为什么他会关心学生的婚姻或工资,自己为什么又在生活中有那么些"穷讲究"。从"人"的角度讲,任何礼的实质都是一样的,形式严谨、动作舒缓、言词恭敬,以上可称"礼有三表"。"形式严谨"——"席不正,不坐。""动作舒缓"——"乡人饮酒,杖者出,斯出矣。"言词舒缓、言词恭敬,这是"礼有三表",三种表现归到一处,这叫"礼有一心"①。

(二)儒学的精华

方克立论及儒学中有一些对自然现象的观察和认识,但自然科学非其所长。古人讲"正德、利用、厚生"三事,后二者也非儒学之所长。儒学主要是一种"正德"之学,是一种道德伦理、政治和教育学说。也可以说儒学是一种"人学",是教人如何做人的学问,包括怎样修身律己、成就理想人格,怎样善待他人、和谐人际关系,怎样治国理政、使天下长治久安。儒学中包含着我们的先哲探索宇宙、社会、人生真谛的丰富智慧成果,其中有许多是可以批判继承、古为今用的思想精华。

儒学是一种修身立德、培养高尚情操、成就理想人格的人生哲学

儒家最讲求修身做人之道。修身的目的在于以德润身、"以美其身",培养高尚的道德情操,成就理想人格。个人的修身需要反求诸己,"吾日三省吾身","深造之以道而自得",所以儒家的修身立德之学,也就是所谓的"为己之学"。如孔子讲"修己以敬"、涵养智仁勇"三达德",孟子讲存心养性、善养浩然之气,《大学》讲"正心诚意",《中庸》讲"至诚尽性",荀子讲"以诚养心、以礼正身"等等,都体现了儒家反求诸己、以德润身的修身为己之学的精义。儒家要求"士志于道"、"居仁由义",具有博施济众、仁民爱物、"先天下之忧而忧,后天下之乐而乐"的博大胸怀和历史使命感,历代志士仁人包括一些近现代革命家都深受儒家人生哲学的影响,吸取并践行了其中的思想精华,为国家、民族做出了巨大贡

---

① 王少农著:《孔子思想》,中国长安出版社 2010 年版。

献。在当代的边检传统文化的教育中，儒家人生哲学中的优质资源，经过创造性的转化仍然可以采用。

儒学是一种宅心于仁、善待他人、和谐人际关系的社会伦理学说

儒家重视"礼"即社会制度建设，但"礼"不只是外在的形式，而是要以"仁"为内在精神。"仁"是一种本源于孝亲之心的关心人、爱护人、体恤人的感情和态度，在与他人相处时要与人为善、成人之美，"己欲立而立人，己欲达而达人"、"己所不欲，勿施于人"。"礼"是按照"仁"的精神制定一系列社会制度、规范和道德原则，来明分定伦，处理各种人际关系，达到社会和谐的目的。比如在家庭中，如能做到父慈子孝、兄友弟恭、夫义妇顺，这个家庭就和睦了。扩大到社会，就是要建立君有君德，臣有臣德，父有父德，子有子德，朋友有交友之道。每个人各守其分，各尽其责，依礼而行，整个社会就能够和谐安定。孔子说："礼之用，和为贵。"儒家最看重的是社会人际关系的和谐，认为"天时不如地利，地利不如人和"、"众心成城，人和为贵"。"和"是儒家追求的最高价值目标。这种以"仁"为魂、以"礼"为体、以"和"为用的社会伦理学说，它所体现的道德理性精神，包括善待他人的仁爱精神、尊重自我秩序的守礼原则、以和为贵的价值追求，经过科学阐释和现代转换，在北京边检与顾客和谐中亦能发挥重要的积极意义。

儒学是一种修己安人、以德治国、富有民本思想传统的政治学说

儒家经典《大学》提出了"三纲领"、"八条目"的系统的政治学说。三纲领即"明明德、亲民、止于至善"，八条目即"格物、致知、正心、诚意、修身、齐家、治国、平天下"。政者正也。在孔子看来，正人先要正己，君子"修己"，近可以"安人"，远可以"安百姓"，乃至博施于民而济众，才是一个好的政治家。孟子主张保障民生的"仁政"，以德服人的"王道"，荀子主张"养人之欲，给人之求"的礼治，特别是古典儒家的那种旨在"以善养人"、提升国民道德品质与文明教养的教化治国理念，都可以说是一种道德政治。这种政治要求统治者"君"给予被统治者"民"以一定的道德关怀，怀着"爱民如子，视民如伤"的感情，采取一些"惠民"、"安民"、"富民"、"恤民"、"与民休息"的政策和措施，从根本上来说也是符合其长远统治利益的。许多儒学家都认识到了"君者舟也，民者水也，水能载舟，亦能覆舟"、"得民心者行天下"、"民惟邦本，本固邦宁"的道理，先后提出了"民贵君轻"、"民本君末"、"天下为主君为客"等君臣关系理论，虽然目的都是为了"存社稷、固君位、达邦宁"，但客观上对于改善人民的生存状况、发展社会生产力也有一定的好处，不能否认其中包含着民主性的精华。儒家"以德治国"、"民为邦本"的治国理念，经过批判改造和创造性发展，可成为北京边检提高顾客满意度的历史理论来源之一。

儒学是一种尊师重教、学思结合、知行统一的教育学说

尊重知识，尊重人才，把教育看作是化民成俗、提高人的素质、推动社会进步的重要手段，是儒学的一大特点。在现代教育的综合创新中，应该更加注意吸收儒家传统教育思想中的合理内容。儒家伦理对于东亚国家经济发展是机缘而不是阻力，但对其作用的评价要实事求是、恰如其分。另外，儒家一直怀抱着"为万世开太平"、"天下大同"的政治理想，在处理国家、民族关系问题时主张"协和万邦"、"天下一家"，在处理不同文化之间的关系时主张互相尊重、互相学习、"和而不同"，这是我国政府提倡建设和谐世界，是儒家不懈的政治追求，我们也可以把它看作是儒家"修齐治平"的政治学说的一部分。[①]

（三）孔孟儒学

从历史文献上来考察，孔孟连称始于魏晋之后。北魏《元昭墓志》中有这样的文字："识总指途，并驱孔孟。"（《汉魏南北朝墓志集解图版49之二》）东晋咸康三年（337），国子祭酒袁瑰与太常冯怀曾联名上奏《请兴国学疏》，文中以孔、孟对举，认为两人的思想宗旨是一致的："孔子恂

---

① 单纯主编、国际儒学联合会编：《国际儒学研究》第十八辑，九州出版社2011年版，第278页。

恂，道化洙泗；孟轲皇皇，诲诱无倦。是以仁义之声于今犹存，礼让之风千载未泯。畴昔皇运陵替，丧乱屡臻，儒林之教渐颓，庠序之礼有阙。国学索然，坟卷莫启，有心之徒，抱志无由。"（《重纂三迁志》卷三）自此之后，孔、孟连称渐趋常见。元朝至元八年（1271），董文忠语元世祖："士不治经讲孔孟之道，而为诗赋，何关修身，何益治国。"（《元史·董文忠传》）这里不仅出现了孔孟，而且还有了"孔孟之道"这一特定的学术术语，其意显然非仅囿于指代儒学，更是指一种官方的、主流的统治思想。

孔、孟生平出处相近

前面说过，孔、孟之间相差一百多年，但在大的历史分期上来看，两人都处于春秋战国时期，具有大致相近的历史背景。也因此孟子说自己"去圣人之世，若此其未远也"（《孟子·尽心下》）。不仅时间相近，孔、孟所处的地点也相隔不远。孔子生在鲁国的曲阜，孟子则生在邹国，史称"鲁击柝闻于邾"（《左传·哀公七年》），孟子自己也说："近圣人之居，若此其甚也"（《孟子·尽心下》）。孔、孟的生平经历也相仿佛。两人都是幼年丧父。史称孔子3岁时父亲就过世了，他长大后连父亲的墓在何处都不知道，以致他在母亲亡故时，一时竟难以下葬，后来有人告诉他父亲坟墓所在，才将父母合葬。由于孔子是父母"野合"所生，有学者认为是"外庶子"，不能继承父亲的贵族身份，加上父亲死得早，所以孔子幼年、少年和青年时期，生活都较为贫困，当过管钱财的"委吏"和管畜牧的"乘田"，他自己也说过，"吾少也贱，故多能鄙事"（《论语·子罕》）。据赵岐的说法，孟子也是"夙丧其父"（《孟子题矢》），具体几岁不说，后人猜测孟子也是3岁丧父。孟母为了教育好孟子，曾三次搬迁住址，孟母三迁，成为历史美谈。另外，孔、孟都有游说诸侯，宣扬自己政治理想的经历。孔子从鲁定公十三年离开鲁国，到鲁哀公十一年回国，在外前后共漂泊14年。据司马迁说，他"干七十余君，莫能用"。实际上孔子没到过这么多国家，比较较真的王充认为，孔子至多到过十几个国家。孟子也曾游历诸侯。约公元前329年率弟子首游齐国，成为齐威王顾问和稷下大夫。孟子于齐宣王八年（公元前312年）回邹，时年61岁。从公元前

329到公元前312年，前后近20年孟子都在诸侯间周游。由于时代的差异，孔子周游时常常是狼狈不堪，贫苦得很，有时甚至如"丧家之狗"。相比较而言，孟子则阔绰多了，也风光多了。他出游时，有时"后车数十乘，从者数百人"（《孟子·滕文公下》）。诸侯王也能慷慨资助，如齐威王一次就赠金一百镒，宋国也曾送他七十镒金，薛国也赠金五十镒。可见孟子是富裕多了。孔、孟也都堪称是教育大家。孔子首创私人办学，有教无类，史称他有三千弟子，七十贤人。孟子40岁左右在齐鲁一带招收弟子讲学，据赵岐说孟子有名有姓的弟子共有15位。且不论孟子到底有多少弟子，他是古代一位著名教育家则是不争的事实。晚年他回到邹国后，就专心讲学并与弟子合著《孟子》。

孔、孟都有相近的"信而好古"的思想偏好，都志在传承古代文明

孔子自称"好古，敏以求之"（《论语·述而》）。这儿的"古"，实即尧舜所代表的历史文明。孔子对尧舜非常崇拜，他曾如此大赞尧舜："大哉，尧之为君也。巍巍乎，唯一天为大，唯尧则之。荡荡乎，民无能名焉。巍巍乎，其有成功也。焕乎，其有文章。巍巍乎，舜禹之有天下也，而不与焉"（《论语·泰伯》）。对于周代的礼乐制度，孔子也是很神往，"周监于二代，郁郁乎文哉，吾从周"（《论语·八佾》）。这些话就生动表明了他的"好古"心态。孟子也是"信而好古"的。弟子认为"孟子道性善，言必称尧舜"（《孟子·滕文公上》）。孟子自己也承认，他最为崇敬"三圣"即抑洪水、平天下的大禹，兼夷狄、驱猛兽、给人民带来安宁的周公，著《春秋》而让乱臣贼子害怕的孔子，他的心愿就是"承三圣"（《孟子·滕文公下》）。所以司马迁说"孟轲乃述唐、虞、三代之德，是以所如者不合，退而与万章之徒序诗、书，述仲尼之意"（《史记》卷七十四）。正因为孟子"好古"，所以他也十分尊崇周公。他称周公为"古圣人"（《孟子·公孙丑下》），认为周公兼有"四王"之德，"禹恶旨酒而好善言。汤执中，立贤无言。文王视民如伤，望道路而未之见。武王不泄迩，不忘远。周公思兼三王，以施四事。其有不合者，仰而思之，夜以继日。幸而得之，坐以待旦"（《孟子·离娄下》）。

孔、孟思想的主旨相近

宋儒二程说:"孟子有功于圣门。如仲尼只说一个仁,孟子开口便说仁义,仲尼只说一个志,孟子便说许多养气出来,只此二字,其功甚多。"(《二程集》卷十八)肯定孟子对孔子思想的推进和发展,同时也表明孔、孟思想是有其相近性的。

孟子志在传承孔子之道

在学术脉系的传承上,孟子和孔子没有直接的授受关系,为此孟子不无遗憾,如他说:"予未得为孔子徒也,予私淑诸人也。"不过,一般认为孟子思想源自孔子。司马迁认为孟子"受业于子思之门人",而子思之学源于伯鱼,伯鱼出自孔子。从《孟子》一书的内容来看,他引用孔子的话达 22 次,引用孔子弟子的话 4 次,引用孔子事迹 12 次,曾子及其家族人的事迹 5 次,引用子贡的话 2 次、宰我和有若的话各 1 次。[①] 这些数字表明孟子对孔子的学术是十分心仪的。孟子接孔子思绪,继续发扬了孔子所传承的尧舜以来的文化脉系,并以继承这种文脉为己任。

孟子荣获"亚圣"地位,渐渐靠近孔子

东汉赵岐首创孟子"亚圣"说,后世儒者又纷纷从不同角度论证孟子是孔子的继承者和当然代表。如唐代韩愈的"道统"论对孟子的推举尤为典型。他认为:"自孔子没,独孟轲氏之传得其宗。故求观圣人之道者,必自孟子始。"宋儒程颐也表扬孟子在宣扬圣人之道上居功至伟,他甚至说:"孟轲死,圣人之学不传。"

从思想内涵上看,历史上的道统论为孔、孟连称奠定了观念基础。道统论意为从尧舜以来,古代文明有一生生不息的文化脉络,古人称之为"道"。道统论视孔子为儒家学说的开创者,为尧舜以来文明的总结和光大者;而孟子被定格为孔子的继承者和推进者,他们属于同一道统、同一学派,亦即同一价值谱系内的同样的大师。道统说包孕了孔孟之道,而孔孟之道,也就为孔孟儒学概念的提出打下了学理上的基础;道统说使孔孟之

[①] 张茂泽、郑熊:《孔孟学述》,三秦出版社 2003 年版,第 207 页。

道成为儒学的代名词,孔孟儒学成为儒家文化的当然代表。

(四)孔孟仁学

孔、孟忧世忧民,特别具有人道情怀,后人称之为"仁学"。仁学是孔孟儒学的核心内容之一,孔子甚至说:"志士仁人,无求生以害仁,有杀身以成仁。"为了仁,连生命都可以放弃,足见孔子对仁的推崇。与此相应的是,《论语》中"仁"字出现100多次,从中亦可见孔子对"仁"的关注。孟子也同样重"仁",他认为"仁也者,人也","仁"的本质就是确证人的价值和意义。《孟子》反复申述"仁政",反对战争,宣扬不杀人者才能一统天下。孔、孟的思想都鲜明地表现出对人的生命的维护和颂扬,他们的学术歌颂人的价值和人民幸福生活的权利。

"仁者爱人"

从内容上看,上古文献中的"仁",有爱人之意,如"爱亲之谓仁"、"言仁必及人"等;又有道德之意,如"洵美且仁"中的"仁"就是讲的人的内在品质。从思想渊源上看,上古有关仁的见解,不少被孔子所继承。如《左传》说"出门如宾,承事如祭"是仁的法则,《论语》则有"出门如见大宾,使民如承大祭"为仁的主张。《左传》认为"不背本"是仁,《国语》也说"爱亲之谓仁",孔子则宣扬孝悌为仁之本。《国语》说仁是"杀身以成志",孔子则申论"志士仁人无求生以害仁,有杀身以成仁"。《国语》说仁是"勇而有礼",孔子则由此发挥道:"仁者必有勇,勇者不必有仁。"当然,孔子对先人思想的接受也是有选择的。《国语》主张仁是"杀无道,而立有道"。对这种看法,孔子不以为然,他主张臣事君以忠,赞赏"仁不怨君"。孔子好学多思,博览群书,晚年又悉心整理上古文献,故他对古代先哲有关仁的观点很了解,吸纳先哲的见解也是很自然的。

从孔子对历史人物的评论来看,孔子所标举的"仁",一指高尚的品德,一指卓越的贡献。实际上,孔子的"仁"也是他所期许的道德的统称,包含主要的美德。如孔子说"仁者必有勇,勇者不必有仁",仁含蕴了勇,勇只是仁的一种表现。近人谢无量研究指出,孔子之仁包含诚、敬、恕、忠、孝、爱、知、勇、恭、信、敏、惠、慈、亲、善、温、良、俭、让、中、庸、恒、和、友、顺、礼、齐、庄、肃、弟、刚、毅、贞、谅、质、直、廉、洁、决、明、聪、清、谦、柔、愿、正、睿、义等德目。

在有些具体场合,孔子所言的爱人固然有宗法血缘和尊卑贵贱上的讲究,但就其思想的根本倾向来看,孔子所谓的"爱人"所指是没有特别针对性的,是要求对所有人的爱,即"泛爱众而亲仁"。弟子司马牛没有兄弟,看见人家都有,内心甚为苦闷。孔子问人不问马的典故,则更为具体而生动地表现了孔子爱人的人道精神真谛。一次家里马房失火,孔子上朝回来,赶紧问有没有人受伤,而不是首先关注马的损失有多大。

下面这则记载也表现了孔子"仁者爱人"的人文精神。一次季康子就治理国家的问题请教孔子。他说:如果我杀无道的坏人而亲近有道的好人,怎么样?孔子说:你治理国家,为什么要杀人呢?只要努力向善,人民也会跟着学好的;君子就像风一样,小人就像草一样,风向哪边吹,草也就向哪边倒。这里孔子不仅反对杀人,甚至连"无道的人"也不同意杀,足见孔子对人的生命的重视与维护。也正是基于这一理念,孔子反对暴政,抨击暴政猛于虎,要求统治者实施"德政",其要义是保护劳动者的基本生存和生活的权利,因此他呼吁统治者"因民之所利而利之"。孔子之所以赞扬子产,因为"其养民也惠",意即子产对人民很仁爱,使人民生活得不错。

这样综合起来看,孔子"爱人"之人,是指所有人的,用今天的评议来表述,孔子"仁者爱人",肯定了所有人的价值;它是超越的,是没有先在条件的,只要是人,都应该去爱。孔子说"恶不仁者,其为仁矣"。这可以说是孔子仁学的精华所在。

"仁也者,人也"

孟子的时代,诸侯间战争愈演愈烈,人民生活困苦,生命也惨遭涂炭,用孟子的话说,"民之憔悴于虐政,未有甚于此时也"!因此孟子更为急切地宣扬仁学。孟子所理解的仁,从他的论述来看,含有厚道、亲切、温情、爱怜之意。如孟子说"人能充无欲害人之心，而仁不可胜用也"，这句话就揭示了"无欲害人之心"与"仁"的密切关系。一次梁惠王问孟子：怎么做才能使我的国家更有利？孟子说：你谈什么利呀，有了"仁义"足够了。你过度崇尚利，那么大臣就会怀着谋利之心来事其君；作为儿子的，也会怀着谋利之心来事其父；作为弟弟的，也会怀着谋利之心来事其兄；这样君臣、父子、兄弟之间的关系就没有"仁义"可言，全是赤裸裸的以利相交了，千百年发展而来的人伦美德就将毁于一旦。

事实上孟子也认为仁就是人，直接将仁与人画上了等号，他说"仁也者，人也"。因此在孟子那里，仁学实就是有关人的学问，是对人之为人的一种充满人文关切的解读，如孟子"性善论"就意在论证人的伟大和优越。历史上孟子首倡性善论，他认为人性的本质先验就是善的。人有着极为优越的禀性，因为人有着与生俱来的"四端"之心，这就是恻隐、羞恶、恭敬、是非之心。按孟子形象而生动的说法，"人之有四端，犹其有四体也"。所谓恻隐之心就是仁，羞恶之心就是义，恭敬之心就是礼，是非之心就是智。此四端之心，孟子认为也是人不用学习而先天就具备的品质，是一种"良能"，"人之所以不学而能者，良能也"。孟子强调人的这种道德性和智慧性，近乎一种非人为的自然本性，是人，就有这种"四端"之心，就有这种良知良能。孟子所反复论证的良知良能，重点不在先验的认识能力，而意在揭示人性所本然具有的道德认知和识别能力，用孟子的话说即："人之所不学而能者，其良能也；所不虑而知者，其良知也。孩提之童无不知爱其亲者，及其长也，无不知敬其兄也。亲亲，仁也；敬长，义也。无他，达之天下也。"（《孟子·尽心上》）

孟子尤其再三强调的是恻隐之心。因为恻隐之心即是仁，即是爱，是对人的生命安危的关切。有时候孟子又称此恻隐之心为"不忍人之心"，它实即关注人的存在状况的爱心。孟子以为人都有此不忍人之心，其例证就是如果有人突然间看见一个小孩马上就要掉到井里面了，都会产生紧张和痛苦，并顿生抢救他的念头；人们之所以会这样，并非为了讨好这个小孩的父母，也并非是要在亲戚和朋友面前表现自己，更不是出于听不下去小孩的叫声，而只是人的爱心使然！人性中本就有爱心，那么仁者爱人就是自然而必然的。孟子"四端论"着意论证爱心的自然天成，实也是在为仁学寻找合理性的先验论据，是在证明孔子所提出的仁学的合理与应当。

孟子的"人——禽"之辨的用意固然也意在强化修身养性的必要，用孟子的话说即"养心"。因为按孟子的见解，人如果吃饱了，穿暖了，无所事事，不知反思自己的行为，社会也不加以教化，那么人就有禽兽化的危险。孟子以为正是为防止人性的堕落，所以官为司徒的契创设了五种社会规范，即"五伦"（君臣、父子、兄弟、夫妻、朋友）。但我们以为，孟子强调人——禽之辨另有深意，那就是对人的价值的反思与颂扬。孟子以这种辨析说明：不论人与禽兽的差别是多么微小，但人就是人，禽兽就是禽兽，其间有绝不可混淆和泯灭的界线。孟子用心划出这一界线的意图，不是遮掩人的光辉，而是彰显人的伟大。

人是世界上最优秀的存在，那么合乎逻辑的自然会产生对生命的敬畏；孟子由对人的价值的肯定，进而认为人的生命是至上的，所以他说"仁也者，人也"。并断然论定："杀一无罪，非仁也。"孟子是认同周礼的，史称"孟子道性善，言必称尧舜"。作为华夏文明进步重要成果的周礼，是严辨男女之别的，这是人之为人、人不同于动物的一个重要标志。

正是怀着这礼赞生命的信念，孟子疾呼人应有人的生活，孟子四处宣扬"仁政"的旨意也正在此。孟子从"人皆有不忍人之心"出发，鼓吹实行仁政并不难，统治者只要扩充此"不忍人之心"于天下百姓，就能够建立起仁政。受先圣的影响，孟子设想的仁政，要义是要让所有人，尤其是那些"穷民"过上体面而快乐的生活。在物质上他要求"制民恒产"，即实现井田制，给予人民一定数量的私田，还给人民一定面积的宅基地，让他们有住处。孟子认为人没有肉是吃不饱的，也只有穿绢帛才暖和，为此孟子要求统治者使人民有条件养家禽、种桑麻。孟子的"仁政"还要求统治者省刑罚、薄税敛，给人民创造宽松的生活环境，尽量减轻人民的负担。另一方面，孟子还强调"仁政"的道义性，其具体表现一是不要让已满头白发的老人为了生计还要劳作，要让他们安享晚年。二是统治者要轻徭薄赋，善待人民，不能把人民看成牛马，要让他们有喘口气的机会，让他们有娱乐、休闲和学习的时间，用孟子的话说是"壮者以暇日修其孝弟忠信"。后一点是非常重要的，它表明孟子不仅看到了人的生物性，更体认到了人的精神性；人活着不仅只为吃饱穿暖，还追求活得有意义，有想象的自由，有学习文化的自由，有弄懂人为何是人的权利。

如果说孔子在观念上重复并突出了早已有之的"仁"的概念，使其成为一个重要的道德，那么孟子则进而主要从人性论和理想政治的角度，论证并深化了"仁"，使其成为"仁学"；如果说孔子树起了仁的人道大旗的话，那么孟子则使这面旗帜汇成了蔚为大观的仁学大潮。总之，孔孟拉开了中国古代思想史上的仁学序幕，随着"仁者爱人"的理念深入人心，这一观念就成为古代中国的自然法。暴君虽然可以无视它，但其结果就像秦二世一样地迅速灭亡；只有遵循这一自然法，才能得到人民的认可，方可坐稳江山。中国数千年的历史一再证明了这一点。

（五）孔孟诚信思想

孔子"无信不立"的诚信观

人所共知，孔老夫子对其所处社会的道德状态是颇为不满的，其中一个重要原因，也在于其时浮夸风和虚伪之气的盛行。如孔子就很感慨地说过"吾未见刚者"，亦即耿直坦诚的人太少了。孔子推重诚信，对"好谀"之风，孔子虽然很难过，但并不绝望，相反，为扭转这种虚伪的风气，他大力宣扬诚信。从《论语》一书来观察，孔子先后38次谈到"信"字，至于涉及与诚信相关内容的次数就更多了。孔子还非常重视诚信问题的研究与教育，如"子以四教：文、行、忠、信"（《论语·述而》）。"信"即诚信，是孔子的四项基本教育内容之一，实际上孔子也希望其弟子在诚信方面表现优异，"子曰：弟子入则孝，出则弟，谨而信，泛爱众，而亲仁。行有余力，则以学文"（《论语·学而》）。就是日常的待人接物，孔子也倡导力行诚信。一次子张问孔子日常生活中应该怎样处事，"子曰：言忠信，行笃敬，虽蛮夷之邦行矣；言不忠信，行不笃敬，虽州里行乎哉"（《论语·卫灵公》）。文意是说，要说老实话，办老实事，这样做，即使到文明落后的不开化地区也是行得通的；否则，即便去你熟悉的城里，也是寸步难行。

(1) 孔子诚信概念的含义

①"言而有信",即说话算数。孔子弟子子夏说过"与朋友交,言而有信"(《论语·学而》)。这虽然不是孔子亲口说的,但它也反映了孔子的思想,因为孔子自己在夸赞子路"片言可以折狱"时,还表扬了"子路无宿诺"(《论语·颜渊》)的优异品质。所谓"无宿诺",即说过的话一定让它兑现,不拖延,也绝不食言。

②"可复"。孔子弟子有子谈及诚信时,曾说过这样一句话:"信近于义,言可复也。"(《论语·学而》)其意是说诚信近乎"义",这是强调诚信的道德内涵;而所谓"言可复",即实践所说的话,将承诺的付诸实行,变成现实。

③"有恒"。孔子曾颇有感慨地说:"善人,吾不得而见之矣;得见有恒者,斯可矣。亡而为有,约而为泰,难乎有恒矣。"(《论语·述而》)文中"善人"大概是好人的意思,当时世风日下,"好德者"是越来越少了;如果能碰上一个持重厚道,做事有始有终,从不虎头蛇尾,不忘记承诺的人就已不错了。所谓"有恒",有稳固、不变和持续的意思。孔子在谈论"成人"时,就曾认可"久要不忘平生之言"的人亦算是。这里的"久要不忘",实亦即"有恒",而不是朝三暮四。

④守节。这里的守节,也就是保持操守,不为外物所动,更不会有媚态。"曾子曰:可以托六尺之孤,可以寄百里之命,临大节而不可夺也。君子人与,君子人也。"(《论语·泰伯》)文中"临大节而不可夺",正是守节的意思。这也体现了孔子的节操观。"子曰:岁寒,然后知松柏之后凋也。"(《论语·子罕》)所谓"后凋",正是秉节不移,不与时俯仰。孔子所谓"三军可夺帅也,匹夫不可夺志也"(《论语·子罕》)之说,正生动而形象地展示了自我固守、自我统一的气节观。这种节操与言必信、行必果,在追求"不变"的精神实质上都是共同的。

⑤坦诚(忠诚)。在为人处事方面,孔子很反感虚伪和掩饰,而喜欢襟怀坦荡。"子曰:君子坦荡荡,小人长戚戚。"(《论语·述而》)坦荡的胸怀,被称赞为"君子",显然在孔子看来,它属于一种优异品质。这一

思想对其弟子也深有影响,曾子就如此强调过:"吾日三省吾身,为人谋划而不忠乎,与朋友交而不信乎,传不习乎。"(《论语·学而》)文中"谋而忠",实即反对奸诈,而主张诚实。所以当"子贡问友。子曰:忠告而善道之,不可则止,无自辱焉"(《论语·颜渊》)。孔子所倡导的"忠告",其意与"谋而忠"一个意思,都是强调为人处事的忠厚老实。孔子认为唯有如此,方可问心无愧,"内省不疚,夫何忧何惧"?这实也是诚实做人的坦然心境。

(2)孔子诚信思想的内涵

孔子是较早系统论述诚信美德的智者。孔子自称"吾道一以贯之",他的大弟子之一曾子认为孔子的"道"就是"忠恕","夫子之道,忠恕而已矣"(《论语·里仁》)。所谓"忠",即是自己想要的,也要考虑到别人也会有同样的想法;所谓"恕",即是自己厌恶的,也应想到他人也会避之唯恐不及。"忠恕"的实质就是推己及人,走出自我中心主义,是对他人的一种负责的态度,而这恰与诚信精神是契合的。所以孔子说"忠恕"是他信奉的基本理念,实际上也就包含了对诚信的首肯。

①强调做人要诚实。这是孔子非常关注的一个话题。前面引述过,弟子子张问孔子如何接人待物方可修身养性,孔子就回答说:"言忠信,行笃敬,虽蛮夷之邦行矣;言不忠信,行不笃敬,虽州里行乎哉?"孔子显然是认为"言忠信"是放之四海而皆准的做人的道理。

②强调诚信是人立身之本。孔子认为,诚信是做人的根基,没有诚信人是寸步难行的。诚信是人的立身之本,也是人在社会生活中一刻也缺少不得的基本品德,没有这种品德,生活下去都是很困难的,所以孔子说"君子"要"主忠信"(《论语·学而》)。上面的引文中孔子是说"言忠信",这里孔子则强调"主忠信",即要求君子立身行事,不仅仅是说说"忠信",而是应以诚信为主调,在生活实践中力行"忠信"。

③强调与人交往要诚实。这也就是要求与他人打交道时要诚实守信,以诚待人。对于以诚待人,孔子是极为重视的。前面说过,孔子主张做人要坦荡磊落,也因此他倡导要以真心待人,"子曰:二三子以我为隐乎?吾无隐乎尔"(《论语·述而》)。所谓"无隐",也就是坦荡。孔子对人前

人后的不一样,弄虚作假,虚伪作秀,是很反感的。"子曰:巧言、令色、足恭,左丘明耻之,丘亦耻之。匿怨而友其人,左丘明耻之,丘亦耻之。"(《论语·公冶长》)文中所谓"匿怨以友其人",就是隐藏其对某人的不满,而表面仍装着喜欢他。这实是表里不一,阳许阴否。孔子对这种处世与待人的态度是很鄙视的,所以孔子说"丘亦耻之"。

④强调诚信为美德,是杰出人格的应有属性。孔子之所以反复强调做人必须诚信、待人必须诚信,因为在孔子看来诚信是一大美德,讲诚信的人,是人格优异的标志。

⑤强调诚信为治国的基础。孔子对诚信的治国意义,有很深刻的体认。一次子贡曾问孔子如何治国从政,孔子回答说:"足食,足兵,民信之矣。"子贡又问:"必不得已而去,于斯三者何先?"孔子就说:先去食后去兵,因为"自古皆有死,民无信不立"。"信"比"食"和"兵"更重要,可见在孔子看来"信"在治理国家中的关键作用。值得注意的是,这儿的"信"主要是指为政者,应取信于民,即"上好礼,则民莫敢不敬;上好义,则民莫敢不服;上好信,则民莫敢不用情"(《论语·子路》)。这样为政者才能得到人民的信任和拥护,社会方能和谐稳定。于是,孔子特别强调"其身正,不令而行;其身不正,虽令不从"(《论语·子路》)。又说"苟正其身矣,于从政乎何有?不能正其身,如正人何"(《论语·季氏》)。所以当季康子问孔子如何治理国家时,孔子说:"政者正也,子帅以正,孰敢不正。"(《论语·季氏》)

孔子有关诚信与治国的思想,对后世影响很大。如唐代魏徵就说:"臣闻为国之基,必资于德礼,君子所保,惟在诚信。诚信立则下无二心,德礼开则远人斯格。然则德礼诚信,国之大纲,在于君臣父子不可期须而废也。故孔子曰:君使臣以礼,臣事君以忠。……不信之言,无诚之令,为上则败德,为下则危身,虽在颠沛之中,君子之所不为也。"(《贞观政要·诚信》)可以说为政必须诚信,已成为中国古代政治的一个基本信念。

孟子"朋友有信"的诚信主张

战国时期,天下"争以气力",社会盛行弱肉强食的丛林原则,诚信与其他社会道德一样,不同程度地遭到冷落。宋代哲学家叶适说:"去孔子甫百余岁,而能信者已少矣。"(《习学记言》卷三十二)生当其时的孟子,亦如其"私淑"的先圣孔子一样,对诚信问题也非常关注。

(1) 孟子轻视诚信吗?

事实上,孟子也与孔子一样,常常与弟子讨论诚信问题,据统计,《孟子》一书中"信"字出现了30次,与诚信相关的词语也出现了25次之多。从《孟子》一书来看,孟子对诚信的推崇与肯定,主要表现在以下几个方面:

①孟子敬重诚实的人。《论语》里孔子肯定弟子子路是一位诚实的人,尤其是言而有信,孔子就称赞"子路无宿诺"。《孟子》一书中,对子路也是赞赏有加,"或问乎曾西曰:吾子与子路孰贤?曾西……曰:吾先子之所畏也"。文中一"畏"字,就生动表明了对子路的礼敬,对其为人的推崇。事实上曾西还认为,即使曾协助齐桓公"九合诸侯"的管仲,也比不上子路。这一判断,则更为直接而明白地点明了孟子对子路及其"无宿诺"的表扬。

②孟子视诚信为人生一大乐事,也是人生一大境界。孟子说过这样一段话:"君子有三乐,而王天下不与焉。父母俱存,兄弟无故,一乐也。仰不愧于天,俯不怍于人,二乐也。得天下英才而育之,三乐也。"(《孟子·尽心上》)所谓"王天下不与",即这种快乐连做皇帝也不换;不换什么呢?一是家中亲人安好,一是能教天下最好的学生,还有一个就是做人做得磊落坦荡,真诚透明。文中"不愧"与"不怍",就折射了在孟子那里,诚信是高尚人生不可或缺的因素。

③孟子不仅肯定诚信是美德,他还提出了一个"信人"的完美人格概念。按孟子的理解,凡天下好的东西都是人人追求的东西,而不好的东西,总是遭众人唾弃的东西。如果一个人广受欢迎而不是遭反对,那么他就是一个好人("善人");而好人总是有实实在在的品质,就像人们讨厌恶臭,而沉醉于美丽一样,好人总是有优异的品德让大家喜欢他的,所以好人又可称为"信人"。关于"信人",前面的引文中已有涉及,这里复引述如次:"孟子曰:善人也,信人也。何谓善,何谓信?曰:可欲之谓善,有诸己之谓信。"(《孟子·尽心下》)显然,没有"有诸己"的"信",就

不会有其后的"充实之美",也没有继此而起的"大",当然也就更不会有"圣"和"神"了。在孟子看来,"信"这种不加修饰的天然美德,是人格升华和境界提升的重要基础和前提,由此反推上去,可见孟子对"信"的推崇程度。

④孟子特别提倡日常生活中为人处世必须诚实。

⑤在孟子看来,不仅做人要诚实,社会生活的各方面都必须遵循诚实守信的准则,否则社会秩序就会大乱。

⑥孟子猛烈批判战国的权势者们,也显示出孟子对诚信的执著与坚持。

(2) 孟子的诚信概念内涵

孟子对诚信的理解,与孔子比较,有相似的地方,也有不同之处。相近的地方如孟子也将诚信理解为言语上的诚实,"动容易周旋中礼者,盛德之至也。哭死而哀非为生也,经德不回,非以干禄也,言语必信,非以正行也。君子行法以俟命而已矣"(《孟子·尽心下》)。文中所谓"言语必信",也正是"言必信"的意思,意指说话算数,承诺的一定要兑现。

较之于孔子多言"信",孟子特别强调"诚"。"诚者,天之道也;思诚者,人之道也。至诚而不动者,未之有也;不诚,未有能动者也。"(《孟子·离娄上》)何谓"诚"?从孟子"有诸己"的论述来分析,它主要是一种对诚信的主观上的有意认知和自觉坚守,它突出的是主动性和内在性。"浩生不害问曰:乐正子何人也?孟子曰:善人也,信人也。何谓善,何谓信?曰:可欲之谓善,有诸己之谓信。"(《孟子·尽心下》)文中的"有诸己",正是这种内心的表里如一,它喻示主体自觉将社会的诚信要求内化为自己的精神品质。也因此,孟子视诚信为"天爵":"有天爵者,有人爵者。仁义忠信,乐善不倦,此天爵也。公卿大夫,此人爵也。古之人修其天爵,而人爵从之;今之人修其天爵,以要人爵;既得人爵,而弃其天爵,则惑之甚者也,终亦必亡而已。"(《孟子·告子上》) 从文意来看,所谓"公卿大夫"之类的"人爵",显然是一种后天人为的设计;与此相对,"天爵"的"仁义忠信",则是自然与先天的,换句话说,"忠信"是人固有的禀赋,这也许就是孟子所谓的"有诸己"。

孟子的"四端之心"与"良知良能"说，一方面固然突出地彰显了人的价值与形象；但与此同时，则也强调了人的道德责任与义务：其一是因弘扬了人性的杰出和优越，故孟子强调要努力维护人的光荣，绝不能做有损人的形象的事情。

总之，孟子将诚信内化理解为人的本性，将它归属于"天爵"范畴。在他看来人本质上是诚信的，或者说是具有践行诚信的潜质的；因此，孟子强调主观之"诚"，强调诚信是人人应尽的道德义务，而且是人人不难做到的基本义务。

（3）孟子诚信思想的特色

①诚信是历史进步的结果，孟子认为先民在享有了这种生活后，才慢慢发展出诚信道德。他说："人之有道也，饱食、暖衣、逸居而无教，则近于禽兽。圣人有忧之，使契为司徒，教以人伦。"在孔孟学派中，孔子未多注意诚信的历史性问题，应该说是孟子首先明确揭示了诚信是社会发展的产物，象征着人类文明的进步。

②物质生活水平决定诚信状态，孟子认为，社会道德状态不是孤立的，一个社会的道德好坏，取决于这个社会对民生问题解决如何；同理，一个社会的诚信度如何，也决定于人民生活的富裕程度。一个负责任的政府，绝不应"罔民于罪"，即逼迫或驱使人民犯罪，而应在人民犯罪之前，就应想办法防患于未然。

③诚信是社会关系的行为准则，孟子强化了诚信的社会关系伦理性质。所以孟子又说："善与人同，舍己从人，乐取于人以为善。"（《孟子·公孙丑下》）[①]

[①] 胡发贵著：《孔孟儒学》，南京大学出版社2009年版，第117页。

四 中国传统儒家文化核心价值观的内涵

(一) 中国传统儒家文化核心价值观的"仁"

孔子仁的概念

"仁"字在《论语》中共出现了109次,分布在58章里,是孔子使用的"术语"中重复率最高的一个,但含义很不相同,令人不好把握,可见对于孔子的仁概念,至今没有哪个人说清楚了,很难作出能够得到学界普遍认同的分析。因此,《论语》的外语译者只好根据语境,将仁作不同的翻译,英译本就有"慈"、"爱"、"善意"、"宽厚"、"同情"、"完美的德行"、"善"、"人性"、"博爱"等十几种译法。

从字源上说,"仁"字出现得比较早,商代就有了,据罗振玉《殷虚书契前编》说,甲骨文作仁,金文中也有此字。(匡亚明先生的《孔子评传》中说:"在殷代和西周的甲骨文和金文中,至今尚未发现有"仁"这个字。"他可能是根据郭沫若的《十批判书》的判断:"仁字是春秋时代的新名词,在春秋以前的真正古书里面找不出这个字,在金文和甲骨文里也找不出这个字。")但孔子之前的古书中仁字使用得极少,《尚书》中仅有一个,《诗经》里也只有两句诗中有"仁"字。《国语》和《左传》中的仁字虽然比较多了,但这两部书是孔子以后的人编纂的,含"仁"字的句子,有许多就是孔子的言论,其他的,也可能是编纂者用孔子赋予的"仁"字的意思来表达他们认定的古人的思想,故都不好用其中仁字的含义来说明孔子关于仁的思想的历史渊源。不过有一点可以肯定,那就是在孔子以前,仁字的含义十分广泛,似乎凡是尽孝、忠君、有礼、谦让、报恩、爱人以至立功的表现,都可以用"仁"来加以褒扬,可又不是作为诸多具体德目的概括,而是也作为一个德目看待的。例如《左传·僖公十四年》(公元前646年,即孔子出生前95年):"庆郑曰:'背施无亲,幸灾不仁，贪爱不祥，怒邻不义。四德皆失，何以守国。'"其中"仁"就是和"亲"、"祥"、"义"并列的一个德目。但《左传·襄公七年》中有："恤民为德，正直为正，正曲为直，参和为仁。"这是把"德"看作"仁"的一个方面的内容，即"仁"是一个具有更大综合性的品德了。襄公七年是公元前556年，离孔子诞生仅15年了，所以这能说明，"仁"的意义在朝着概括、抽象化程度逐渐提高的方向变化。孔子关于仁的思想，当是沿着仁的含义的这条发展线索而形成的。

（1）孔子要用"仁"概念说明什么？

孔子要维护周礼，自然企图证明，只要大家都依礼行事了，结果就将造成一个对谁都大有好处和谁都会喜欢的"郁郁乎文哉"的社会局面，这可以称为"理想目标激励法"，他这样赞叹周礼，其实也就是进行这种激励。如果还能说明，践行礼制本来就是人作为人的本质的体现，因而理应是人的自觉要求，那就不但极大地增强了"必须复礼"的论证性，还会使之成为人们向自己发出的道德命令。这一点，孔子虽然没有明确的表述，但他一定是想到了的，而且就是这个目的在推动他大谈仁的问题，将它进一步提升为表示人的道德行为也即复礼要求之内在动因的概念。

仁是人践行礼制，也即道德地行动的自身心理情感的根据，这可以说是仁概念的"功能定义"，说明了仁是普遍性和特殊性的统一：它是普遍的，因为它是人的天赋，人人都有；它是特殊的，因为它是心理情感，是个人在具体实践中体验到的，故而在不同的人那里和不同的实践中的实际存在，或者说它的"被人体验到的存在样态"，必有差异。由于"仁"作为心理情感是既和人的理性又与人的行为直接相联系，是二者的"中介"，所以当强调它与理性的联系时，可说正是人的仁心在"指导"、"要求"人去践礼——做有道德的事；当主要着眼于它与行为的联系时，又可以说那行为就又把仁的"仁心""实现"出来。仁不完全是认识论的概念，更是实践的概念，仅从认识方面给它下定义，是总会感到不贴切、不准确的。这就是人们感到仁概念神秘莫测、不好把握的根本原因。知道仁概念的这个本性，是我们真正了解它的前提——就会放弃给它下认识论定义的努力，主要去从实践上切实把握它的应用。

（2）仁概念有四个不同但密切相关的含义

仁概念不好把握还有个"文本的原因",那就是《论语》中的百余个"仁"字,确是在不同的含义上使用的,本来就不能据以概括出一个统一的定义来。这是《论语》的实际,对此必须抱实事求是的态度。

① "仁"即仁心——爱人之心

这是仁的最基本的含义,直接说明仁有这个含义的是《论语》12—22章的头一段：樊迟问仁。子曰："爱人。"问知（智）。子曰："知人。"这意思太明白了：仁就是指爱人之心,亦即自发地、主动地同情人、愿意对人好的品性（爱字在古代本有同情的含义,爱的情感是不可能被强迫出来的）。《论语》注家们在解说这一章时,都忽略了一个要点,那就是这里是把"仁"与"知（智）"放到一起讲,似乎显示出在孔子那里,"仁"是相对于"知"而言的,二者在必定涉及他人,即都要指向某个对象这一点上,具有一致性,在"着力的方向"上则不相同,分属不同的领域：仁是向主体自身用力,故是一种情感体验,虽以他人的存在为前提,但这情感的深厚状况,与他人亦即爱的对象的表现,严格说来没有联系；知是向他人即知的对象用力,所以属认知领域,得到的结果（知的内容）更决定于对象的实际情况。仁就是爱人,并且这个"人"非指特定的某些人,而是指一切人,即人类。是按从"家里"到"外面"、从对待最新密的人到对待生活、工作中接触到的一般人这个顺序讲下来的,所以末后的"泛爱众,而亲仁"当是说：对于接触到的任何人,都要有爱心,对于其中的仁者则要更加亲近一些。"为仁由己",不取决于外界条件。

孔子将"爱人"作为他的仁概念的第一涵义,同他视"让"为礼的最深刻的本质,是完全一致的,这不但证明,他创立关于仁的理论,目的确实在于为人们践礼提供一个"人性基础",同时表明,他所谓的"爱人",正是促使人在处理同他人的矛盾时愿意主动采取"让"的态度的心理动因,故而是一种视他人为自己的同类,"把人当人看"的情感。所以孔子关于"仁者爱人"的思想,是普通人、平常人对于自己作为人的最朴实的认识,就其伟大的方面而言,则标志着人作为人的觉醒,意味着"人的发现"。这个发现,在西方,公认为以苏格拉底说出的名言"认识你自己"

为标志，在东方，该说是由孔子发表他的"仁者爱人"思想来完成的吧？这两人几乎是同代人（苏氏诞生于前469年，只小孔子82岁），都是所谓"轴心时代"的人物，这，是巧合，还是蕴涵着人类发展的某个秘密，是很值得研究的。

②"仁"是仁者——有高尚道德的人

一个人对他人有爱心，就会想去帮助别人，就会在自己与别人发生矛盾时表现出宽容，甘于作出一定的牺牲（让步），这从外部行为表现方面看，就是行为符合公认为合理的规范——礼制，社会对其为人作的评价，就说他是个有道德的人。历来人们都把"仁"看作道德范畴，视之为人的基本德性，原因就在这里。从词语的应用方面说，"仁"作为标示"爱人"这种品性——心理情感的字眼，自然会被引申来指做出了爱人行为的人，即道德行为的主体本身，这是汉语，特别是古代汉语词义发展的基本规律。因此，《论语》中"仁"字的第二个意义是指有较高道德修养的人。

人具备了刚强、坚毅、质朴、慎言这四种品质，就基本上可以称为仁者了，但理解为这是说明仁德基本上是这四种品质的综合统一，也一点不错。后一章实是从反面说这个意思，可以翻译为：花言巧语，一脸伪善的人，不大可能是仁者；也可以翻译为：说话花言巧语，表情笑里藏刀，这不大可能是仁心仁德的表露。

③"仁"乃仁境——人的道德精神境界

个人在仁心——爱人之心推动下，严格地按照礼的规定行事，一定同时也就培养出良好的道德品质，并将获得很高的道德声誉。毫无疑问，这反过来又会影响人的内心情感，让人进入到一种觉得自己"更像一个人了"的情感——精神境界。大概每个人都有这种体验：当自己战胜了某种私欲，并非出于习惯和无奈，而是颇为自觉地完成了一个较大的道德行为之后，会感到一种轻松和快慰，消极地说，是觉得自己问心无愧，将来回忆起这件事来，或别人提到这件事时，不会感到负疚、心虚，以致良心痛苦，更不必怀疑、担心别人"指脊梁骨"，从而产生一种安全感；积极地说是觉得战胜了自己，实践了自己本来崇尚的做人原则，可能还想象着别人会因此更加敬重自己，于是涌起一种自豪感，或者说自我实现感。这两种情感综合起来，自然是使人享受自我欣赏的快乐——这是人生最大的精神快乐，同时感到自己与他人、与社会达到了更高的和谐，世界都比以前显得更加美好了。这种心理体验、情绪状态、人生境界，是仁心、仁德带来的，是仁者才能够经常享受到的，所以孔子也用"仁"字来指示。

从孔子创建他的"仁学"的目的看，"仁"概念是应该有这个义项的，因为这样一来，仁就不仅是人复礼的"动力因"，还同时是"目的因"了：人是为了追求"仁境的快乐、幸福"而践行礼制的。孔子的"饭疏食饮水，曲肱而枕之，乐亦在其中矣"的乐，颜回的"一箪食，一瓢饮，在陋巷"的乐，就是处在仁境中的人的乐，享受这种快乐的人，即使对有些人事心存愤慨，对"天下无道"局面很是失望、不满，但一定是觉得世界上多数人是支持和敬重自己的，更深信"天下有道"的一天终将来到，所以仍然有"天下归仁"的美感与享受。这种美感与享受，就是后来中国人所谓的"孔颜之乐"，实为仁境之乐，客观地说，这是道德行为给予道德主体的回报，孔子明确地指点出来，自然将起催人道德地行动也即自觉复礼的作用。"里仁"就是"处于仁境之中"，这当然美极了；处理问题时作出的选择决定，结果不是让自己获得仁境的快乐，哪谈得上有智慧？（"择不处仁，焉得知？"）因此，有道德的人（仁者）必以选处仁境为安，人具有智慧，对于作出这种选择则是大有帮助的（"知者利仁"），人的智慧就在于帮助人作出结果为"里仁"的选择。

到此，我们理出了孔子关于仁的思想的脉络是：仁心—仁者—仁境，正常人固有的爱人之心，即认同他人的欲求，把他人看作和自己一样的人这种心理情感，自觉自愿地真心实意地践行礼制（这是人们之间达成的契约）的规定，也即完成道德行为，结果是，社会承认他获得了多种德性，赞许为仁人，在个人主体自己，则是感到精神境界的提高，情感世界的净化，即获得仁境的快乐。据此可说，"仁（心）"是人去复礼的基础、原动力，"仁者"是社会给予复礼者的道德评价，仁境是复礼者从复礼得到的精神收获，如果说，人的良心安慰之类的精神快乐总是从社会关系中得到的，那么，就也是他从社会得到的回报。因此，复礼对社会、对个人都是有利的、必需的，社会要提倡复礼以消除矛盾，维护稳定，个人应主动复礼以争取声誉，求得真正的"人的快乐"。但孔子一生的活动不仅是在向广大群众，向一切个人作关于如何做人的教诲，还在向为政施治者作关于怎样求得长治久安的忠告。

④"仁"指仁政——以仁心施政

"仁"字的第四个含义，就是特指仁政。子曰："如有王者，必世而后仁。"

赵又春以为，这个"仁"应是指"仁政"，因为全章是要强调，真正实现仁政是不容易的，即使主政者为圣明君主（这里说"王者"，就是为了暗示地强调君主的"圣明性"），也要经过至少三十年的治理，才能全面达到；仁心，从根本上说，是人作为人本有的，谈不上要王者来"使有"，且"王者"直接从事的工作是"为政"，"人都有仁心"即使可以说是他造成的，也必是他施行"仁政"的一个方面的结果。孔子曰："能行五者于天下为仁矣。""请问之。"曰："恭、宽、信、敏、惠。恭则不侮，宽则得众，信则人任焉，敏则有功，惠则足以使人。"从孔子的回答，特别是后面对"五者"的解释看，这章的仁所针对的人，是为政当官者，所以仁当是指仁政，"问仁"是问做到了些什么就可以认为是施仁政了，孔子就是针对这问题作答。统治者施行仁政的目的不是为了老百姓，而是为了他们自己，这，孔子知道得很清楚，且不管他的目的是什么，他要劝导统治者行仁政，需讲清仁政对他们自己有何好处，这是不成问题的。

最后还指出一点：由于孔子说的"仁"有仁政的义项，他用其他义项分析问题时，也常针对或者涉及为政施治的事情，所以他的仁概念不仅仅是伦理概念，同时也是政治概念。这是中国古代伦理和政治搅在一起的社会实际的反映，也是孔子思想相对于今人思想的一大特点。[①]

儒家最重要的一个哲学概念是非"仁"莫属

几乎一切阅读《论语》的，一切研究孔子的人都为孔子的仁所感动；仁是孔子主义的中心，这是没有人疑惑的。但仁却不是孔子发明的。孔子

---

① 赵又春著：《孔子其人其道》，岳麓书社2008年版。

自己说"述而不作",不是他自谦,是他老老实实那么说的。对这一点只是了解是不够的,这是对孔子和先民的不公。仁已经存在了几千年,到了孔子,将它成为聚集点,这才是孔子的功劳。仁的实践基于中国传统文化中的中国先民。

"仁"从字面上看来是从"人"、从"二",故《说文》说:"仁,亲也,从人、二。""亲"的意思是血统近的人。《说文》对"仁"的解释肯定是受到了儒家的影响。

《史记》说起尧,第一句就是"其仁如天"。一般的理解自然是尧像天那么仁,这句话并不是太史公这么说的而是流传的,根据"仁"的古义由史公写出的。"其仁如天"应解释为尧如天、尧大如天大、尧为如天的最伟大的权威、尧为大人、尧即天。此时的"仁"无仁爱之意。仁寓有仁爱的历史该是周公影响下的西周,以帝代天、代德,而如天之仁爱及于万物,是君,也就是君德。儒家,尤其是孔子,将民间应用的"君子"之德、天德、帝德拉到了一起。有德之人成了君之子,其德行仿天、仿帝者成了"君子"。正像孔子在其他方面的寓天于人的努力和"不知生,焉知死"、"未能事人,焉能事鬼"的说法一脉相通,和周公、西周文化的封建观念一脉相承。

尽管孔子承继了封建的仁、理论上的君臣父子,但他进一步将它变成了民间、社会上、政治上、文化上的最大的德行,当封建理想为春秋、战国的混乱变得无踪时,仁反在人间发扬开来,变成了仁爱,代替了帝德,甚至走出了帝德的范围,成为中华民族一大文化的标志。

(1) 天、地、自然是能在圣君身上体现的

"大哉!尧之为君也!巍巍乎!唯天为大,唯尧则之,荡荡乎!民无能名焉。巍巍乎!其有成功也!焕乎!其有文章。"《论语·泰伯19》天为大,尧为大,集天地之仁于尧身,尧之成功为仁之极。仁的观念是从天、地、自然、圣君而来的社会秩序、人伦、社会福利所转换来的。孔子将天、地、自然,通过圣君拉到了人间。过去对自然的恐惧,对祖先的崇拜现在都可以从仁出发,从圣君及他领导下的政治出发,那些大的、巍巍的东西就在能所及的眼前了。"四海之内皆兄弟也",一个天,一个父亲,

他便是圣君、君父之意，呼之欲出。

（2）仁为德之顶峰

①仁之始

我们在说到孝的时候，说起它是从人的最初的和父母之间的感情而思回报。中国文学中关于孝最动人的诗句是众所皆知的"谁言寸草心，报得三春晖"和"树欲静而风不息，子欲养而亲不在"，发自子女内心思报。除了"欲报""以养"、"以善事"为报之外的感情，非出自内心的孝都有可疑之处。孟子说"慕"非出于报是可以质疑的；因为"慕"可能出自无父母而羡他人有父母的感情，出自存在的缺陷，它也可以非常强烈，如孟子长篇累牍地说到舜慕似有虐子狂的瞽瞍。我们都知道孟子是无父的孤儿，这可能是他没有受到父爱以后发自肺腑的慕。因此，从孝推及仁，仁比孝的感情更广；仁之始无孝作为感情之本是不大可思议的。人固可自思至仁，比如孟子说的"恻隐之心"延而及之可以至仁，但这恻隐之心的初发可以一晃即过，不一定会产生什么后果。因此在初发将成之间必须要有一种感情和毅力来支持而继续。这一感情和毅力来自何处呢？它们只有来自似"报"的动力。仁之始也可能是渴望人爱而产生的一种寻找，既得之后鉴于无爱之可悲而推已及人，而发展至可观的程度。但我们切勿以为这种仁和回报性仁相同甚至超过它。抽象的看来，这种仁没有理由不能胜过回报性的仁，但它的致命处是始于一种近于本体性的缺陷（Ontological Incompletness），它会有一种潜在的愤怒、不容忍、激动，一变而为极度的残忍、贪婪，归根是对自己无被人爱经验的报复和仇恨，没有回报性仁的宽宏、自如。这就有些像孔子所说的"好"与"乐"之分：好仁不如乐仁。

②孔子的仁的背景和实践

孔子的时代是"礼崩乐坏"周室早已式微。周昭王（前1052—前1002）之时已经"王道微缺"了。周穆王（前1001—前947）用了重刑才算稳定下来。《尚书》有君牙、伯冏之命、吕刑诸篇；那时犬戎作乱，穆王想去征讨，但是国力不足。周的时候，外侮常有，加上内乱，周室渐微。诸侯早就和周朝的礼相背了，这就是为什么孔子说"礼失而求诸野"。

一善引一善，回报之次也；一善而多善，回报之上也；一善而爱善，回报之极也。以水果引出琼玉，以孝敬礼而生仁。孔子罕言利，孟子言义不言利，历代儒家讳言利，此之谓也，仁政之影响如此，仁人之善行如此。说它是五帝之传也可，孔子的仁的观念和实践的基础是周民的文化。西周在成、康以后，一直逶迤，并不能摧毁百姓中的"君子笃于亲，则民兴于仁"。《论语·泰伯2》

在任何世代都有一些言行卓著的人为世人所仰，但是这些人是极少数的，他们绝对影响不了那么多的人，而且绝大多数的人根本不知道他们的存在。至于他们的精神抱负所出应自民间，那么可说"民间有德风，君子之德草，草之动者风也"。我们如果注意《诗经》中所讲的民的感情，民间的关系，如孝、忧、悼、劳、思、母、君子、淑女、好述、信、父母、兄弟、报、苍天，和更多的审美的词汇、用法，这一切都来自中国的文化，它是周朝从殷朝的民间承继过来，又予以发展的。孔子的"述"不仅是周公的东西，它也是殷商的、中国的文化；不仅是君子型的意识形态，也是文化中的民间，使孔子产生"好古"、"敏求"的文化价值。后来崇孔的人有一种错觉，以为孔子承五帝、方武周公以后，集古代圣王道德于一身，而将一切民间的、文化的基础放在一边不论。孔子的好古虽然集中在这些"圣王"身上，但这一"好古"的客观存在是存在于民间的，它不只是个意念或哲学性的传承。在认识论方面，它是很清楚的。在春秋战国，这些人民本身的素质恐怕是暂时地被时代掩埋了，但是它在那里，支持着孔子主义的大厦。在任何一个痛苦的时代，是它的原聚力带领着人们前行。孔子的仁的实践是将它生活化，在对诸侯、卿大夫、社会、父母、朋友、弟子、知识、行为中寻求仁，使仁变成了一个普遍的追求目标。

③仁的范围

仁是在天、地、人成立的道统中、亲人的世界中体现的，因此它首先表现在孝、悌、慈上，从而成为社会上的信，对于文化中的礼、乐、诗、书的学、知，而及于个人情感上的喜、乐、忧、生、死、命、贫、富、义、利、勇、耻、达己、达人等等，仁是无所不包的。现代的人喜以仁爱概括言之，或以仁为人性、人道（Being human；humanity；humanism），都无法表达孔子的仁的概念。孔子的仁在天、地、君、亲、人之间无一缺遗。一切的德行、任何的德行，如果将其推而至其极，至其升华境界即是仁。这时仁已经超越了它的特定的各种范畴，比如说"杀身成仁"，一个很普通的人，在当仁不让、杀身成仁时完成了一件大业，他便达到了仁。便如耶教说的，没有人的爱比献出自己的生命更高的了；如佛教的立地成佛的仁心的最高表现的突现。一般的人没有这种似戏剧性的机缘，或有了机缘也当面错过，只能在日常的生活中，一件件地学习，以便在有所取舍的时候做出与仁相近的行为来，或在已有的德行上更进一步、再进一步那么的"苟日新，又日新"的以冀达到至高的仁。

（3）又仁

当国人的注意力停留在科技上时，才知道，科技是从"民主"、"平等"、"自由"中衍生的。许多前清的人看不到这一点，以为外国人没有"仁"。说起"仁"只能说中国，说中国的历史、中国的仁人。我们以为，这一忽视点是对于孔子"仁"之外的"又仁"的问题，我们称之为"又仁"的原因是它不在孔孟"仁"的习惯范畴之内，只是隐约地存在于中国的历史中；它有时为人们注意、欣赏，但随即就为更大的、正统的"君、臣、父、子"取代而沉淹在中国人的行为大海之中。这种现象使许多中国的学者对"又仁"视而不见，造成自高自大、故步自封，在自己系统崩溃的过程中自卑，走到另一崇洋媚外的极端中去。

这就使我们认识到孔子主义之外的仁对孔子主义的仁所起的影响。

首先是孔子曰"殷有三仁焉"（《论语·微子1》），这三人是微子、箕子、比干。《论语》说"微子去之，箕之为之奴，比干谏而死"（同上）。武王在灭殷后，封三人，使他们在历史上出了名，也使人对他们的行为称善；孔子认为这三人是达到仁的。这三人是为了反对纣的暴政、腐化、弱政而死、而去、而佯狂为奴以成仁的。它是对一重大的政治行为的表态，甚至于牺牲自己生命被认可为仁的。这三人的生平历史我们知道的很少，可能是好人、君子、能臣，但这似乎都成了次要的。最重要的是他们政治上做出了对抗的决断。这三个人都能使人想起孔子说的："仁远乎哉，我欲仁，斯仁至矣。"（《论语·述而30》）仁近在咫尺，我真的要，它就来了，也极合于佛教的放下屠刀立地成佛、禅宗顿悟、耶教殉教的一些观念。

此外还有晚商的伯夷、叔齐，义不食周粟而饿死在首阳山，孔子称他们为"贤人"而"求仁得仁"（《论语·述而15》）。这个绝食而死的故事我们不甚清楚。此处之仁是个人的高尚政治品质，其重点为个人对国家朝廷的忠心而将生命献出，孔子的意思是，在国家危难的时候将生命献出的人都是可以作为仁人的。殷朝的三仁、伯夷、叔齐或因历史材料不足，或因孔子称其仁的背景我们不甚清楚，似乎我们只能在孔子仅说的几句话上去探测，使我们不能对孔子的仁有较清楚的观念。在《论语》中唯一清楚的是孔子之论管仲："子曰：桓公九合诸侯，不以兵车，管仲之力也。如其仁，如其仁。"（《论语·宪问16》）而又说道："管仲相桓公，霸诸侯，一匡天下，民到于今受其赐，微管仲，吾其被发左衽矣，岂若匹妇之为谅也，自经于沟渎而莫之知也。"（《论语·宪问17》）

管仲的政治是东周的理想政治，也是孔子的初步理想政治。那么比管仲政治更高明的，孔子追求的王道就更应被称为仁了？当今的国际政治中是否有被称为仁的政治呢？孟子曾说过比孔子更实在的理想政治："七十衣帛食肉"（《孟子·梁惠王上》），"材木不可胜数"，"鱼鳖不可胜数"。孔孟一律以百姓和平、富庶、稳定的生活和文化的发展为仁政，那么21世纪的今天许多经济发展的国家，甚至于发展中国家的百姓生活程度和稳定是否达到了仁呢？中国百姓和生活在世界国家的排名中居于中下，但百姓已快达到史无前例的小康生活，至少绝大部分的百姓，那么中国是否有仁政呢？中国自50年代以后，特别是80年代以后无外侮内乱，虽然百姓梳的是西洋头，着的是洋服，中国的政治应为仁政无疑了？

我们上面曾经提到过，一直到晚清，中国总认为只有中国人讲仁，西人有的只是些基本的、技术性的东西，挤不进仁的范畴，而当时和西方做比较的也只是所见到的，特别是侵略的文化，并不知道西方百姓的生活，其实如果将西方百姓和中国百姓的生活、政治、法律相比就能见出谁有仁政了。虽然与西人有较深接触的中国人在许多方面承认西方文化较中国文化进步，却很少有人说起仁政，原因之一也许是总认为仁是中国的特产。

儒家一贯依着孔子在东周的见解,认为民之于仁甚于水火——此地水火作如水如火之于民生之要——比如说,在东周时,老百姓如在本国活得不好就往邻国跑,甚至于后来的跑关东,向蛮夷那边跑,苛政猛于虎、如水之深火之热地跑,这种情况虽然极少儒家将它作为仁政与暴政来分,但不能说不为之惊心动魄,只是不从仁的观点来看而已。西学中仁是肯定有的,问题是如何将它纳入儒家系统而言之,以及儒家如何能改变其理论之中对仁更广泛的说明。

孔子当然是承认"又仁"的,我们上面提到的管仲他就认为是了不起的仁,"仓廪实而知礼节,衣食足而知荣辱"合乎管子的实用精神。孔子并没有像后代的儒家那么绝对,"仲尼之门,五尺之童羞称五伯"。(《前汉书·董仲舒传》)这也许是汉代的走绝对的门徒加上去的。这一"又仁"可以让我们认识到,只要是于民、于政治稳定、于和平和秩序有利的,在孔子眼中就是仁或仁政,虽然管仲不知礼(《论语·八佾22》),不知礼并不影响成为一个仁人的政治家,仁政还是可以从大处着眼的。

西方文化中肯定是弥漫了西方的仁的,它不只是智。说西方的"仁"的中国人太少了,虽然是代有人出,但也只是散见在其著作中、语词中,并没有什么系统的研究。西方文化之来到中国一定是中国文化、儒家文化迟滞不前的契机,这就要改变、增加、质疑、讨论等等,在以孔子学说为本的"仁"的观念和实践下,使它更普遍化、更包涵化,而不是将仁局促在一小撮只讲孔子的人身上。

就是在这一点上,孔子主义者对仁的解释可以循着孟子的良知,陆象山、王阳明的心同良知的了解,将仁从政治、人类、社会等等的大框架中解放出来,从那些高不可攀的、精英们才能问津的智中解放出来而和普通的人接上。一个普通的人可以也应该"终日之间不违仁"。他们的生活范围较小,只是和家庭中的成员有密切的交往,而与其他人沟通的机会不多,一般是和与自己一同谋生的人、邻居、朋友才有来往。他们无闻地生了,无闻地死了,但不为无闻而不生活,一生活就有仁与不仁的问题。社会固然总是会给人造成一种风气,不仁的社会、教人不仁的社会比比皆是,但是有些人还是会循着仁的路走,给周围的人一点光亮、信心、勇气。

仁在许多时候成了两个人的事了，正如中国的"仁"字分开来，从"人"从"二"，今日的所谓的"沟通"是两个人之间的接触、对话、了解、交友、言谈、相知、知心——"人之相知，贵相知心。"仁又在许多时候是一个人的事。当一个人看到在人间、在社会上、在家庭中存在问题，他全心全意、殚精竭虑、不舍昼夜地去解决，甚至于献出了自己的生命，甚也其仁乎！他甚至不必去了解先民、孔子说的仁是什么，他也可以是个无知、没有受过教育的人，不能了解仁的深邃，但他已生活在仁中，了解不了解就不是很重要了。

有许多孔子主义者甚至于在20世纪、21世纪都会持这种看法，以为21世纪可以成为中国文化的世纪。所谓的中国文化就是孔子主义为主的文化——除了《论语》之外，恐怕拿不出什么别的突破的东西来，似乎是西方五个世纪的人文贡献是空的。这种一厢情愿的思想对于中国文化有什么用处？恐怕只能满足一些自大的心理。以为只须将《论语》一抖就会不动地流进一切的进步来。孔子两千五百年以后有的是抖《论语》到抖"语录"的，足以证明中国应当是急起直追、谦逊、"夹着尾巴做人"的时候了。仁远乎哉？不做斯仁，仁在万里之外。

只举一例。"神舟六号"载人飞船成功发射、降落。据媒体报导，它是近五十年、近二十万的中国科学技术人员颠扑不破、在极困难的物质条件下——只消了解在上世纪80年代时中国的GDP是二百美元的环境中——从零开始而达到的目标，不能不说它是那么多人的"仁"举。有许多参与这一努力的人已经故世，没有看到成果，但我们能想象，他们无怨无悔地付出了生命。载人航天是一件大事，世界上有多少这样的大事，有多少人为之无怨无悔地付出生命？仁远乎哉，它就在历史中，在眼前，在我们的生活中。孔子再世，会同意这种说法的吧！孟子、陆象山、王阳明、谭嗣同，还有许许多多的中国思想家、实践家、改革家、科学家、文学艺术家、企业家、工人、农民、学生、父母、小贩等等都在实践仁，解放为君王垄断的仁。没有仁，人类肯定是低于畜类的，属于不齿道类。

为了自己对历史的异议，为了自己的虽然是乌托邦的理想终身奔波、身体力行，像孔子这样的人还是不多的。他是被他的仁的思想催迫着，带领着许多门徒这么的度过了一生。他留下的是对中国文化的整理，恐怕是直到他的时代的千古一人。不论是功是过，还是有功有过，他是一个实践的人，为他的对人类的情怀而生活的人。中国人中有许多这种佼佼的人，他们的生活给中国文化带来了许多光明。

(4) 仁的历史问题

孔子的历史观中归纳起来，能够看到——也是为了简明起见可以说孔子是一个政治上的历史实证主义者。"实证主义"说起来比较好听，但如果说得难听一点的话，可以说他是一个功利主义者，有点像杜威的、美国人引以为荣的实用主义（Pragmatism），它是实证主义与功利主义的结合。虽然孔子主张实证功利，但他的目的却也还是保护、发展既有文化的精华，只是他的手段危害甚烈，甚至于在某些时代中大于他的贡献，而在一定的危机中成了人们真正利益的绊脚石，以致忧国忧民者群起而攻之，正因为他和跟随他的人在历史中的反作用。

正因为周朝开国后不断地要巩固政权、统一政权，连年的征战不会给它带来繁荣。相反，经过周公的殷民大迁移政策——大迁移是在不问经济后果只问政治统一管理前提下进行的。经济是下降了，一直到成、康之世才恢复过来。《帝王世纪》记载成康前人口追上夏代的一千三百多万也许有其实，就是说周朝的革命将夏至殷数百年的人口增长推向零度。这个数字如果属实，就可以想见周、殷战争，周朝的武力统一的战争的损失至大，因为从成王之初到周显王的前 334 年，人口从 3715000 人到 32000000 人（见《帝王世纪》），七百年中增长了一倍半的数字；从夏朝的一千一百多万的人口和成王时代相较来看，殷商的繁荣是被周朝的革命抹去的。但是孔子只知道六百年的周朝，不知殷朝，或因周朝故意削弱殷朝的文化和影响而知道的很少，所以认为除了肯定汤武革命伊尹为贤相之外，一切的进步全是周朝的，不知周朝原是在多年战争、人口大迁移而发生的经济大退步下成立的。从青铜器和地下出土文物的规模来看，周朝政治稳定以后的确带来了繁荣；中国文化中居主流地位的"君臣父子"的观念，"忠、孝、礼、义、仁"等作为君臣父子的基础的观念无疑成了中国封建文化的基石。

孔子因此对于周公制定礼乐而他本人述而不作的君臣父子论等是有根据的。在六百年中，整个中国的文化与周边的夷文化相比，是极高明而中庸的民间文化，它以政治的铁腕（王法的执行、君王独行）成立了，给人的血缘的、人与社会、人与政治的关系带来了极大的稳定和发展。它将献变为孝、孝变为绝对，从天到人，将忠变为绝对，以礼制定了当时世界无与伦比的文化。反之，一切皆乱。春秋是一个从周礼则治、反周礼则乱的周代的、从周宣王开始实行的政治史。

但当孔子在《论语》中说起仁来，甚至后来他的追随者如孟子、荀子等说起仁来多数是在脱离了周文化的、以个人道德为主的情况下说的。虽然它包含的范围很广，我们却容易错觉地认为，仁可以离开周文化而言，成为个人的问题。我们现在也可以说仁，将它认为是人性中最高的一种道德，这种说法是脱离了孔子的周文化的，那就是我们从自己的文化中追求的一种人的理想，和孔子的会没有多大的关系。为了要能够不暧昧地正名，我们必须要研究孔子的"述"究竟是什么，即孔子的仁的概念和由来。我们今日所能够知道的一些有关周公的事迹，无一牵连到周公意识中的仁，甚至于他有没有仁的思想还是个问题[①]。

（二）中国传统儒家文化核心价值观的"义"

义利之辨

由于孔子讲道德问题多是从如何对利益的角度去讲的，而利的公平合理的分配就是义，所以贯穿着中国伦理学史并极大地影响了中国人道德观念的义利之辨，可以说是由孔子开始的，"义利之辨"这个概括，大概就是源于他的名言："君子喻于义，小人喻于利。"

（1）"义——礼——利"链

义就是行为适宜，也即恰当，那么，怎样做就可以认为恰当了呢？如

---

① 刘烈著：《还原孔子》，书海出版社2008年版，第51页。

果说合乎义就是恰当，那是同语反复，等于没有回答。《论语》中没有孔子明确讨论这个问题的记载，只蕴涵着对这个问题的答案。这是因为孔子不喜欢作概念的纯逻辑分析，他的前人也没有留下这种传统。他给出的答案就是：行为合礼就是恰当，否则就是不恰当，就是不义。义是礼的出发点，即制礼时所依据的原则，同时又是礼的归宿，即践礼者追求的道义目的、结果，反过来，当礼一经制定而成为现实的"已然的存在"，就是行义的操作准则和鉴别标准了。这是"君子庶以为质，礼以行之"命题的最深刻的含义。

关于礼和义的关系的上述观点，其实并非孔子的发明，而是早已有之了的。前引郑庄公"多行不义必自毙"那句话中的"不义"，虽然抽象的意思是"不恰当"，其具体含义，从针对的上文看（上文是祭仲叙述共叔段多有违礼行为），就应是指"不合礼"。可见在孔子成人之前近200年的郑庄公心中，义就是"合礼性"，即礼是义的操作标准。到了僖公二十七年（前633），赵衰在论证郤縠可以担任晋军元帅时说："诗书，义之府也。礼乐，德之则也。德义，利之本也。"也明显是把义看作礼所体现的道德精神，礼则是行为合义、有德的准绳。

自然也有用在讨论政治行为的时候，如："子谓子产：'有君子之道四焉：其行己也恭，其事上也敬，其养民也惠，其使民也义。'"

通过义与礼的关系明确了孔子所谓的义究竟指什么，也就懂得了孔子作"义利之辨"的根由：义是礼的出发点（制礼的依据）和归宿（践礼是为了行为体现义），礼的深层本质是让，让自然可以归结为让利，义和礼的关系岂不就过渡到或者说转化为义和利的关系了？让，作为礼的本质，是深层的、潜在的，所以义与礼的关系问题呈现为纯理论的形态，一般人不大关心，可能一生都不曾想过；利是表层的、切身的，将义礼关系转化为义利关系，不就进入到普通人以至每个人的视野了？所以进行义利之辨，其宣传效果，也就是社会作用，要比作义礼之辨大得多。

（2）孔子是要人"见利思义"

那么，在孔子心中，利又是指什么？他的那句"不义而富且贵，于我如浮云"的表白，给了我们指点：这话完全可以改写为"不义而获之利，于我如浮云",所以在孔子那里,和义相对的利,用俗气的字眼表达,就是富贵;再联系到他说的"富与贵,是人之所欲也,不以其道,得之不处也;贫与贱,是人之所恶也,不以其道,得之不去也",则可以抽象化为"人之所欲",用我们今天现成的话说,就是物质利益,因为贵,以及一切其他种类的利益,都离不开并且可以归结为获得物质利益。所以这句教诲兼自我表白说明,孔子认定,任何人都不能没有物质利益,趋乐避苦乃是人的天生欲求,问题仅在人作为人,只能"以其道"求之。"以其道"自是说要以正确的方式,故而两个"不以其道"都可以改写为"不义"。因此,以上两章不但清楚地显示了在对待利的问题上孔子的主张,还道出了他对于义利关系的认识的一个要点,那就是:义和不义乃表现在对待利的态度上。于是可知,确实可以说:"义,宜也。"只是必须明确,这个"宜"乃特指谋利的恰当方式,故而义乃是标示谋利方式之正当性的概念。

有了这种关于义利关系的观念,人自然会提高复礼的自觉性,因为这时面对一个获得的机会,就会考虑该以何种恰当的方式去谋得,加上方式的恰当不恰当终将归结为合不合礼制这个"规律性的事实",人的追求义的道德动因,和"多行不义必自毙"的危机意识,就将促使人依礼行事。孔子的义利之辨,就是这样为他的复礼理想服务的。这里还显示了,个人趋利避害的天生的"自发倾向",是通过义的观念而受到约束,转化为——提升为履行社会规范(礼)的自觉行为,个人主体于是成为作为社会存在物的人,"立于礼"了。

义是谋取利益的恰当方式,君子要"见利思义",这样说自然是先行肯定了"谋利"和"徙义"可能存在矛盾,有二者不可得兼的情况。因此,提出这两个命题来,正就是教人如何解决这个矛盾。义利矛盾的根源,在于人和动物不一样,对物质利益的需求并不以先天的生理欲求为限,而是"社会地发展的",因而不是永远不变,而是不断增多和提高的,特别是,在特定的时期和特定的体制下,社会生产的财富不可能平均地分配给每一个社会成员,人们又总是根据自己的"现状"来提出对于物质利益的要求,必然存在相当的"个体差异",并且任何个人的任何"超额要求"都会影响到其他人的同类要求的满足。因此,从更宽广的视野看来,孔子义利之辨的意义就不限于促人复礼——践行周礼,而是有了永久的价值,因为义利矛盾的上述根源,恐怕在人类社会永远都不会消失的。

(3) 孔子还教人"以道谋利"

孔子不仅没有把义和谋利看作"绝不相容的对立物",还颇明确地申明二者是相通的,因为他作义利之辨正是教人如何去谋利,舍义求利只会失去更大的利。

孔子向公明贾落实关于公叔文子的一个传说:此人不言、不笑、不取——"不取"自是指不求取利益。公明贾的回答可归结为:公叔文子言、笑、取都十分恰当,所以没有人对他有意见。孔子对之表示赞许,就说明他根本不反对"取",只反对"不义而取",就像今天还说"君子爱财,取之有道"一样。他要对关于公叔文子"不取"即根本不谋利的传说加以落实,更暗示了,他认为人完全"不取"是不可能的,是不合事理常情的(此章中的"以告者过也"是说:这是告诉你情况的人讲得不准确)。后一章的"放"是"依照"的意思(译为"放纵"也可以),全章是说,人行事只顾求利而不顾及其他,必然招人怨恨。这又见孔子教人"见利思义"、"义然后取",仅是告诫人不要贪得无厌,以免给自己招来麻烦,终于损害自己的利益——"多怨"与"失利"不会没有联系的。

不尽如此,把义利之辨应用于政治领域时,孔子还教导当权者,行义才是获利的正确方式、途径。《左传·成公二年》记有孔子的一段话,中间的几句是:"名以出信,信以守器,器以藏礼,礼以行义,义以生利,利以平民,政之大节也。"这可说把礼、义、利三者的关系交代得清清楚楚了,表明孔子认为,只要坚决贯彻礼制、行束合义,自然也就有了利。子曰:"……上好礼,则民莫敢不敬;上好义,则民莫敢不服;上好信,则民莫敢不用情。"

君子不会"放于利而行",所以没有人怨他,君子"求仁而得仁",所以自己也无怨无悔,这样,君子总是问心无愧,也总是无忧无惧,心地坦荡,"半夜不怕鬼敲门"了。这是从消极方面说君子必然享有"无忧无惧的快乐"。从积极方面说,君子还有舍利取义而达到的自我欣赏、自我实现的快乐,那就是前面多次讲到的"孔颜之乐","仁境的快乐",那是人生的最高境界。"不义而富且贵,于我如浮云",其中更明显蕴涵有"因义而富且贵,于我并不如浮云",这当然不改变君子之为君子的本色,更不会因此少了"君子之乐"。孔子这样提出问题,足见他真是视"不义而富且贵"为浮云,只追求有义之乐,用今天的话说,就是只愿在为人类造福的伟大事业中作贡献并求得个人的快乐与幸福。人的生存和快乐幸福离不开一定的物质利益,这是不言自明的真理,孔子倡导舍利求义的"君子之乐",决不表示他主张禁欲主义,倒是更进一步地说明了他是义利统一论者:人要谋取物质利益无非是为了获得幸福、快乐,所以如果把人的"利"定义为使人获得快乐的东西,那么,行义不仅是个人维护根本物质利益的保证,而且本身就给人带来快乐,就是一种利了。从这方面去理解和继承孔子义利之辨的思想,对我国人民今天的道德建设,就更有意义了。[①]

(三)中国传统儒家文化核心价值观的"礼"

"礼"是一个大题目,大题而小做,其疏略欠周是在所难免的。为了照顾到时代社会的情况,行文之间不但要深入还得要浅出,但此事颇为不易。斟酌再三,决定通观并顾,从礼的内涵意义、礼的文化功能、礼的社会效用这三方面,作一个统合的综述。

礼的内涵意义

根据孔子在《礼记》中的说法,礼是"宜乎履行"、"合乎道理"、"体乎人情"的。(《礼记》)本书将改换一个方式,把礼的内涵意义分为四点来加以说明。

(1)礼的基础——仁

礼是生活行为的规范,但它不只是外在的形式仪节,而是有生命真诚作为它内在之基础的。任何礼文形式,如果没有内在的生命真诚在其间,都将成为没有意义的虚文。周朝的礼乐文化,演变到春秋战国时代,只剩

[①] 赵又春著:《孔子其人其道》,岳麓书社2008年版,第294页。

下一套虚架子,因而引起老子对于礼的反动,而愤然宣称:"礼者,忠信之薄,而乱之首。"(《老子》第三十八章)

老子的话当然说得不公平,因为他认定礼只是虚架子,而忽视了礼的内在基础。孔子就和老子不同。孔子是采取反省的态度,他针对周文疲敝的情形,说了一句非常警策的话:"人而不仁,如礼何!"(《论语·八佾》)一个不能呈现仁心的人,不可能表现礼的意义。孔子的话,很明显地是以仁作为礼的基础,他把礼摄归于内心的仁,为周朝的礼乐文化点出了一个内在的根基。

仁,是先天本有的,它代表内在生命的真诚。有了生命真诚的贯注,礼的形式规仪就不再是虚架子,而是能够表现生活意义和完成行为价值的规范准则。这时候,内心的仁和外在的礼是内外贯通、和谐一致的。所以仁和礼是互为表里的关系。我们不能顺从老子的观点,把礼只看作是外在的形式仪节,而必须采取孔子的态度,溯其本,探其源,通到内在的根基上来肯定礼的意义和价值。因此我们说:礼者仁之表,仁者礼之基。礼的基础是仁。

(2) 礼的准据——义

生活的规矩、行为的仪节,都只是礼的形式。形式是末,不是本,所以可予调整改变。孔子曾说过:"麻冕,礼也。今也纯,俭,吾从众。"又说:"拜下,礼也。今拜乎上,泰也。虽违众,吾从下。"(《论语·子罕》)用麻或用丝做冠冕,只是制造的材料和手工繁简的问题,拜下或拜乎上,也只是行拜礼时位置选择的问题。这些都不是礼的本义所在,所以可以从众,也可以违众。但是礼无分大小,总要求其合理合宜。而合理合宜就是所谓义。礼文仪节的调整改变,必须以义为准据,才能合乎事理之宜。

《礼记》有一句话说:"礼,可以义起。"(《礼记·礼运》)起,是兴作创制的意思。由此可知,礼的制作,也同样必须以"义"为准据。因为礼的目标,是要使人表现行为的意义和成就人文的价值。价值的准据既不能求之于历史事实,也不能求之于社会事实,唯有人要求合理合宜意识,才是价值的准据。而人之所以能够遵循礼、实行礼,就是基于他自觉地要

求合理合宜；这种要求生活行为合理合宜的意识，正是儒家所说的"义"。（《孔孟荀哲学》蔡仁厚，卷上第七章第一节）

义，是事理之当然和人事之所当为。有了义作为礼的准据，人就能主动自发地依循"事理之当然"，以为其"人事之所当为"。所以，循礼而行，也就是由义而行。

（3）礼的实质——理

礼节仪文所透显的是条理性和秩序性，所以《礼记》说："礼也者，理也。"又说："礼也者，天地之序也。"（前句《礼记·仲民燕居》；后句《礼记·乐记》）理，谓道理、条理；序，谓秩序（天地时序与人节文之序，都是秩序性的显现）。人的生活行事，必须有条理、有秩序。而礼的设施，也正是要为人提供一个有条有理、循然有序的生活轨道，使人在应事接物之时，能够依循礼仪之则而做到正当合理。所以，一切礼文仪节的实质意义，可以归结为一个"理"字。

在有礼教熏陶的传统社会里，说"某人好生无礼"，或者说"某人没有道理"，这两句话的意义几乎完全相同。因此，当我们用"无礼"来指责人的时候，通常都不是从规矩细节上作斤斤计较，而是指责他的行为违背道理。可见无礼的行为，也就是不合理的行为。

理是常则，是定然不可变的。礼之所以为礼的实质既然定在"理"上，这就表示礼的形式节文虽然可以随宜调整，但礼的实质及其基本的原则，则是不可改变的。所以《礼记·乐记》篇又说："礼也者，理之不可易者也。"由于礼之理不可变易，所以礼有永恒的价值。

（4）礼的要素——时

礼的形式，从典制规范上看，一方面是出于朝廷政府的创制，一方面则是由于约定而俗成。前者属于礼制，后者则是所谓礼俗。由于历史的演变，礼的时效性也会随之而改变，适宜于古者未必适宜于今。所以，礼必须因、革、损、益以顺时。《礼记》说："礼，时为大。"（《礼记·礼器》）这是一句最能把握礼教精神的达旨之言。凡是不切时用、不合时宜的礼，其将为历史的潮流"浪淘尽"，乃是理所应然、势所必至之事。

孔子说："殷因于夏礼，所损益可知也。周因于殷礼，所损益可知也。

其或继周者,虽百世可知也。"(《论语·为政》)后代因袭承续;其不切时宜的部分,则必损而去之;原先欠缺而为今时所需的,则必应时增益而加以创制。有了因革损益这个原则的运用,礼就可以因时制宜以显示它的"时效性";也可以因地因事而制宜,以显示它的"实效性"。礼之所以能贯串百代,日新又新,而永为社会的纲常,自非偶然。

礼的文化功能

这里所说的文化功能,取义很松泛。对于礼在生活、教化、政治以及宗教四个层面所显示的作用,可都看作是礼的文化功能。

(1) 礼与生活

生活必须合乎理,依礼而生活,既可以修身成德,也可以敦亲睦邻。孔子对颜回说:"非礼勿视,非礼勿听,非礼勿言,非礼勿动。"(《论语·颜渊》)便正是指点修身工夫。所谓修身,并不是直接修治这个身,而是要使身体的活动(视听言动)合乎礼。而主宰身体活动的,是心。心正,则目之视、耳之听、口之言、四肢之动,自然中节而合礼。可见礼是绾结身和心的。

内在地说,礼是本具于心的天理之则;外在地说,礼是表现出来的行为规矩。平常说"发乎情,止乎礼"。发乎情,是感性的欲求;止乎礼,是理性的节制。礼必须身心交修、内外交养,才能依循天理之则以发挥节制的效用。传统社会中人所表现的诚信、笃实、勤劳、节俭、廉良、宽厚之类的生活品性,也都由礼教陶养而成。

以礼和家人相处,可以表现对父母的孝顺,对子女的慈爱,以及夫妻之间的和顺,兄弟之间的友弟,如此必能敦笃亲情,创造家庭的幸福。以礼和朋友相交,和邻里相处,既可以出入相友,守望相助,又可以通情谊之好,结信义之心。一个以礼相往来的生活环境,自能熙熙融融,呈现一片祥和的景象。

(2) 礼与教化

儒家的道理"致广大尽精微",但通过教化的实施,却能"极高明而道中庸"(《中庸》第二十七章)。因为儒家之道主要并不在于通过思想理论以使人相信,而是要通过礼乐教化来使人实行。荀子说:"礼别异,乐合同。"(《荀子·乐论》)礼和乐的基本精神其实是相反的,但却能相反相成。礼别异,是分别人伦关系的分际(如尊卑之等、长幼之序以及亲疏厚薄的不同),使人与人之间保持一个适当的分位,以免造成混乱。但分得太清楚了,又会形成彼此的隔阂和疏离。因此,在教化之中,除了礼,还要有无法。乐合同,可以感发人心,沟通情意,以消解人与人之间的隔阂,而获致和齐上下、和洽民情的效果。圣人以礼教与乐教相配合,的确饶有深意。礼表性情之序,乐表性情之和。民间的婚、丧、喜、庆之礼,都有乐来配合进行,其仪文乐曲虽或不免简俗,但循礼意而养性情,其影响是深远的。

在传统社会里,知识技能的学习,主要是靠各行各业师徒相传授;至于做人方面的立身处世之道、待人接物之礼,就完全有赖于教化的熏陶。儒家之道之所以能够通过才华以达成化民成俗的目的,乃是由于儒家所讲的本来就是"人同此心、心同此理"的常理常道。教化既顺乎人心,又通乎人情,故能风行草偃,无远弗届。

(3)礼与政治

儒家主张以礼治国。三礼之中的《周礼》就是一部政书(故又名《周官》)。柳贻徵氏在他的中国文化史中,把周礼分为十一个项目:(1)国土之区划;(2)官吏之职掌;(3)乡遂之自治;(4)授田之制(附兵制);(5)市肆门关之政;(6)王朝之教育;(7)城郭道路宫室之制;(8)衣服饮食医药之制;(9)礼俗;(10)乐舞;(11)王朝与诸侯之关系。这些项目,概括了全面的政治内容,而且大部分是"法"的性质,但儒家称之为"礼"。所以儒家的礼治,不是和法治相对立的,而是相融相即、相辅为用。

在今天民主政治的体制之下,当然崇尚法治。因此,我们没有必要再去提倡以礼治国。但有几点意思,必须作一澄清和说明:

①如上所说,儒家的礼并不和法相对立,二者是相辅相济的关系。

②古代典章制度的礼,如今已全面向法律移转。譬如宪法,其性质地位实与古代的礼相等同。

③在法治体制之下,要维系政治和谐,以发挥相忍相让、公忠体国的

精神，仍然不可忽视礼的潜移默化的力量。

④政治不能孤立地运作，它是社会、文化、国民品性整体的表现。而由于传统礼教化的衰微，使今天的政治失去了陪衬和支持。因此，一个现代化的社会，也许更为迫切地需要恢复礼的文化功能。

总之，就狭义的政治层面看，法似乎可以取代礼的地位，但从较为深广的角度来考察政治的功能作用，我们将不难发现，礼，仍然是人道之大端，仍然是安邦定国的纲常。

礼的社会效用

（1）人文教养——陶冶国民品性

当年在新加坡准备推行儒家伦理教育之时，台北的报纸报道过李光耀总理的一句话，他说："忠孝仁爱，礼义廉耻，是现代国民必不可少的基本道德。"这句话可谓语重心长。但今天以知识为主的学校教育，似乎很不容易培养出这样的国民道德。因此，除了学校应该加强伦理道德的课程，还要有社会教化的配合，才能达成陶冶国民品性的任务。

礼乐之教是一种人文教养，一个国家的国民，有没有立身处世的原则？有没有推己及人的胸怀？有没有国家民族的观念？有没有历史文化的意识？他能不能安分守己、奉公守法？能不能知耻发愤、改过迁善？能不能分辨义利、不作非分之求？在待人方面，他能不能孝敬父母、友爱兄弟？能不能敦亲睦邻、关怀他人？能不能见义勇为、与人为善？能不能尊崇贤德、见贤思齐？当他遭受挫败之时，能不能愈挫愈奋、扭转劣势？在他有了成就之后，能不能回馈社会、还报国家？凡此等等，都关乎国民品性，都属于伦理教育的基本问题。

（2）化民成俗——培养礼让之风

礼让，绝不是虚伪的做作，而是内心真诚的表露。所以让之为德，出于性情之真。而培养礼让之风，则是化民成俗的事。

一个社会，礼让废则争竞生。礼让则能舍己而从公，争竞则将损人以利己。一个无私心的人，常常会想到别人，所谓"人之有技（能），若己有之；人之彦圣，其心好之"（《尚书·泰誓》）这种性情之真，自然会随时流露谦恭之情与礼让之意。反之，一个自私的人，他只知有己，不知有人,所以事事要把持,要占先,对于别人的贤能,妒忌之且不暇,当然更无所谓礼让了。可见礼让与公私义利之辨直接相关。抑私以全公的礼让精神,是"让利不让义"。利之所在,可以让;义之所在,则当仁不让。因此,急公好义,见义勇为,正可视为礼让精神的积极表现。

(3) 崇信尚义——救济功利之弊

崇信尚义,是礼教很基本的要求。但在工商社会,含义的优先性早已为功利思想所取代。虽然法律和契约也可以要求人信守承诺,履行义务,但如果人不崇信,不尚义,则法律和契约的效能便将难以发挥,而且有时而穷奢极欲。所以,最根本的办法还是使人崇信尚义。如果国民以信义为重,以背信不义为耻,则必不会为利而背信,必不会见利而忘义。如此,则可转化功利之习而为"急公好义"之风。

儒家重视礼乐教化的社会功能,主张以信义之行、廉耻之心,引导人向善为善,非不得已则不施刑罚。因此古人为政,总以政简刑轻为准则,以刑罚不用为理想。当然,今天的社会不像古代社会那样单纯,今天的政治事务也比古代所谓的正事要繁难千倍百倍。因此我们不可能因为发思古之幽情而主张回到古代。不过,重视礼俗教化,培养国民崇尚信义的价值观念,以救济功利之弊,必将有助于社会的安定和人间的美好,则是毋庸置疑的。

(4) 敬业乐群——促成和谐进步

当前的社会,人人忙于工作,定时上班下班,看来很尽责任,但究竟如何算是敬业呢?如果工作成员所要求的只是一个好的职位和一份优厚的薪资报酬,那么他的勤奋努力就是为了个人的利益,而不一定算是"敬业"。这种人随时可能为了一个更高的职位或更高的待遇而离职。而当他工作的机构在业务上或财务上发生困难时,他的直接反应也常常不是如何设法解决困难,而是如何另谋自己的出路。这种情形,不能算是敬业的精神。

美国人发现他们工商企业的员工常常见异思迁,缺少一种凝聚的向心力。而日本企业组织中的工作成员,却能一心一意为公司的整体利益而投注全副的心力,公司遭受困难,也仍然各守岗位,艰苦撑持。那种基于敬业精神而显示出来的凝聚力,使美国人自叹弗如,因而说出"日本能,我们为什么不能"的话。这是很值得反省警惕的。

敬业乐群，是儒家伦理的精神。敬业而后乃能乐群，人人乐群才能促成社会的和谐进步。具有敬业精神的人，必能专心致志，"以工作为事业"而全力以赴。他对事业成败的关心，超过他对职位高低的计较，他对整体利益的关切，也超过他对待遇厚薄的要求。这样的人，自然乐意和人沟通，而能和全人群，同舟共济。具有这种品性的人越多，社会群体的凝聚力就越大，而国家的根基也就愈发深厚而强固。这种来自政治组织和法律效力以外的"民力"，是通过伦理教化而培养出来的。

最后，总结一句话，在新的时代和新的社会里，没有人会忽视"法治"的重要。但如果从全面的人间社会和文化功能来看，儒家"以礼为体，以法为用"的原则，及其重视礼乐教化的老传统，对于造成一个"循循有序，富而好礼，崇信尚义，安和康乐"的社会，将永远具有潜移默化的作用和维系扶持的功能。①

复礼——孔子思想的出发点和归宿

(1) 引言

①孔子面对的礼是什么？

"礼"这个概念不是孔子提出来的，"礼"无论作为仪节，或作为规范、制度，对孔子而言也只是客观存在，他对之没有起也起不了任何作用。

"礼"字的初形为"豊"，那本是一种用来盛装祭品的器皿，所以后来加上"示"旁，引申为指示与祭祀活动相联系的典章、规矩、仪节，进而扩大为泛指各种行为规范和相关的制度。人类最初的祭祀活动，无论是祭祖祀神，或自然礼拜，都是祈求降福免祸，或表示感恩许愿，所以参加者必是虽怀功利之心，又是十分虔诚、敬畏地遵守规范的。因此，当"礼"被推广应用于人对人的关系、态度时，仍然表示施礼者是自觉自愿地履行规范的，对于受礼者心存敬重的情感，同时怀着"赐福施惠免祸"的期

---

① 蔡仁厚著：《儒学传统与时代》，河北人民出版社2010年版，第245页。

待。"礼"字和礼概念的这个产生、形成过程说明，礼在本质上是施礼者和受礼者的双边活动，对施礼者而言，是虔诚性和功利性的统一，对受礼者而言，是尊严性和施惠性的统一。在最初，双方对于自身是这种"两性统一体"都不自觉，对"两性"更未在思想上加以区分，都是在近乎本能地"践礼"、"行礼"——施礼或受礼。事实上，最初的"礼"都是作为传统、风俗、习惯存在的，不会有什么客观的"刺激"促使人们去做这个区分，人们甚至还不具有做这个区分的思维能力。由于施礼的对象，即受礼者，最初乃是神灵和祖先，是非现实的存在，所以当礼应用于人际关系时，仍然主要是着眼于施礼者一方，将"践礼"、"行礼"视为施礼者一方的履行规范的活动，几乎忽略了受礼者应如何表现的问题，甚至不问他是否存在。李泽厚论及周礼的起源时，援引王国维、郭沫若关于"礼"字字源的看法后说："可见，所谓"周礼"，其特征确实是将以祭神（祖先）为核心的原始礼仪，加以改造制作，予以系统化、扩展化，成为一套早期奴隶制的习惯统治法规（"仪制"）。"这是不错的，可惜他未能据此指出礼的这种起源已昭示了它的"双边性"本质和每一方都是上述"两性"统一体这个十分重要的方面。

不难设想，古代氏族社会中留下的风俗、习惯、传统的权威性，会逐渐发生动摇，具体表现就是人们不自觉地或自觉地违规犯禁的行为日益增多起来；社会分化为不同的利益集团后，各方更都会日益感到，礼的某些规定，其实不利于至少不同等地有利于自己集团的。于是，客观上发生了是强化还是淡化传统风习的问题，并且有了人为地制定一些新的措施、规矩、制度来调节人们利益关系的需要。有了国家以后，这项工作自然地是由当权者来进行，并且会建立相应的组织机构来贯彻执行。这时候，人为地也即自觉地制订规矩的事，就由客观需要变为现实了。这新的、人为的规矩、制度，以至监督它贯彻执行的组织机构，一定很自然地也袭用原先的"礼"字来指称。杨宽先生在其《古史新控》中说："敬献用的高贵礼品是醴，因而这种敬献仪式称为"礼"。后来就把所有各种尊敬神和人的仪式一概称为礼了。后来扩而广之，把生产和生活中所有的传统习惯和需要遵守的规范，一概称为礼。等到贵族利用其中某些仪式和习惯，加以改变和发展,作为维护贵族统治用的制度和手段,仍然叫作礼。这是对于礼的形成全过程的最恰当的陈述。孔子的礼概念,《论语》中说的"礼",就其质的规定性而言,也就是这个传统意义的礼,就是凭借这种礼对于人的活动的规范作用,当时的人们得以组织为群体,团结起来,进行社会生产和过社会生活,由"自然人"变成为"社会人"。

到孔子的时候,礼的上述本质——将个人组织成为社会,维系社会生产和生活的正常秩序,都并没有什么变化,只是在具体内容上,或者说形态上,已经是周礼了,其中主要的,特别是有文字陈述的部分,相传是由周公制订的。章学诚早就指出:"孔子之大,学周礼一言可以蔽其全体。"孔子自己更是声明他是"述而不作"、"吾从周"的,就是说,他只传述周公留下的礼制,他自己哪怕是一条都不曾发明制作过。

讲得更具体一点,那套礼制又是怎样的呢?对此,李泽厚有两个概括,一是:"所谓周礼",其特征确是将以祭神(祖先)为核心的原始礼仪,加以改造制作予以系统化、扩展化,成为一整套早期奴隶制的习惯统治法规("仪制")。以血缘父家长制为基础(亲亲)的等级制度是这套法规的脊骨,分封、世袭、井田、宗法等政治经济体制是它的延伸扩展。二是:"周礼"就具有这种特征:一方面,它有上下等级、尊卑长幼等明确而严格的秩序规定,原始氏族的全民性礼仪已变而为少数贵族所垄断;另一方面,由于经济基础延续着氏族共同体的基本社会结构,从而这套"礼仪"一定程度上仍然保存了原始的民主性和人民性。我以为,去掉"奴隶制"三字,这两个说法都可以成立,我就不来增加一个说法了。

②孔子要求复礼是替谁说话?

那么,孔子主张、要求恢复周礼,又意味着什么呢?如果不是针对某个具体的规矩而作一般的讨论,则下面两种推断在逻辑上都是可以成立的。①他是站在贵族统治者一边,打着维护传统的旗号捍卫统治者的既得利益,因为周礼既然为统治者所垄断,从根本上说,它一定主要是祖护统治者的利益。②他是站在被统治者的立场,以督促各方都信守礼制为策略,要求统治者不滥用权力"违规操作",单方面改变当初的规约,加重被统治者的负担,因而必须说是为被压迫者说话,是"为民请命"。这后一说当然有个前提，那就是任何礼制——约定、规章、制度，既然关系到施礼者和受礼者双方的利益，其最初就一定实际上是作为契约而定下来的，是双方都基于当时自己的实力情况而作出某种让步后达成的妥协，因而乃是今天所谓的"双赢"的结果，即使具体的制订过程表面上是在统治者单方面操纵下进行，也是如此。这前提明显可以成立。试问：只能在这两种合理的推断中任选一个，还是应该寻找一种折衷的、既合逻辑又合实际的答案？历来的"孔学家"都是走前一条路，赵又春先生则认为走后一条路更切实际。

赵又春先生首先想到的是：孔子所处的是所谓的"礼崩乐坏"的时代，即当时实际上已经有许多人不按周礼行事了，社会上不断地出现重大的违礼、僭礼事件，周礼在客观上已经难以为继，"周礼向何处去"成了时代的课题。因此，孔子的复礼主张，乃是他对自己时代课题的一种回答。《老子》一书也是对这时代课题的回答。《老子》认为，礼制的产生和运用乃是居上位者失道、缺德、不仁、寡义的结果，是施政者玩弄心术（"知多"）、不"法自然"、只求"有为"的表现，所以它提出的解决方案是居上位者学习古代圣王的榜样，实行无为而治，换言之，就是干脆取消礼制，造成一个上下有德、君民同心、"圣人无积"、人民"甘其食、美其服、安其居、乐其俗"的和谐社会。这是老子的乌托邦。孔子则认为，周礼本身是好的，在全面贯彻周礼的周初时期，社会曾经"郁郁乎文哉"就是最好的证明，造成现在这"礼崩乐坏"、"天下无道"局面的原因乃是周礼遭到了破坏，因此，重造和谐社会的途径应该是恢复周礼、回到周公。很明显，如果说他这是在要求"开历史倒车"，那么这帽子更应该扣到老子的头上，因为老子设想的"无为而治"的社会像是原始社会，那是更加古得多的。从操作层面上说，孔子的主张显然现实得多，因为西周社会毕竟是很久前的历史实际，而老子的乌托邦是未经证明的，简直是不可企及的空谈。孔子未必不是因为想到了这一层，才不作老子式的乌托邦之想，而主张走复礼这一条他认为可行的道路。

整部《论语》证明，孔子指认为破坏礼制的人完全局限于"大小官员"，就是说，他只谴责过"小官"的僭礼行径，和"上级官"的不理朝政和对下级官的僭礼表现不加制止。这主要就是季氏"八佾舞于庭",孔子就说"是可忍也,孰不可忍也",季氏旅于泰山,孔子就要冉有加以劝阻;"齐人归女乐,季桓子受之,三日不朝",孔子就愤然离鲁而去;陈恒弑君,孔子建议鲁君干预竟不能成功等几章。

在孔子看来,破坏礼制的人不是下层人士,更不是广大百姓,而是居上位者,而且,他不能容忍的,全是因私心太重、权欲膨胀而导致的"名不正"的行径,而不是推行具有进步意义的新礼制上。既然这样,怎么说他主张恢复周礼、回到周初的状态,就是开历史倒车,就是搞复古主义呢?又怎能断言,他这不是出于社会公平的要求和对广大人民的同情,要求统治者收敛其贪欲呢?至于他同时指出这样将更能使人民"好使",亦即更有助于维护统治者的长远利益,则是时代的局限,是不能说成为孔子的"错误"的,而且这还可以说是一种策略上的需要,因为权力掌握在人家手里,你又无力去推翻他,就只能说服他自己进行改革,怎么能够不从这样做对他也大有好处这个角度去呼吁呢?这正是一种不唱高调只求实效的实用理性的态度。

③孔子的复礼主张是不是乌托邦?

现在我们回过头来讨论,孔子的"复礼"主张是不是也是一种乌托邦。对此,赵又春先生的回答简单而明白:如果指称某个理论是"乌托邦"只不过是断言它决不能实现的话,那么,历史已经对此做出结论,用不着讨论了:春秋过后是战国,再以后是秦朝、汉朝……周礼彻底完蛋,孔子的主张完全落空——它确实是一种古老的乌托邦。问题是,被历史证明为乌托邦的理想主张,在它存在的当时实际代表谁的利益,是哪些人的呼声,亦即它的提出者和为它献身者们该评定为怎样的人,这些问题应是我们研究历史上的乌托邦时更加须要弄清楚的。因为对这些问题的回答,可能对我们今天做人、行事更有意义。谁都不能保证自己不会被后人视为堂·吉诃德。我们总是对历史上的忠烈之士一律怀着深深的崇敬和感激之情,但他们之中确有不少人的理想,我们必须要说那是一种乌托邦。这就是人类的历史,和我们作为人的实际!赵又春先生从这个更重要的方面,分析一下孔子的乌托邦式的主张。

上已证明，孔子主张复礼，乃是针对当时为官者们基于私心、贪欲的违礼、僭越行径而发的，是重建社会公正的呼吁，实是代表了广大被统治者的要求。李泽厚在讲完孔子确乎是要维护周公那一套，转而评它是"逆历史潮流而动"时说："但是，孔子的时代已开始'礼崩乐坏'，早期奴隶制在向发达的奴隶制过渡，氏族统治体系和公社共同体的社会结构在瓦解崩毁，'民散久矣'，'民恶其上'。春秋时代众多的氏族国家不断被吞并消灭，许许多多氏族贵族保不住传统的世袭地位，或不断贫困，或降为'皂隶'。部分氏族贵族则……"他这叙述大体上符合实际，用以说孔子的复礼主张不合时代潮流，无疑是正确的，但其中夹着的两句引语，却给人以这个时代潮流乃是人民造成的，是人民开始要求抛弃传统结构的印象，这就不合实际了。"民散久矣"出自《论语》，全文是：

孟氏使阳肤为士师，问于曾子。曾子曰："上失其道，民散久矣。如得其情，则哀矜而勿喜！"很明显，这"民散久矣"，其原因只能理解为当时老百姓对"上"（为官者）不按"道"施政，也即不依礼行事极为不满（曾子说的"失其道"，实是"不依礼行事"的意思），故而暗示了，老百姓是被逼得走投无路了才犯法的，所以对他们的犯罪要表示同情。因此，这里正好蕴含一个意思：为官者如果不失道，而是循礼依法施政，老百姓就既不会"散"，更不会犯罪，而是"好使"的（"上好礼，则民易使也"）。所以，如果用这句话来说明，孔子复礼主张因得民心而具有稳定社会秩序的作用，那才是很恰当的，李泽厚是完全用反了。"民恶其上"句出自《国语·周语》，同样如此。我推测，李先生如此误用，乃是因为他感到在《论语》和其他文献中，简直找不到适当的例证，可以说明当时的"民"对孔子的复礼主张表示不满和反对，而这种例证对于他的立论又是不可少的，于是只好采用断章取义的办法了。我指出他的这个"误用"，则是想以此证明：你可以说孔子的复礼主张不合历史潮流，是乌托邦，但并不同时也就证明了它不合当时的民心。

④看到这里，读者一定会问：难道合民心和合历史潮流不是一回事，二者可能不一致吗？如果只要求作简单的回答，本人认同赵又春先生的认为是对的。但当然更需要我们加以深入分析。

这里，我们用得上一位近代西方哲人关于历史发展的一个重要思想：恶是历史发展的动力。要理解和确认这个命题，只要想一下这情况就能得到启发：战争有时是推动历史进步的不可绕过的重要因素，对于造成某个具体的"进步状态"来说，还常起决定性的作用，但即使是十分正义的战争，至少在它酝酿的时期，也未必一定得到大多数人的理解和拥护，广大下层人民，可能会觉得自己主要是充当炮灰而不会是战争胜利的主要受益者，因而对反战派的宣传持同情、支持态度，此时，民心和历史进步的要求不是相矛盾吗？"为民请命"的反战主张，在当时不是很可能颇得民心，只是后来才被历史学家定性为"逆历史潮流而动"的腐朽之论吗？再想到英国历史上有名的"圈地运动"，和大机器生产初期时曾经出现过并非个别现象的工人砸机器事件，就更能从理论的高度领悟到：进步的社会大变革，总是这个变革的直接受益者发起的，而在变革的开头，他们不但不是社会的多数派，而且主要是"过时社会"里的中下层权势者或富有者，他们是因为贪欲未能得到最大限度的满足而要求改变这"过时的社会"，以求重新分配权力，捞取更多的财富，而他们在选用手段时，是绝不考虑别人的利益的，所以他们发起的变革——造成的历史进步，常要以牺牲大多数人的利益为代价来实现。可想而知，哪个"历史当事人"要是站在这些"历史超前时的先锋"们的对立面，对他们基于私欲而发动的"事业"加以指责，说他们损害了作为社会大多数的下层人民的利益，因而是不道德的、伤天害理的，他们一定能大得民心，很可能被当时人视为最有道德的人，"时代的良心"——为圈地运动中受害的农民和砸机器的工人说话的人，难道反会受到农民和工人的反对，而不是被尊奉为"伟人"？作为我们，或者说历史，又该对他作怎样的评价呢？赵又春先生认为孔子就是这样一位"历史当事人"——李泽厚似乎也正是持这种观点。

所以赵又春先生指出：一个成熟的社会，其成熟的重要标志之一，就在于它形成了一套比较完善的道德规范，这套规范得到了上下一致的认同，深入人心，因此，这个社会之趋向过时的征象，也在于它的道德体系开始不断受到人们自发的破坏、挑战。这样，当这个社会终于行将崩溃，"改朝换代"的大变革即将来临或正在进行之中时，这个大变革的发起者和先锋们,事实上总是这个社会的传统道德体系的"实践上的"批判者和叛逆者,他们的反对者对他们的批评和指控必定也主要是着眼于他们的"道德败坏",即是对他们的行为作所谓的道德谴责。由于后者的道德观属于传统道德体系,所以他们"深得民心",至少在最初时期,他们的谴责一定能够得到广大群众——主要是下层人民,也有上层人士的同情。就是在这个历史真实即"道德事实"的意义上,该说"恶是历史发展的动力"。这个历史真实和道德事实足以说明,为什么孔子的复礼主张主要是政治主张,他一生奔波的目的是参政辅政,实现政治理想,而他的言论,特别是流传下来的语录,却主要是道德教诲。这当然与孔子时代的政治和伦理尚未完全分开,二者还基本上是合一的这个历史情况有关,但更主要的,还是"对社会大变革的指控往往是从道德谴责开始"这条规律起作用。这一点,学术界似乎没有明确的认识,所以对于"一生都在谋求参政的孔子为什么留下的主要是道德教诲"的问题,未见有人进行过认真的讨论。但这个问题应是很有意义的,对思考当代政治家为什么常讲道德问题、作道德批判,也很有启发。

前面说了,周礼是从古老的、原始的祭祀仪典和规矩演化、发展而来,以至包括了作为维护贵族统治的制度和手段,对施礼者是功利性和虔诚性的统一,对受礼者是尊严性和施惠性的统一。周礼的这个特性不但说明,它本质上是政治和伦理的统一,违礼既是政治错误,也是道德过失,因而政治斗争总以道德批判的形式进行,同时也告诉我们,它成为维护贵族统治的制度和手段后,也仍然具有原始规范具有的那种"人道精神",就是说,它的要求是双向的,既要求施礼者虔诚,也要求受礼者施惠,并且要求双方守信,严格履行承诺,因此它能使双方都感到满意。这是周礼成为"社会稳定剂",人们虽有尊卑长幼贵贱等"名分之分",却又能和平、相安以至亲爱地相处的"秘密"所在。一位西方的哲人说,这种政治——道德体制显得"温情脉脉",就是针对它具有这种润滑、和谐人际关系的作用而言的。可想而知,这种体制的破坏乃直接意味着道德沦丧,破坏者的胜利——实现其扩权聚财的目的,要以承担"缺德"的骂名为代价,他们的反对者,即周礼的维护者,则即使失败了(捍卫传统的目的未能达到),也会在道义上赢得人心,可以享有问心无愧的"良心安慰"。如果体制的破坏者主要是居上位者,亦即其地位决定了其"行礼"多是接受他人的施礼,因而其道德义务主要是"施惠"的人,情况就更是如此,因为这时他们的反对者不仅是站在维护传统道德的立场,还拥有了为社会多数人和弱势群体说话的身份,从而更加加重了他们的道德声望和他们要求的"道德价值"。要知道,道德,尽管本质上是社会的强势者决定的,是强者的道德,但任何时候,公开打出的旗号和"形式的内容",总是要倾向于多数人和弱者,就是说,倡导社会公平,批评以强凌弱,必是它宣传的直接的和主要的内容。明确这一点,再结合孔子时代和他个人的实际,就不难明白:孔子为什么总是"官运不通",得不到上层社会的任用,要说是一个"不合时宜的人",但又在国际上享有很高的声誉,哪个当政者都不想得罪他,在民间,则更被尊奉为圣者,特别是身后,长期地被历代朝野所推崇、尊奉、吹捧、利用,成了统治者和被统治者、压迫者和被压迫者、富贵者和贫贱者的共同偶像。这原因,用一句话说就是:孔子的时代和他的活动使他成了传统道德的化身,既然谁都要宣称自己是有道德的人,所以谁都要尊孔子。这,我国学术界历来用孔子创立的儒家学说后来带上了宗教性质来解释,这有一定道理,但本人认同赵又春先生的观点,直接用世俗情况和人的道德心理来说明,也有或更有说服力。

一个逆历史潮流而动的人竟被推崇为道德的化身,这就是历史的辩证法——是历史对人的嘲弄,还是人对历史的轻蔑,对此该如何认定,读者可以"自己理解",历史会展现给我们事实,我们可以要求自己和他求真务实地办好能办的事情,不去做堂·吉诃德,但不可能要求"历史"不把历史上的堂·吉诃德奉为英雄和伟人,这是又一条历史辩证法。

(2) 孔子心中的礼之一

孔子要求复礼,这是他的社会政治理想决定的,因为人们都严格按照自己的名分践行礼制的规定,社会就稳定了、和谐了,这也就是实现了他心中的天下有道。所以"复礼"是和"正名"连在一起的,首先是政治主张(关于孔子的"正名"理论,本书后面将作讨论),人的行为是否合礼成了孔子考虑问题的出发点和落脚点。但周礼乃直接呈现为规章制度和行为规范,因此,复礼对个人而言是道德要求,在当时人的心中,人的道德水平就表现为践礼自觉性和严格性程度。孔子作为办学者、老师,是教人如何做人——成为有道德的人,自然更是常把礼作为道德规范来讨论和教诲,只在特定的时候和场合,才直接或者主要着眼于它的政治功能。

孔子这样看待复礼、重视复礼,自然是他对礼的认识决定的。孔子礼的认识,本人认为赵又春先生归纳为以下几个方面是比较合理的。

①礼是社会的"致和剂"

这个标题的意思最明显地体现在《论语》中的一个表述:"不学礼,无以立",以及下面这个讲对个人施教从而也是讲个人成长过程的一章:

子曰:"兴于诗,立于礼,成于乐。"

对"立于礼",李泽厚解释得极好:"礼"使人获得行为规范,具体培育人性,树立人格,取得作为氏族群体成员的资格。可见孔子是把学礼,从而知礼、以礼待人行事,看作个人进入社会的必要条件。如果这个"立"是针对社会所有个人而言,"礼"的外延就扩大到了包括最下层的人们也必须遵守的行为规则。在当时的人看来,下层劳动人民是不配讲"礼"的,所以孔子说"立于礼"时,劳动群众可能不在他的视野之内。但他既然没有明确做这个限制,况且这里谈论的是个人进入社会的条件,不是讲社会应该怎样对待个人,涉及不到个人间的差别问题,故而认为他完全忽略了这个差别,只是着眼于自然人如何转化为社会人,也是可以的。确认这一点,"立于礼"就虽然直接是讲礼对个人的作用,同时也蕴涵着它对社会的意义了,因为只要提问"为什么礼对个人有这种作用",回答就将归结为:把分散的个人——个体人社会化、"群化",也即将人类从作为自然存在物的一个动物类提升为社会或者说社会存在物的根据。孔子对此没有明确的表述,也未必有明确的认识,但从他几次提到"立于礼"看,他不会没有想过这个问题,至少是虽不清晰但已经感悟到了这个道理,所以才有如此明显而直接地通向这个认识的言论。

谈论礼的社会作用时,一般都不会是探讨礼对于社会形成的作用,多是讲有了礼,人们又都依礼行事了,就会造成怎样的人际关系,出现怎样的社会局面,等等。关于这后一点,孔子则有很明确的论述,那就是赵又春先生前面辩正过的以"礼之用，和为贵"开头的那章，那一章是说，人们都依礼行事，就会避免冲突，达到"双赢"、"多赢"，造成所有当事人都和谐相处的结果，这是礼的最重要的作用。十分明显，如果将"所有当事人"扩展为"全社会的人"，那一章就也是讲社会是怎样形成的，头一句等于说"礼的作用是将分散的、彼此对立的个人组织为相互合作的、和谐的社会"了。由此可知，在孔子那里，至少是潜在地有个"礼是将自然人变为社会人的转换剂，也即将分散的个人组织成社会的粘合剂"的思想。就是由于有这个思想，再加"遵循的规定也就是有道德"这样一个道德观，中国人才自然地把人的本质看作是有道德。这个中国人的"人论传统"，可说是由孔子奠基的。

"立于礼"与"礼之用，和为贵"这两个表述，最清楚地显示了，在孔子看来，礼是"致和剂"：对个人而言，复礼是求得他人认同，与别人、社会和谐相处的唯一途径社会而言，发挥礼的作用，是将人们组织起来成为社会并保持社会稳定、有序地发展的根本条件。

②礼的根据在于"让"

礼为什么会有解决人际矛盾、促成社会和谐的作用呢？这一定是因为礼自身具有一种"性质"或者说"机制"，它在人（践礼者）同他人发生联系时，就表现为促成人际和谐的"功能"。否则，不好把"和"归结为礼造成的结果。这个性质才是礼的内在本质。这自然是我们今天的分析、推论，孔子未必有这种抽象能力和爱好，但他确实发现了礼的这个本质，至少要说，他接触到了。礼的这个本质，用中国古人的话表达，就是"让"，孔子也是采用这个说法。看这一章：

子曰："能以礼让为国乎？何有？不能以礼让为国，如礼何？"

这一章的字面意思是：要是能够以礼让治理国家，治国就不难了，要是不能以礼让治理国家，那还要礼干什么？（"为"在这里是"治"义，"何有"等于说"有何难"。）可见这是把"礼让"作为治国的根本来认识了，而从后句看，所谓"礼让"实是指礼的"让性"，它属于礼，是礼的本质之点，故说成"礼让"了。所以这一章说明，在孔子看来：礼的本质要求就是人在处理人际关系时能够"让"，大家都"让"了，矛盾、争端就得到解决,于是达到"和"。对居上位者来说,认识到这一点就是要"礼让为国",这有两重意思,一是要自己带头"让",带头依礼行事,这样就会造成复礼的氛围,国家就好治理了。这也就是《论语》中说的"其身正,不令而行"的意思。二是施政要重在促使国人都能够让,以创造推行、贯彻礼制的前提和基础,否则,礼将徒具形式,起不到应有的作用——顺便指出,赵又春和李泽厚对这一章其实也都是作这种理解,但他把"礼让"翻译为"礼制和谦让",将"礼"和"让"并列起来,显然不妥,有人将这个"让"译为"禅让"的让,就更属误解了。

  应该说,这个思想是很深刻的,即是完全适合人类组成社会的实际过程的。"和",作为人际关系的局面、状态,是一种结果、结局,本身就指示了曾经有过不和,即"争"的时期。"争"为什么变为"和"了?直接的、可见的原因是大家——争的各方都接受了某个规矩,都依照那规矩行事了。那规矩为什么会有息事宁人的作用?它又是从哪里来的?回答只能是:人们相争的原因,是在某个事情上有关方面的利益不一致,甚至对立,又都不愿意让利,都想采取"制服对方"的手段来达到自己的目的。"争",就是指谓尚未去掉矛盾的原因,又任何一方都未能实际制服对方时的关系状态。很明显,如果从根本上说,任何一方都对于对方有着某种依赖性,因而是不可能完全"制服"对方的,那么,要解决矛盾,达到不争亦即和的局面,只能是有关方面都作出一定的让步。从具体操作层面上说,就是各方达成某种妥协,把它的内容用规矩、盟约、准则之类的形式固定下来,大家都表示一定信守之。这所谓的规矩等,就是"礼"。礼乃起因于"让"的客观要求,所谓遵守礼制,就是指自觉自动地作出让步。因此,礼是达到"和"的直接的、表面的、形式的原因,"让"则是内在于人心中的这原因的原因,故而是礼的深刻的本质;如果用"和"来定义礼,得到的是礼的功能定义,通过"让"来定义礼,则得到了礼的本质的定义。

  上面这样论述礼的本质和作用,很有点像西文的"社会契约论",所以赵又春讲:像契约论这样的思想,其实是凭"思想实验"就可达到的,所以我国古人早就有类似的说法了。关于"让"是礼的本质的思想,在

《左传》中有多次表达,如"让,礼之主也"、"让,礼之本也"、"忠信,礼之器也;卑让,礼之宗也",等等,这里的"主"、"本"、"宗",都相当于"本质"。最前一个见于《襄公十三年》,即公元前560年,那时孔子尚未诞生,如果所引的话确是当时人说的,那么,孔子关于让是礼的本质的思想,就并非他的原创,他只是继承了前人的观点,改换了语言表达。后来,荀子对这个思想可说发挥得淋漓尽致,既道出了礼的起源,也交代了礼的本质是各方都愿意"让":

礼起于何也?曰:人生而有欲,欲而不得,则不能无求。求而无度量分界,则不能不争。争则乱,乱则穷。先五恶其乱也,才制礼义以分之,以养人之欲,给人之求,使欲必不穷乎物,物不屈于欲,两者相得而长。是礼之所起也。(《荀子·礼论》)

说"礼之用,和为贵",是着眼于践礼的目的、结果,也即礼的对外的作用;指出礼的本质是让,是着眼于践礼的心理动态,亦即礼的向内的要求和人终于去复礼的内在原因。沿着这个线索作进一步的思考,就会问:礼的对外的和向内的两个方面,一定是统一的吗?就是说,有没有只有一个方面而无另一方面的时候与情况?对此,孔子也有他的看法和回答。

③复礼须是真情实感的外现

践礼者愿意"让",是礼能够造成"和"的根据,至于践礼者最初决定自己"让"到什么程度和怎样个"让"法,自然取决于他当时处在怎样一个"和"的境况中,所以这里的因果之链基本上是:"让的意愿——践礼行为——和的结局——(让的意愿)。"据此就应该说,只有真正基于让的意愿而做出的合礼的行为,才真是复礼,才能真收到和的结果,否则,复礼就只是虚情假意的应付场面,是"走过场",甚或是谋取私利的手段,那是起不到"致和"的作用的,因为这其实是在行骗,违背了礼要求双方信守承诺的"本性"。这,自然要以一般地肯定"骗不了",即虚情假意总可能被发现为理论前提,在操作上更是如此。但孔子特别地论证了这个前提是存在的,那就是前面讲孔子识人的智慧时征引过的《论语》中"视其所以,观其所由,罕其所安,人焉廋哉?人焉廋哉?""廋"是隐藏、藏匿的意思,所以末后两句是用惊叹的语气说,任何人都不能隐藏他的真面目。在孔子这里,个人的真面目是指他的道德面貌,因此也就是他行事的真实用心,从而可以归结为践礼的真实动机。

复礼要有真感情,有真感情的践行礼制才是真复礼,这个思想,是孔子批评违礼、僭礼表现的思想武器。他说"非其鬼而祭之,谄也",就是用这个思想来批评祭祖活动中的非礼行径:按礼制,是只祭自家祖先的,去祭别人家的祖先,一定是功利目的出格了,所以不是真正的复礼。他批评季氏"八佾舞于庭"、"旅于泰山",实是揭露他们必有非分之想。

复礼要有真感情,这从理论上说,就是要求内容和形式达到统一,因为让是复礼的动因,愿意让的真情实意就构成复礼的内容,复礼不过是这感情的表露、外现。因此,孔子对于走过场式的复礼表现,是十分反感的,视之为抽去了复礼内容的形式主义。

子曰:"觚不觚,觚哉!觚哉!"

子曰:"礼云礼云,玉帛云乎哉?乐云乐云,钟鼓云乎哉?"

觚是一种盛酒的器皿,但主要是用作礼器,所以前一章是孔子感叹礼器竟不起礼器的作用,即人们使用觚这种礼器行礼时并无真实情感,仅在逢场作戏走过场了。这自是批评"世风日下"、"民风不古"。李零解读此章时,劈头一句是:"这段话最莫名其妙,不知到底是什么意思。"赵又春先生上面这样提示它的意思,深刻的意思,不知李先生和读者们觉得如何?

对后一章,李零说:"'钟鼓'是两种打击乐器,前者用金(青铜),后者用革(皮革)。钟鼓是礼仪场合演奏音乐最常用的乐器。"孔子认为,礼乐的精神实质、规范作用比它依托的物质形式更重要。他强调,礼并不是礼物,乐并不是乐器。前一段对钟鼓的解释很正确,后段话则不得要领:孔子这是说,参加仪典,践行礼制,不仅仅是使用礼器、乐器的外部活动,而在于内心的虔诚,有真情实感,那样才能起到陶冶自己道德情操与和谐人际关系的作用,否则等于没有行礼,而现在人们却正是只看到使用玉帛、钟鼓这些外部的活动了。

林放问礼之本。子曰:"大哉问!礼,与其奢也,宁俭;丧,与其易也，宁戚。"

子曰："奢则不孙，俭则固。与其不孙也，宁固。"

子游曰："丧致乎哀而止。"

这都是说的复礼的本质在于践礼者的内心情感，其他方面，如仪容规模的大小、祭品的多少、步骤的繁简，等等，都不过是表达内心情感的手段、方式，所以都是次要的、非本质的，只要充分表达了情感，就尽可以小、少、简——也只有明白了孔子的这个基本观点，这几章才能得到最准确的理解，例如《论语》中八佾第三的第四段末一句中的"易"字，有人译为"容易"，就令人不解，李泽厚这句的译文是："丧事，与其仪式隆重，不如真正悲伤。"释"易"为"仪式隆重"，太没有根据了，但他对全句意思的领会，大体上是对的。李零说："这里的'易'是简易，和'戚'相反，是平淡处之，不当回事，无中心之哀的意思。"赵又春认为这样领会才对。其实，"戚"是愁义，与之相反的"易"就当是轻松、快乐义，《诗·小雅·何人斯》："尔还而入，我心易也。"可证"易"字早就有这个意思。

孔子强调复礼要有真感情，这与礼在最初主要是仪典，常与祭祀活动联系在一起，因此人在复礼时是处在一种庄严肃穆的气氛中，很有关系。在这种情况下，人是不会心不在焉的，参加者沉浸在冥想之中，似乎是在同祖先、神灵、上天交流，自己完全净化了，毫无"私心杂念"。周礼本来就是从这样的仪典规则发展而来，所以孔子把复礼看作情感的寄托、外化，情感是复礼的内容、本质的方面，可说是"原始礼仪观"在他心中的遗留。但一般地强调复礼要出自真心才能起到应有的作用，这在任何时候都是正确的、必要的。再看这一章：

子贡欲去告朔之饩羊。子曰："赐也！尔爱其羊，我爱其礼。"

古代君主每月初一（朔日）都要杀一只羊祭于庙，然后再回朝廷听政，这个规矩（礼）叫"告朔"。子贡鉴于当时鲁君既不亲临祖庙，也不听政，只是每月初一仍然杀一只羊走"半个过场"，就主张这只羊也不必杀了。孔子表示反对，他说的那句话的言外之意是：仍然杀一只羊，意味着礼还在，要是连羊都不杀了，这个礼就完全废了，等于不存在了。这表

103

明，孔子十分明白：礼虽要重感情，但不能一点也不讲究形式，完全没有形式，情感又看不见、摸不着，就无法体现和证明了。这颇能说明，孔子很懂得内容总须有一定的形式来体现这个道理。

基于对礼的这些认识，孔子当然地认为复礼乃意味着主动克制贪欲，为人表里如一，故而能够起到促进社会和谐的作用。这正是历来对有德之人的要求和评价。"皇天无亲，唯德是辅"这句古训表达的对于"德"（有德之人）的期待，也不过如此。这样，岂不是复礼和德行合而为一了，换言之，礼是德的标准，执德就是复礼了？

④礼的具体形式是变化发展的

以上讲的是礼的普遍的、不变的方面，哪个礼都如此，任何时候都如此。礼的具体的、操作上的规定，则是特定的、可变的。这一点，孔子不但不否认，并且也比其他人认识得更加清楚。

子张问："十世可知也？"子曰："殷因于夏礼，所损益，可知也；周因于殷礼，所损益，可知也。其或继周者，虽百世可知也。"

"损益"即减少和增加。这是精练的说法，当然不排除改造。"损"去了的东西当然不能全知，"可知"必是知其本质。所以孔子的回答是说：礼，从古到今，一直到永远，都在变，但其本质不会变，因而不管好久以前或多久以后的礼，都是可以知道的。这里，不仅反映了孔子有个"具体礼制可变"的思想，还表明，他确实是把周礼当作理想的，即现在可能建立的最好的礼制来对待的，就是说，他推崇它乃因其好，而非因其古。

李零作了一个很简明的解说："孔子看历史，主要看三代损益，即后面比前面的礼，增加了什么，减少了什么，除去增加减少的东西，就是始终不变的东西。他是靠这种加减法预测未来。"他还加了个注释："历史，技术变，制度变，但人性未必变，或变化不大，这也许是孔子损益法的一种考虑。他更关心的是不变。"这样说是否简单化了一点？将这"损益"理解为历史的发展是连续性（继承性）和间断性（创新性）的统一，因而前后两代的礼是既相联系又有所区别，也即相通而不全同，故而可以根据后代礼制的情况推知前代的情况，当更切合实际，因为他前面的话显是为后面的"虽百世可知也"提供逻辑前提。从孔子还说过周代因"监于二代"就"郁郁乎文哉"看,他还认为后代对前代可以有质的飞跃,不仅是量的变化,所以,说孔子"更关心的是不变",这没有根据,他感叹和赞扬"郁郁乎文哉",正说明他的着眼点是"变"——变得更加完美、文雅。当然,如果这"不变"是指变化中的不变的东西,也即礼的本质,那是说得很正确的。

孔子身处周代竟说"其或继周者",这更表明他并不认为周代的礼制是完美得再也不可变、不须变的了,也隐约地透露了,他具有一种"长江后浪推前浪"的进化论观点。联想到《论语》中第九章第十七段:"子在川上,曰:'逝者如斯夫!不舍昼夜。'"赵又春的这个推想更显得可能切合实际。让我们详细地分析一下已经两次提到但未作讨论的下面这一章。子曰:"周监于二代,郁郁乎文哉!吾从周。"

这一章,很长时间都被当作孔子主张复古的证据,且至今没有大的改变。蔡尚思先生说:"孔子也讲变,但向往的是变回到文武之道。"这话后援引的证据,主要就是这一章。匡亚民先生引了这章全文后写道:"这是最有权威的孔子自己说的话,说明西周是他所向往的。"我以为,蔡、匡二先生所代表的认识,乃根源于对此章的误解,特别是错解了末后的"吾从周"。这个误解必须加以澄清。

这章中的头一句,朱熹作的注是:"监,视也。二代,夏商也。其视二代之礼而损益之。"这解释是不错的,只是就说"监"是"鉴"的通假字,"借鉴"义,更便于今人。第二句中的"文"字,和"文质彬彬"中的"文"同义,是和"质"也即"野"相对的,指事物经过加工后呈现的比先前更有文采、文明程度更高的状态。所以康有为释这里的"郁郁"为"文明貌",体会得也很正确。因此,这章的前二句显为因果关系,是说:(因为)周代的礼制是借鉴了夏商二代的礼制,对之加以损益而建立的,(所以)比夏商的礼制文明程度高得多,优越得多。赵又春认为,这个理解是准确的,对周礼作这种评价,其实是孔子的"先人"们的共识,《诗·大雅·文王》中就有这样的句子:"周虽曰邦,其命维新。"如此,接下的"吾从周"只能是什么意思呢?"从"的基本意思是"跟随",可引申为"遵循"、"主张"、"赞成"等义,所以这一句只有两种可能的理解:

一是表达从前面意思得到的"行为指令",所以说:因此我主张遵循周代(的礼制);二是对周代的做法表示称赞,等于说:所以我赞成周代(对待前代礼制的态度)。按前一理解,"吾从周"是比较了三代礼制后作出的选择,蕴涵的意思是周代胜过夏商,而比较的标准是"文"的程度的高低。依后一理解,则此章是要说明,对待前代礼制,应抱借鉴之、损益之而创造更高级的文明的态度,像周初做的那样。很明显,这两种理解是相通的,孔子可能兼有这两种意思。但同样明显的是:无论强调哪种理解,都不能得出孔子"以古为好"的结论,相反,两种理解都通向"后来者居上"的观点,二者的区别仅在前者着眼于"后来者居上"这种结果,后者着眼于"居上"的原因。既如此,怎么能拿这一章作为孔子向往古代的证据呢?他向往的不明明是更高的文明吗?说他具有进化论思想,不是更有说服力得多吗?论"古",夏殷更古,可孔子并不向往。所以我以为,这一章只有李泽厚的翻译所体现的理解最为恰当,其译文是:"周代积累和总结了夏、殷两个朝代的经验成果,礼乐制度多么完美文雅呀。我遵循周代。"

不过这里确也有必要同时指出,在"礼崩乐坏"的春秋时代说这样一个意思,其"实践上的含义",也即所起的社会作用,或者说它体现出的"说者"对"周礼向何处去"这个时代课题的回答,应该说是他主张用严格遵循周礼的办法,也即走恢复周礼的道路,来克服当前这个"礼崩乐坏"的谁都不满意的局面。因此,这一章确实说明,孔子面对自己时代的问题不是向前看,他体认不到周礼遭到破坏的历史必然性,而将它归咎于人们由于私心、权欲太重,因而不愿全面严格地践履之。所以他提不出也不想去设计比周礼更高的理想社会,而是向后看,主张用回到"郁郁乎文哉"的文武周公时期的办法,来扭转当前的"天下无道"局面。正是这个根本的政治主张和抱负,鞭策孔子特别卖力地宣传礼的重要性和劝导人们提高践礼的自觉性。要是仅仅在这个意义上说孔子向往古代,主张开历史倒车,并不是错误的,也更能说明他的主张之注定不能实现,这很像我们今天有人目睹贫富悬殊、腐败严重、道德滑坡等"世风日坏"的"今不如昔"的现象,就主张回到计划经济制的大锅饭共同贫穷的时期去一样。也许,依照这个比喻的启示去设想、理解、陈述孔子当年的思想,会更切合他的实际。但如果这样，就更不好从一般历史观上说孔子主张复古，是复古主义者了，而只可以批评他不是"历史乐观主义者"，身处社会大变革的时代却被一种"今不如昔"的怀旧情绪所支配，正如我们今天也只能这样批评主张回到计划经济体制去的人们一样。

事实上，孔子不但在理论上一般地主张历史发展的前进性，也即每一代的礼都是因袭、损益前一代的礼而形成的，对于具体礼制总是要随着社会、环境的发展而不断变化，更是不仅承认，还有过明确的指点、表态的。请看：子曰："麻冕，礼也；今也纯，俭，吾从众。拜下，礼也；今拜乎上，泰也；虽违众，吾从下。"

冕指礼帽，麻冕即是用麻料织成的礼帽；"纯"是丝绸，古时丝料比麻料便宜，所以有了丝绸后，人们便改用丝料制作礼帽了。孔子说，这是节俭的表现，所以他支持这个改革（"吾从众"）。这与他关于"礼，与其奢也，宁俭"的理论主张完全一致，更说明他在这一点上是能够"与时俱进"的。后一段是说，臣下朝见君主，按先前的礼制，应是走到堂下就叩拜的，现在是到了堂上才拜，孔子认为这是对君主有所倨傲的表现，所以尽管多数人都主张这个改革，他仍然坚持应在堂下就拜的旧规（"吾从下"）。这说明，他认为改革礼制的原则应该是：物质花费上朝节俭的方向改是应该的，但不能因此而淡化以至失去践礼时应有的情感。这又与他对于礼的本质的理性相一致。所以，这一章颇全面地反映了孔子对于礼的具体规定是否可以和应该改变的问题的态度。应该说，孔子的这种态度说明，他对这个问题有过自觉的思考。

下面一章似乎说明，孔子不仅认为礼的个别的、具体的规定是可变的，而且认为总体上，就是说，诸多具体规定构成的礼制体系，一个不断完善的过程。《论语》雍也第六章第二十四段：子曰："齐一变，至于鲁；鲁一变，至于道。"

齐国和鲁国分别是姜太公和周公后代分封的国家，在孔子时代，前者国力强盛，后者则仅以保存周礼完善著称（人们常引《左传·昭公二年》中的一则记载：这年晋侯派韩宣子到鲁国访问，韩宣子考察后感慨说："周礼尽在鲁矣。吾乃今知周公之德，与周之所以王也。"这年孔子12

岁)。根据这个背景，李泽厚对此章评论说："'变'者，复古之道也，这是要求开倒车的改革，所以终于行不通。"李零也持这种看法，解此章时劈头一句就是："这是从复古的观点看问题。"结尾一段则是："孔子改制，是以西周为理想。他的理想，完全行不通。"如果不摆出别的论据，这样的结论只能说是武断，甚至是有意曲解。齐国国力强不就等于文明程度高，当时人以礼制情况作为文明的标志，既是时代的共识，也不好一般地说是错误的，承认周礼好和"尽在鲁矣"，"鲁一变"就显然不是指"返回到"周礼，要达到的"道"必是指比周礼更高级、更完美的礼制，亦即更加接近于孔子心中的"道"的文明境界。这应该是很明白的，说明孔子并未把周礼看作不可超越的最高级的礼制体系。联系到他关于历代礼制"损益"的观点，特别是他身处周代竟说"其或继周者，虽百世可知也"，《论语》为政第二章第二十三段，就更只能作这种解释。两位李先生是把自己的先入为主之见强加给这一章了。至于孔子关于这两个"变"的思想没有成为现实，那完全是另一个问题，因为决不能武断地说，希求的变革只要没有、也不可能实现，就是要倒退、复古，并且你也无法证明，齐鲁两国后来的社会局面，从根本上说，亦即用真正科学的标准来衡量，是离孔子心中的"道"更远，而不是更近了。

(3) 孔子心中的礼之二

以上讲的，是在孔子看来"礼本身是什么和怎么样"，孔子还有关于"礼对人有什么用，或人可以拿礼来做什么"这个方面的论述，这是从实践的角度谈礼的价值、意义了，把握孔子这方面的思想，对于我们认识孔子也许更为重要。

①礼是治国施政的最好手段

前面引过的"能以礼让为国乎？何有"，已经很能说明孔子的这个主张，但更直接表达他的这个思想的，是下面这一章：

子曰："道之以政，齐之以刑，民免而无耻；道之以德，齐之以礼，有耻且格。"

这是说：治国，从"领导理念"上说，要重德轻政，即要用道德观念而非行政手段来引导人民；从具体管理的"操作层面"上说，要重礼轻刑，即主要是用礼制而不是用刑律来规范人民的活动，使人民不违你的要求行事。理由是：这样人民就会懂得怎样做是正确的和不正确的，从而有耻辱感（"有耻"），自觉自愿地（出自道德感）按要求行事，否则，人民只是因为害怕刑律的惩罚而被动地服从你的规定；当然是前者效率高而成本低，后者效率低而成本高——"免"字不带宾语，是指免灾，此处指免于受刑律处罚；"格"是行为不出格即合要求的意思。这章证明，孔子确实认为，德行和复礼在行为表现上是一回事，因此，孔子心中的德治也就是礼治，这一章可说把礼对统治者的意义和价值，表达得一清二楚。

毫无疑问，孔子这是站在统治者的立场说话，帮统治者"出谋划策"，但问题是：当人民还没有能力，也没有要求起来推翻这个统治时，当争取民主政治还远不是当前的任务时，德治比非德治（不管你叫什么治），哪个对人民有利一些？这时，真正想"为人民服务"的人，是出来要求统治者推行德治，还是建议施行别的什么"治"？回答了这个问题，就知道历史上的孔子给予他同时代的人民的究竟是什么了。

讲到这一章，赵又春先生谈到以下两个问题。一是有一种说法：当时的礼制明文规定"礼不下庶人，刑不上大夫"（《礼记·曲礼上》），所以孔子主张"齐之以礼"，实是要求"礼下庶人"，这是孔子的一个具有伟大进步意义的思想。赵又春先生认为，主张对人民"齐之以礼"，自然意味着要让人民懂礼，并且造成"以行为合礼为荣，以行为失礼为耻"的民风，所以确实是要求把礼的调节人际关系的作用（"和"的作用）扩大到下层人民、被统治者。孔子的许多别的言论（如他认为，人民富了以后，就要"教之"，"教"当是教人民懂礼、践礼），也证明孔子有这个主张。但认为孔子这是在不顾周礼关于"礼不下庶人"的规定而要求废弃之，则是不正确的。这是关系到国家体制的大问题，孔子绝不敢借口"礼也是发展的"而置之不顾。所以赵又春先生认定：如果《礼记》中"礼不下庶人"这句话不是后人的编造，那么，它必是针对礼的某个具体规定而言，而不是讲整个礼制的适应范围，例如，意思是：为官者不得向庶人（平民百姓）主动施礼。从事理上说，官员也要和平民百姓打交道，礼制即使不必规定前者对后者该怎样表现，也是必有所要求、约束的，而那也就是

"礼"。既如此，怎么会一般地说"礼不下庶人"呢！

二是联系到这一章来看，人们把我们讲孔子教育思想时分析过的泰伯第八章第九段（"民可使由之，不可使知之"），当作孔子主张愚民政策的证据就更不能成立了：孔子主张对人民"齐之以礼"，显然是主张、要求对人民施教，也即让人民懂礼，"使知之"，怎么会又同时主张"不可使知之"呢？他正是批评、反对不"使用权知之"，而只是"使用权由之"，以至于民"免而无耻"的愚蠢做法！对这里的"有耻且格"，李泽厚也是翻译为"民众有耻辱感，内心认同而归依"的，即他也认定包含有"使（民）知之"的要求。

以下两章可说是对上一章的补充、说明：季康子问政于孔子曰："如杀无道，以就有道，何如？"孔子对曰："子为政，焉用杀？子欲善而民善矣。君子之德风，小人之德草，草遇风，必偃。"子曰："上好礼，则民易使也。"

两章表达同一个原理，用今天简洁的语言表达，就是"上行下效"。应该说，这是生活的规律。人们常说，榜样的作用是无穷的，毫无疑问，这"榜样"越是操有对人的生杀予夺之权，这话就越是显得正确、有效。用社会学或伦理学的理论来说，就是：任何社会的道德风气、面貌，都是由掌握着社会权力、财富，因此也就有较高文化知识的上层分子，或者说"精英集团"决定的，下层群众总是向他们看齐。这个"上下关系原理"，孔子早就领悟到了，用"风行草偃"来比喻，也很恰当，"子欲善而民善矣"则是理论概括——这个"子"乃指季康子，实是泛指"居上位者"、"官们"；其中"而"字相当于"则"。当然，在孔子时代，离原始氏族社会还比较近，"上下"的血缘关系纽带还未完全断裂，"礼"作为习惯法所保留的"温情"还比较多，这个原理不需要太多的智慧。

"榜样"引导出来的局面，肯定首先是对他自己有利，值得注意的是，孔子并不是把"风吹草偃"原理作为客观规律来叙述，而是不加掩饰地直接道出其作为治民方法的功利价值——能收到"民易使"的效益，说白了，就是老百姓更听话、更好差遣，对你当官的人更存敬畏之心，更不敢对你的命令有所怠慢。这是"民善矣"的实在内容，也就是前一章所谓的

"（民）有耻且格"。孔子就是这样地看待礼的社会价值——对统治者的作用的，只是他指出并且强调，实现这个价值要以统治者自己先行模范地践行礼制为条件——注意，这"上好礼"仅是一般地说"上"（统治集团的人们）真正地践行礼的规定，并非特指践行某些规定，有人把这"上好礼"解释为"以礼待民"，据以证明孔子这是在主张"礼下庶人"，那是错误的。

如何评价孔子的这个思想、主张？孔子自然更努力于劝导、教诲广大人民遵循包括法律在内的礼制，结合他的这个思想来看，他要求人民践行礼制，岂不是教人民自愿自动地接受统治者的统治，亦即接受统治者的欺骗？这不是为虎作伥了？以前有个时候，人们就是如此批判孔子的。

孔子的这个"子欲善而民善矣"，也即"上好礼，则民易使也"的礼治思想，赵又春先生认为对广大人民来说，也具有一个明显的价值，那就是可以利用来批评"不善"的统治者的骄奢淫逸和横征暴敛，为人民的"犯上作乱"提供一种辩护，或者说，为起义造反找到一个在当时条件下最能获得同情的理论根据。因为既然"为官者善"是"民善"的充分条件，按充分条件假言推理的否定后件式，自然要得出结论说：民不善，乃是因为并且证明官不善，而对于不善的官，人民不听其摆布，起来造反，怎么能加以指责呢？孔子当然不会是为了让人民感到"造反有理"而创造他的"官善则民善"的理论，在整部《论语》中，找不到一句孔子讲人民可以造反的话，更说明他没有意识到自己这个理论有这种"副作用"，或是意识到了，但不想把这个方面张扬开去，故避而不说。但他的这个礼治理论潜伏着这种"副作用"，是明显的，正是这个副作用，后来成为两千多年中一直盛行于中国社会的"清官政治"的主要理论依据，是清官们敢于有限度地批判朝廷"无道"，支持民众"不法行为"的精神支柱，更是他们在民间获得广大同情，享有很高声誉的根本原因。从这方面看，孔子礼治思想的实际意义和作用，可说是更加重大、更加深远的。

礼治既能使统治者收到"民易使"的"效益"，又给了人民适时造反的"借口"，可说是两种相反结果的统一，这往深处说，就是赵又春先生前面说到的礼是施礼方和受礼方的双向活动，施礼方是功利性和虔诚性的统一，受礼方是尊严性和施惠性的统一的表现。"上好礼"，或者"官欲善"，自然不是指践行某个具体的礼仪，更不必是以具体的哪个"民"为对象——受礼方，但作为对于整个统治集团的要求，此"礼"此"善"就只能是以全体被统治者——"民"为指向，因而实质上是整个统治集团向全体民众施礼，也即以后者为受礼方。因此，"民易使"乃是"民"作为受礼方向统治者——施礼方的"施惠"。这个"施惠"同样以对方施礼的"虔诚性"为前提，失去了这个前提，也就可以不施了，可以变为"犯上作乱"了。这是"礼"作为"契约"的本质之内在规定性，用现在流行的语言说，"礼"是游戏规则，双方都遵守了，游戏才能进行，哪一方破坏了规则，都必须受到惩罚，惩罚的目的是让它回到规则上来；否则，退出游戏，游戏就"散场"了。人民的"造反"就是迫使统治者回到游戏规则上来的"惩罚"措施。要施行这种惩罚，在古代，人们也早就认识到了，只是那时以为是由"天"、"上帝"来评判和实施的，所以《尚书》上说，商汤在讨伐夏桀前给其部众的训词是："非台小子，敢行承乱，有夏多罪，天命殛之。"周文王则说："皇天无亲，唯德是辅。"对于这些，孔子当然没有我们现代人这样清楚明晰的概念，但他肯定模糊地悟到了，而对礼的具体规定的"双方性"，和某种特定意义上的"对等性"，则必有明确的认识，所以他讲到正名时（"正名"就是依名分执行礼的规定，所以也是讲践礼），是讲"君君、臣臣、父父、子子"（《论语》颜渊第十二章第十一段），并不单讲"臣臣"和"子子"。特别是讲到君臣关系上的礼时，更把对双方的具体要求都交代出来了：定公问："君使臣，臣事君，如之何？"孔子对曰："君使臣以礼，臣事君以忠。"

孔子答话中的"礼"，自应是指当时的礼制对于"君使臣"的具体规定，大概是为了避免说出接受君主施礼的受礼方，以突出君的尊严，似乎除了祖先、神灵、上天之外，谁都不配接受君的施礼，才没有给出一个特定的像"孝"、"忠"一样的"礼名"（"忠"也是后来才变为特指臣下对君主的礼）。所以这话不仅说明了，孔子认为"君使臣"应该"以礼"，也反映了，当时确有这种礼存在的，否则，这话就落空了。

②礼是德行的"操作标准"

上面讲的是孔子认定的礼对统治者的意义，也可说是礼的社会价值。礼对作为一般社会成员的个人的意义也即价值是什么呢？那就是：它是个人行事的"操作标准"。依照孔子的说法，就是：行事以礼，则己心安理得也；为人好礼，则人称有德也。这方面，孔子也有明确的论述。

子曰："君子义以为质，礼以行之，志以出之，信以成之。君子哉！"

这里的君子不是特指为官者，而是泛指有道德修养的个人，所以头一句是说：君子的质，即君子区别于非君子的根本、本质之点，就在于有"义"——这个"义"就是"君子之于天下也，义之与比"说的"义"，故相当于"德"，有人译为"正义"，是不够准确的。"礼以行之"，李零的解释很通俗，又很准确："是把礼当着执行义和维护义的标准。"换言之，你依照礼的规定行事了，就体现了义，说明你是有义亦即有德之人。这，我前面已作论述，这里，是孔子自己说出这意思了。

关于义，以及义和礼的关系，本书后面还要论及，赵又春先生从这一章中看出，孔子明显有个"礼为义存，义在礼中"的思想，用我们今天的话说，就是：义是礼的内容、本质，礼是义的形式、表现。这个思想是正确的。义是抽象的，是内心的东西，是对人的品性的肯定的道德评价，是个人追求的好声誉，但它看不见、摸不着，要用看得见摸得着的东西体现出来了才算是得到了确证。这"东西"就是实际行为，但必须是符合某种条件、规矩、准则的行为。指明这条件、规矩、准则的，就是礼。所以，礼对个人来说，是取得好声誉、求得外人接受为"君子"的具体的、可据以行动的规范体系。举例来说，孔子就是用对父母的行为符合礼的规定，来定义中国人认为最重要、最基本的道德——孝道的：孔子回答孟懿子"问孝"时说，孝就是无违，后来向樊迟解释，说这"无违"的意思是"无违礼的要求"，即父母在生时或死后，都完全地按礼的要求对待他们，就算是尽孝了（《论语》为政第二章第五段）。可见，礼是道德原则的现实化、具体化，或者说，你要表现出某种德性，就要去"实际操作相关的礼制"。

这个思想，在下面这章显露得更为清楚明白：子曰："恭而无礼则劳，慎而无礼则葸，勇而无礼则乱，直而无礼则绞……"

这显然是把礼作为衡量行为是否真具有某种德性的标准。

下面这章则说明：不能以为礼是明摆着的东西，只要你愿意，就可以照它行事，真正做到依礼行事，还须努力学习"文"：子曰："君子博学于文，约之以礼，亦可以弗畔矣夫。"这个"畔"同"叛"，末句是用强调的语气说：那就可以有把握不违背正道也即礼的要求了。

所以前两句是一起说明达到这一点的条件：要学文，才能知礼，但学文要以明礼复礼为目的，把所学落实到复礼上来，否则学了等于白学。足见在孔子那里，学可以归结为学礼，而礼的内容很多，不学古代文献，是掌握不了多少的，故要学文——从文章看，"之"字是指代"学文"，"约之以礼"是说用礼统帅学文。注释《论语》的著作多把这章中的"约之以礼"句，解释为相当于颜渊说的"夫子循循善诱人，博我以文，约我以礼"那话中的"约我以礼"，即认为这个"之"字是语助词，或等于"已"，必须说是误解。李零解说这一章时说："'文'是人文学说，'礼'是行为规范。君子饱读诗书，博学于文，最后要把自己的行为纳于礼的规范。书，是越读越多，礼，是越学越少。"看似解释清楚了，却并不能让读者明白"约之以礼"的涵义，末一句更说得让人莫名其妙。

下面这章则说明，个人践行礼的规定，一定要体现礼的最深刻的本质，亦即要出自内心的真心实意的"让"的意愿，而且这个意愿越真实，"让出"的利益越大，相应行为所体现的或者说"承载的"德性，也就越大，越能说明行为主体是有道德的人。子曰："泰伯，其可谓至德也已矣。三以天下让，民无得而称焉。"

泰伯是周朝祖先古公亶父的长子，即周文王的大伯父，据说，他为了让父亲实现将君位传给三弟的儿子姬昌（即后来的周文王）的心愿，便偕同二弟出走他国，使父亲既完全实现了意图，又不背负违礼行事的恶名（礼制规定君位应由嫡长子继承）。"三"，是指他"让"了三次或多次才终于成功。这是大孝，让三次，说明让得坚决、真诚至极；让的是君位继承权，说明让出了个人最大的利益。因此，孔子赞为"至德"——最高的道德表现，说老百姓都不知道该怎样来称颂他的德行了。应该说，孔子这话中蕴含着一个深刻的思想，那就是道德须以利益的牺牲——"让利"为前提，而且一般说来，行为德性的高低，与让出的利的大小和让的坚决程度,是正变的关系,既要牟利,又要得好名声,那是"得了便宜又卖乖",通常情况下只会受到道德谴责的。在孔子看来,道德与利益的这种关系,乃起源于"行为合礼才是德行"这个德行的外部规定性,和礼的本质在于自愿让利这个对于礼的本质的认定,关于这里的诸多因果联系,他是认识得很清楚的。我们要注意的是:可以说让出的利益越大,则越有道德,但这所谓的"大"应是相对于行为主体自己的各种利益而言,不是将它的"绝对值"同他人可能让出的利益相比较,否则,就要得出结论说,谁占有的既得利益(今天所谓的"资源")越多,谁就越有可能做出大有道德价值的行为,换言之,个人表现崇高道德人格的可能性,是与他占有的"道德资源"成正比例的,但这样说在理论上是错误的,可说是宣称人们在道德上不可能平等,在实践上更是明显有害,因为这几乎是否定了广大普通个人获得道德声誉的可能性,从而将极大地挫伤他们进行道德修养的积极性,很不利于社会的道德建设——在我国,人们作道德评价时,却正好常常给人以存在上述不平等的印象,对于这个实际的道德矛盾,或者说"伦理事实",竟没有哪个伦理学家提出来讨论一下!对于孔子来说,则不好说他忽视了或有意回避了这个矛盾,因为他并不把在道德上人人平等作为他立论的前提。在他那时代,哪谈得上人人平等!

到此,颇全面地介绍了赵又春先生对孔子关于礼的思想、主张。但是,孔子对礼的最大贡献,是他为礼找到了一个"人性上的根据"。这问题,本人在孔子关于仁的理论中已有讲过,现在,本人还想特别补充赵又春先生说明的以下两点。

一是孔子关于礼的主张中,确实有一些落后的东西。这有两个颇能说明问题的例子。一是《论语》子路第十三章第十八段那则孔子与叶公的对话:

叶公语孔子曰:"吾党有直躬者,其父攘羊,而子证之。"孔子曰:"吾党之直者异于是:父为子隐,子为父隐——直在其中矣。"

叶公是楚国人,他说的"吾党"(相当于"我家乡那里")当是指楚国的一个地方;"直躬者",按字面解应是指躬行直道的人,有人说"直躬"是那个人的姓名,但这无关本章主旨。"攘"是偷的意思,"证"历来训为

"告发"，也有人说是"作证"义。很明显，依今天的观点，叶公说的那个人——父亲偷了人家的羊，他去告发（或上法庭作证）的人，是够"直"的了：既有坦白、直爽意义上的直，又有公平、正直、无私意义上的直，孔子应该称赞才对。可他的回答竟是回避对这个人作评价，而说他那里的人（即鲁国人）遇到这情况时表现不同，是"父为子隐，子为父隐"（互相帮着隐瞒，甚或作伪证），最后说，这行为也体现了"直"——委婉地批评叶公认定的"直"其实不是直。对孔子的这个思想该如何认识？我不相信这种"父子相隐"是周礼的明文规定，孔子是为了维护周礼而这样说的，而倾向于认为：孔子只是赞同这种父子相隐的做法，认定它是符合礼的基本精神的，故而也可以说其中有"直"——注意：他不是用这个表现来说明什么是直，他用了"直在其中矣"这样的表述，乃说明他是在不能回避"直"的话题时，指出这样做也不违背直的要求。这样理解这段话，更切合孔子当时的思想实际。

但这里的问题主要不在于弄清孔子的直概念，而在他认定"父子相隐"也不违礼，这个思想该如何评价。对此，钱穆的说法是："隐恶而扬善，亦人道之直。何况父为子隐，子为父隐，此乃人情，而理即寓焉，不求直而直在其中。"这只能说是为了不伤害孔子而有意做的诡辩。隐恶扬善是缩小恶事的坏影响，扩大好事的好影响，目的是促人去恶向善，丝毫没有袒护坏人坏事的意思，父子相隐无论如何都是包庇坏人坏事，二者岂能相提并论？

冯友兰先生的解释是："叶公所说的那个人和微生高，是不是算'直'？这是一个可以讨论的问题。如果讨论起来，那就要牵涉到别的很多问题。无论怎么样，孔丘认为，'直'就是凭着自己的真情实感，真情实感是什么，就是什么，这是他认为'直'的标准，也是'仁'的基础。"这是说，父子相隐，这是为人父、为人子的天生的真情实感所引发、推动的行为表现；相反，叶公说的那个直人，其行为动机有违作为父、作为子的真情实感，必是出自沽名钓誉之心，或畏怯自私之情；因此，前者"直在其中矣"，后者并非真正的直。（冯先生提到的微生高，涉及《论语》公冶长第五章第二十四段："子曰：'孰谓微生高直？或乞醯焉，乞诸其邻而与之。'"醯，即是醋，乞是借义。）孔子特别强调践行礼制要有真情实感，

第二章 文献综述

反过来，也就把出自真情实感的行为，都认作不违礼的要求的了，这虽不合逻辑，但是"合人情"的，他那个时代离原始社会还不很远，血缘亲情还是人际关系的纽带，故"孝慈"被视为人的最基本的情感要求和德性表现，父子相隐必还是重要的民风民俗，在这个背景下，不认为父子相隐是不道德的行为，而以真情实感为理由认为是合乎礼制的表现，当是自然的，因为它同礼制在维护氏族关系稳定这个大方向是一致的。因此，从今天的是非标准出发来问孔子的这个看法到底对不对，就属于冯先生讲的"牵涉到别的问题"了，仅说一个"不对"，那就简单化了，最好这样说：孔子的这个思想说明他的认识具有很大的局限性，在这一点上，他不但没有超越自己的时代，按他这个思想行事，将会为社会关系纽带取代血缘纽带，为礼治走向法治造成障碍。至于有人这样问："如果只要出于真情实感的行为就'直在其中'矣，岂不大多数强奸也是直的表现了？"对此，我估计孔子会这样回答："我不是说过'直而无礼则绞'吗？强奸明明白白地违反礼的规定呀！"我还要说一句：后来的儒家也不宣称父子相隐"直在其中"了，而是代之以"大义灭亲"，所以孔子的这意思，《论语》的这一章，并未给中国人的道德观念造成大的影响，并未构成我们传统道德的一项内容。

另一个例子是宰我有理有据地论证可以废掉"三年之丧"，而孔子仅以"子生三年，然后免于父母之怀"，和这是"天下之通丧"为理由而加以反对，并斥宰我为"不仁"。《论语》阳货第十七章第二十一段这个例子同样说明，孔子是拿人的天然情感，特别是血缘亲情来说明礼的产生和某个具体礼制的必要性、合理性——不可废性。但这只在"方向上"与整个礼制的形成、发展过程相一致：从原始社会到他所处的宗法社会，礼从祭祀仪典、风俗习惯到规约准则以至制度组织，先是直接通过情感来制约和指导人的行为方式，理性思维的参与是逐渐增多，作用是逐渐加大的。李泽厚说"孔子的贡献在于将外在的礼制（规范）变为内在心（情感）……"似乎不妥。人类的发展，离动物的远近，当用理性思维的因素增多，心理情感的作用减小来标志，把后起的规范（"礼制"、"游戏规则"）都归结为（"变为"）心理情感，既不可能，更是错误的，怎能说孔子作这种归结是一个贡献呢？孔子先把社会的外在要求内化为人的"内在心理情感"——"良心"，再用以解释人的现实行为，因而必须说是对我们认识人类行为的动因作出了贡献呢？如果是这样，就太拔高孔子了。

前面说及的孔子关于礼的思想、主张，并非都是孔子原创的，至少有许多是早已有之，孔子只是继承者或发扬光大者。《左传·隐公十一年》中就有一个说法："礼，经国家，定社稷，序民人，利后嗣者也。"这和孔子的讲法是差不多的。隐公十一年是公元前712年，此后一百多年孔子才诞生，如果这话不是孔子以后的人根据孔子的思想写下，而放到孔子的古人的嘴里说出，那就证明赵又春以上的说法不错。毫无疑问，指出这一点来并没有降低孔子应该享有的历史地位，何况孔子自己说过，他是"述而不作"的，所以关于这一点，本人认同赵又春先生不用多举例证了[①]。

（四）中国传统儒家文化核心价值观的"智"

智（在《论语》中一律作"知"），严格说不是道德范畴，但一则后来有"智、仁、勇"乃"三达德"之说（这个"达"是通行、共同义），足见古代中国人是明确地把智看作一个德目的；二则孔子说过"仁者不忧，知者不惑，勇者不惧"，将知和仁、勇并列，并且把这三者视为"君子之道"，这似乎表明，视智为一个德目正肇始于他。

从《论语》中记载的孔子的全部语录看，和孔子心中的"仁"概念"配对的"，应该说是"知"，所以他好几次仁、知并提，最有代表性的是子曰："知者乐水，仁者乐山。知者动，仁者静。知者乐，仁者寿。"先引《列子·汤问》中记载的关于钟子期听俞伯牙弹琴的有名故事，末了说："高山流水，是君子之操的象征。"似乎是在作解说，其实是在作反驳，或者是提出质问：君子追求的是仁，"君子之操的象征"是高山流水，岂非仁者既乐山，又乐水，怎么把"乐水"专派给知者，或主要派给知者了？后二句，关于"乐"，更明显说反了：智者聪慧，爱思考，"达于事理"，

---

① 赵又春著：《孔子其人其道》，岳麓书社2008年版，第242页。

但这未必使他快乐，因为求快乐乃是人的天性，愚昧无知的人只要吃饱、喝足又无生理疾患，就既不患得患失，更不悲天悯人，自然决无愁苦忧伤，只会傻乐了；仁者，从某方面看，很像是"傻根"，所以必总是乐的，不是有"孔颜之乐"吗？而且是"一箪食，一瓢饮，在陋巷"也"不改其乐"的，是"饭疏食饮水，曲肱而枕之，乐亦在其中"的。至于"寿"，则说得自相矛盾：一般说，好运动的人身体健康，寿命较长，好静的人容易肥胖，寿命较短；既然前面说"知者动，仁者静"，怎么反而是"仁者寿"了？该说"知者寿"才对！难道古人对此的认识正与我们现代人相反，这一章只能看作是孔子的幽默，一时兴起，说起顺口溜来了，不能据以分析他关于仁和智的思想。但有一点则最好不过地从本章得到了证明：在孔子心中，与仁相对的是智，就是说：仁指向内心，智指向外界；仁是人的道德行为的根据，智能是人的认识能力的概括；仁是人追求的目的、归宿，智是帮人达到这个目的的手段、途径。智和仁是这种关系，对人来说，就也是一个好的、应该具备、培养的品性，所以也可视之为一种德性了，一般不作为德目来论述，孔子也并未把它和其他德目并列，而是与仁相提并论，可能是因为个人智力的情况虽也与后天的培养训练有关，但更决定于先天素质，而对人作道德评价是只看人的实际表现，简直撇开了智能的因素。

　　孔子的这三句话颇能说明，他认为仁离不开智，智能助人"为仁"："好仁不好学，其蔽也愚"，"择不处仁，焉得知"，"仁者安仁，知者利仁"。这三句话的涵义，不必重复，此处只是要点明，第一句说明，孔子不仅把学看作是增加知识，同时甚或更是把学看作提高智慧，因为仁而无智必愚，防止这个转化的途径就是提高智慧，是学。第二、三句实际上起着注释第一句的作用：第二句从反面说，没有智慧，面临道德选择时，将可能作出错误的亦即有背"为仁"初衷的决定；第三句从正面说，仁者追求仁，以求得仁为安，但须有智慧作引导才能找到正确的方式，真正达到目的，智慧是仁者上升为贤者的必要条件。

　　从以上所说可知，孔子所谓的智不是一般意义的智慧，而是特指"为仁"所必需的、促人提高德性的智慧，因此也就是指帮人找到最适合的行事方式的本领，或者说巧妙有效地运用中庸原则的能力。

樊迟问知。子曰:"务民之义,敬鬼神而远之,可谓知矣。"从孔子回答的内容看,樊迟是把居上位者——官们要处理的全部事务一分为二:民事和神事,问怎样处理这二者之间的关系,就算是"知"——有智慧了。这种对鬼神不肯定、不否定,甚至不去询问、怀疑和思考的态度,是中国的典型的智慧。

(五)中国传统儒家文化核心价值观的"信"

对于德目,除了孝以外,《论语》中讲得比较多的是忠与信,而且常常是连在一起讲的。子张问行。子曰:"言叫信,行笃敬,虽蛮貊之邦,行矣。言不忠信,行不笃敬,虽州里,行乎哉?立则见其参于前也,在舆则见其倚于衡也,夫然后行。"子张书诸绅。就赵又春所见,这一章要数李零解说得最为准确,又清楚明白。子张问的"行",从后文看,应是指"出行",即出远门,外出闯天下,东方桥先生说是特指出国办外交,也有可能。总之,"问行"是问人出门在外,与别人打交道,最要注意的是什么,李泽厚译作"如何才能行得通",似难与后文孔子的回答接上茬。孔子答话的大意是:讲话忠诚信实,办事厚道认真,那就即使到了南北的野蛮之邦,也立得住、行得通,否则就是不出门留在我们这文明之乡,也是不行的。因此,你要时刻不忘忠信笃敬四字,就像你站在地上,它就写在你面前,你坐在车上,它也贴在你车前的横木上。这不就是说,忠信是人立身行事的第一原则吗?曾子曰:"吾日三省吾身——为人谋而不忠乎?与朋友交而不信乎?传不习乎?"子曰:"爱之,能勿劳乎?忠焉,能勿诲乎?"前章表明,忠主要是指"为人谋"时应有的正确态度,"谋"是谋划、谋求义,故"忠"当是指做事真心真意、全心全意,绝不只是糊弄人,也就是工作努力认真、兢兢业业。所以在内容上,忠与信也相通,都重在"真心"。后一章说的忠,有人以为是特指臣下对君主的尽忠,并论证说,在古代,下谏上也可以叫诲。所以劳、诲在这里应都是用作及物动词,分别为"让所爱的人自己去操劳"、"教给尽忠对象独立谋事的本领"的意思。这样理解,才显示了孔子对爱和忠的独到的认识,也体现了他的中庸思想:这样的爱就不是溺爱,这样的忠才不是愚忠,避免了爱和忠问题上的"过"。依这理解，忠仍然是指为人谋时的真心真意、全心全意，孔子这话不过是交代其中也包括"诲"，指出"诲人（教人提高自己的谋事能力）"非但不与"忠于人"矛盾，而且也理应是其中应有之义。前句是说，爱一个人，根本上说是希望他幸福，因而理性地对待爱，就应对他提出成才的要求，要他到实践中去锻炼——"劳（之）"也就是"诲（之）"，从而更好地与前句相呼应了。

孔子关于信的论述更多一些，这也许是因为信的适用范围更广，对于将个人组建成社会和个人立于社会来说，更为基本。看：子曰："人而无信，不知其可也。大车无輗，小车无軏，其何以行之哉？"輗和軏是车子的重要部件，缺少了，车就开不动了。所以这章是说，人若无信，和车无輗、軏一样，就"不可"了——不能立身于社会（"无以立"），简直不能被当作人来看待了。这个"人"是全称的，非指某特定类的人，足见孔子把诚实守信看作人应有的起码的道德，道德的"底线"。是否任何时候对任何个人都要有信呢？例如，对敌人也要讲真话、不得撒谎吗？孔子没有讨论这问题，但下面这一章似乎涉及了这问题：有子曰："信近于义，言可复也。恭近于礼，远耻辱也。因不失其亲，亦可宗也。"这是三个条件复句，头句是说，"言可复"，即讲话算数，可以兑现（这个"复"和"复礼"的"复"同义，践行的意思），以"信近于义"为条件。可见有子认为，做到讲信用，即践行承诺，信守盟约，是有条件的，那就是诺言、盟约本身至少基本上合乎义。这就指示了：不履行被迫许下的承诺、订立的盟约，是可以的，并不违背信的道德，换言之，对敌人，一般地说，在为了一个值得追求的目的而不得不隐瞒实情的情况下，可以撒谎，或者说，这时的撒谎不能叫无信，从而对之也就不存在违约失信的问题。这是否就是孔子的思想？证据是：前面介绍孔子遭际时提到过，他在蒲地遇难，答应了蒲人不回卫国的条件才得以脱身，但后来他还是返回卫国，当子路质问他"盟可负邪"时，他回答说："要盟也……"这不表明他事实上是按有子说的理论行事吗？另外，前已指出，他对管仲的评价也表明他是持这种观点的，他明确地宣称"君子贞而不谅"，简直把"为了伟大目的就可以言而无信"，提到理论高度上来加以肯定了。他这是把道德纳入社会理想,贯彻"小不忍则乱大谋"的原则立场的表现。

不无故怀疑别人将对自己行骗,也不凭空猜测别人不信任自己,但仍能及时预察到别人真有欺诈或存有疑心,这样的人堪称贤者了吧?这说明,孔子心中的贤人是既有道德又有智慧的人,是仁与知的统一——圣人是仁与事功的统一。孔子认为:有道德的人一定诚心待人,就因为他"主忠信",所以必愿相信别人也讲忠信,不会毫无根据地怀疑别人,但人不可仅止于此,还要有能力及时地、有根有据地识破、预防别人的欺诈行径或不诚实的表现,否则就"不知"了。这是他关于"好仁不好学,其蔽也愚"的理论的一个应用。这个思想确是对忠信之德的一个重要补充。其实世界上正是诚实的人、有道德的人最不会受骗上当,不少江洋大盗总结其行骗生涯时都说,遇到那些极其老实的人,自己的骗术最难得手。

子曰:"古者言之不出,耻躬之不逮也。""言之不出"当然不是不讲话,只是说不轻易说话,即"慎言"。"躬之不逮"是"做不到"的意思("躬"是身体,也指自己,这里用作及物动词);"之"是指代上句的"言";"不逮"即达不到。讲信用的人必以失信为耻,也正是这种耻感促使他守信,并因此慎言——说话时必考虑自己能否做到,估计难以做到,就不说,至少注意掌握分寸。子曰:"其言之不怍,则为之也难。"以言而无行为耻的人必然慎言,"言之不出",因此,他言了,就表示他有把握、并一定会努力去做到;反过来,不以言而无行为耻的人,自然是"言之易出",常常大言不惭、信口开河的,他也决不会去努力实践他的言,甚至说过了也就忘记了。"怍"是"愧"义,这章,杨伯峻的译文是:"那个人大言不惭,他实行就不容易。"按这理解,此章是针对大言不惭的人而发。李零解释说:"说大话,不脸红,能把事情办好,难。"似乎"言之不怍者"言了以后还是去做的("为之"),只是难于做得好。这理解就完全不对了,也不合事理:只要努力去做了,即使没能做好,也属认识问题,而这里显然是在作道德批评①。

---

① 赵又春著:《孔子其人其道》,岳麓书社 2008 年版,第 321 页。

第三章 北京边检顾客满意度现状、问题及原因分析

一 北京边检顾客满意度现状

(一) 北京出入境边防检查总站

为正局级建制。总站机关设办公室、政治处、督察处、边检处、后勤处和技术处。总站机关直属单位设培训中心、督察队、服务中心和技术保障队。下辖北京机场出入境边防检查站和北京铁路西客站出入境边防检查站、边防检查一队、边防检查二队、边防检查三队、边防检查四队、特殊勤务检查队和遣返审查所。负责首都国际机场、北京铁路西客站火车站的出入境边防检查及北京周边机场的临时出入境边防检查任务。

北京出入境边防检查总站的前身是北京边防检查站，它伴随着新中国的成立而诞生。1951年5月，公安部边防局组建了归其建制领导的北京边防公安检查站。1952年7月，改称中华人民共和国北京边防检查站。50年代至60年代中期，北京边防检查站先后隶属公安军司令部、北京公安总队司令部领导。1966年，公安部队番号撤销，其所属建制和任务全部移交人民解放军，北京边防检查站隶属北京卫戍区警卫二师司令部领导。1973年全国边防改制为人民武装警察，北京边防检查站先后隶属北

京市公安局、公安部边防保卫总局领导。1983年6月北京边防检查站由公安部边防保卫总局移交北京市公安局，成立北京首都机场安全检查警卫部，纳入武警北京总队序列。1985年9月，成立北京市公安局边防局，直接归北京市公安局领导。1988年5月，北京市公安局边防局和北京边防检查站实行局站合一体制，对内称北京市公安局边防局，对外称北京边防检查站。

1998年1月1日，根据《国务院关于北京等九城市实行边防检查职业化改革试点方案的批复》（国函〔1997〕76号），在北京市公安局边防局基础上，成立中华人民共和国北京出入境边防检查总站。近年来，随着国家改革开放和经济建设的深入发展，北京口岸出入境边防检查业务量高幅增长，口岸偷渡与反偷渡、控制与反控制的斗争日益复杂和激烈。北京边检总站党委牢记重要战略机遇期公安机关承担的三大政治和社会责任，带领广大民警坚决贯彻党的路线方针政策和部、局党委的指示决议，牢固树立首都意识、国门意识、改革意识，努力增强维护国家安全与政治稳定、服务经济社会发展的能力，形成了"团结、坚定、勤奋、求实"的优良站风，为改革开放与经济建设做出了积极贡献。2007年全国边防检查工作会议以来，北京边检总站坚决贯彻部、局党委要求，坚持以提高边检服务水平为中心，坚持通关效率，坚持严密管控，大力推进服务理念、专业素质、职业精神"三大支柱"建设，努力树立"文明国家窗口"的良好形象，各项工作不断取得新进步，赢得了社会各界的广泛赞誉。但目前对出入境旅客的管理及边检提高服务水平工作还处于刚刚起步的层次上。针对这项提高服务水平工作，无论是在加强高层的科学决策还是实现中国传统文化与北京边检顾客满意度核心价值观的整合上还有深度和广度的挖潜能力。如何科学管理、智慧整合中国传统儒家文化和合理利用顾客满意度理论，对于正确引导北京边检决策、提升边检公共管理质量，进而实现边检工作的良性运转和和谐社会边检管理和提高边检服务水平工作的健康发展，是中国传统儒家文化及公共管理研究的重要领域之一，也是笔者较为感兴趣和与工作密切相关的方面。

映衬着国家政府服务职能转变的强劲步伐，顺应着广大人民群众的关

第三章 北京边检顾客满意度现状、问题及原因分析

注和期盼，2007年起，北京边检总站响应公安部的统一部署启动了提高边检服务水平这项系统工程。五年多来，在公安部和出入境管理局党委的正确领导下，在"一个中心、两个坚持"思想的指引下，北京边检总站立足广大服务对象的需求，提高通关速度，完善勤务组织，优化通关环境；改进服务态度，延伸边检服务形式，加强服务监督；提高边检服务水平工作一年一个新台阶，一年一个新变化。

为提高边检服务水平工作不断推向更深层次，总站提高边检服务水平办公室已经将各基层单位近年来赢得各界好评的提高边检服务水平工作典型事例按照年代顺序编辑成册，并希望各基层单位积极吸收借鉴先进团队的服务理念，努力创新服务形式，实现队伍内部和外部的积极互动，保持对高质量服务的开拓与追求，早日达到"人人都是标兵，处处都是品牌"的工作目标。2007年7月6日，首都机场旅客服务促进委员会（以下简称"旅促会"）召开第二季度办公会，通报首都机场第二季度旅客满意度调查情况。结果显示，北京边检总站的旅客满意度为3.64分，比一季度上升0.09分，比首都机场整体满意度3.56分要高，位居"旅促会"成员单位前列。"旅促会"由首都机场股份公司、边检、海关、检验检疫、机场公安分局、武警三支队、特警学院、国航、东航、南航以及外航协会等18家成员单位组成，机构设在首都机场股份公司，其宗旨是本着以旅客为本的服务理念，致力于提高首都机场地区相关单位的总体联运效应，提升口岸的整体服务质量。"旅促会"根据国际航空运输协会制定的测评程序及标准，按季度对各成员单位进行旅客满意度调查测评。调查采取现场统计、暗访、征求意见和电视监控等多种形式进行（作者本人2007年在录相倒查中也被评为服务形象大使，2008年在首都国际机场T2航站楼入境检查旅客量化第一、查获伪假证件第一被评为业务能手，2009年在北京出入境边防检查总站的提高服务水平工作中4次评分总站星级另加2次队星级检查员，在T2排在八星检查员柳永清之后并在入境排名第一；年底被评为2009年度的提高服务水平标兵并受到嘉奖；2010年6次被评为总站星级2次队星级检查员入境并列第一，并在同年6月受到三年提服工作突出的二等功提名并荣立三等功，同月完成北京理工大学公共管理的硕

士学业拿下 MPA 硕士学位并荣获北理优秀硕士毕业生；2011 年被评为 7 次总站星级 2 次队星继续保持 T2 航站楼入境第一的态势。），并根据固定的模式测算出平均分数，最高分值为 5 分，最低分值为 1 分。"旅促会"定期将旅客满意度调查结果及分析情况通报各成员单位，以此促进各单位不断改进工作，逐步提高机场整体服务水平。由于首都机场在第二季度面临"五一"黄金周和暑期客流高峰的压力，首都机场整体满意度受到影响，但北京边检总站在出入境旅客流量快速增长的情况下，旅客满意度保持稳步上升趋势，继续作为提升首都机场整体旅客满意度的龙头单位，得到"旅促会"和各成员单位的一致好评。

（二）北京出入境边防检查总站服务现状

北京出入境边防检查总站立足口岸实际，落实孟宏伟副部长在提高边检服务水平工作座谈会上抓精细服务的指示要求，进一步推动提高边检服务水平的深入开展，依托科技手段，推出了三项"精细服务"举措，促进航班正常、准点运行，提高顾客满意度。

建立数学仿真模型，加强出入境旅客流量预测

出境旅客流量的根据天气和世界局势的不同而不规则波动是困扰边防检查警力有效配置的难点问题。为节约执勤警力，提高通关效率，北京边检总站邀请有关数学模型仿真研究专家成立课题组，开展了出境边检现场仿真研究，建立了首都机场 2 号航站楼边检出境检查流量分析模型。为北京边检科学组织勤务提供重要参考。

安装边检信息显示系统，方便航空公司查询

为方便航空公司地面服务人员查询相关出入境数据，北京边检总站在出入境现场安装航班边检信息显示系统。该系统的主机与边防检查信息系统（简称"梅沙系统"）相连接，通过对挂在出境、入境现场的液晶显示屏，不间断播放已经通过边检查验的旅客数量信息，为各航空公司地面服务人员提供直观的查询服务。

引入航班客舱单显示系统，缩短航班人数核对时间

为防止出境旅客漏检漏放，每个航班起飞前，航空公司地面服务人员会与边防检查统计人员核对航班的验放旅客数量，不仅耗时费力，而且常常出现差错。北京边检总站通过与国航地面服务公司、首都机场股份公司协调，将国航、东航、南方和海南等航空公司的国际出港航班旅客舱单显示终端引入到出境现场统计台，使边检统计人员能够在边检统计台内直接查询、打印国航地面服务公司代理的各个国际航班的旅客名单和旅客订票、登机信息。在出境边防检查过程中，当航空公司错误申报，或者检查员录入航班号码导致出境航班统计数据出现差错时，边检统计人员可以直接利用该终端查询、打印航班的旅客名单及其重要信息，并与梅沙系统中录入的旅客资料、航空公司的申报信息进行比对，从而缩短了发现和更正错误的时间，提高了边检工作效率，不但为航空公司，也为边检的员工减轻了烦琐的查对核实旅客名单之苦；严密了口岸管控，保证了航班的准点放飞。

二 北京边检顾客满意度方面的问题

（一）制度或者流程可进一步细化

现代组织必须树立的两个营销观念就是"顾客导向意识"和"竞争导向意识"，而北京边检真正把顾客导向意识贯穿到了自己的工作行为之中，其超乎常人的执行能力让人佩服。不仅顾客想到的都替顾客想到了，而且难能可贵的是还把这些做到了。比如：检查每一名旅客不超过45秒、港澳居民回乡证的检查不超过15秒、帮助行动不便或携带儿童的旅客补填出入境卡、迟到旅客免排队服务（承诺24小时），及各大假日对旅客进行必要出入境知识的新闻宣讲等。作为一个边检总站，没有深厚的管理功夫是绝不可能做到这样的，这就是为什么大家都在推行顾客完全满意（TCS）而绝大部分组织总是做不好的根本原因。但是作为中国第一国门，是否有整合中国传统儒家文化提升北京边检顾客满意度核心价值观方面尚存有待进一步精细化的勤务举措，这还要继续深入到勤务现场去调研，真正为顾客考虑更多的方便快捷的可能性，例如，在外国人出入境的资料进行扫描存档后出入境卡和国人的出入境卡一样取消是否有可行性？外国籍转机旅客如何进一步简化？出入境验讫章是否可以像盖在中国签注上一样直接盖在一、二次的中国签证上（目前一些西欧国家如意大利、比利时和波兰等正是盖在他们自己的签证纸上的）等等。

（二）对"顾客满意度"的含义理解不够深入

北京边检在作承诺前必须权衡单位的实际执行能力，能做到的、能做好的才承诺，不能做到和不能做好的决不承诺。但要使分子"实际效果"大于分母"顾客期望值"则必须对顾客的期望作深入的、准确的调研和分析——这是做好提高北京边检顾客满意度核心价值观不可逾越的一步，所以在不定期对内部的员工进行边检顾客满意度宣讲的工作上尚需加强。

（三）服务的规范化、标准化有待于提高

北京边检在服务方面的规范化、标准化是其顾客满意度核心价值观提升得以出类拔萃的必要条件。作为一个口岸单位，其规模越大，推广一个东西也就越难，那么进一步把这些难的东西简单化就必须采取规范化、标准化的措施，以利于其推广和单位规模化效益的实现，北京边检有待继续加强规范化、标准化的服务措施。

三 影响北京边检顾客满意度核心价值观提升的主要原因

边检的品牌意识不够，一个出色的边检品牌不仅仅是知名度和美誉度这么简单。边检品牌不仅意味着对旅客高品质的服务，而且意味着一线检

查员对服务品质的承诺。优秀的边检品牌能够让边检总站检查员产生自豪感,从而不断激励他们提供始终如一的高品质服务。这就需要具有紧迫感才能成功地变革为顾客至上的总站。顾客长期认可某个品牌,是因为它能够始终如一地提供高品质的服务。这是顾客对边检品牌的理解,从这个角度来看,尽管迟到免排、需扶助人员通道、简化中转旅客手续等环节对顾客满意度核心价值观提升影响比较小,但是通过这些改进边检服务对边检品牌形象的影响会间接影响到顾客满意度核心价值观。北京边检应通过长期的顾客调研了解逐步树立起边检品牌是要引起重视的大事。[①]

[①] 徐国明:《北京边检顾客满意度研究》,北京理工大学 2010 年版,第 19 页。

第四章　北京边检顾客满意度核心价值观的测量

一　调查的基本情况和北京边检顾客满意度核心价值观均值

通过对北京边检执勤现场的考查和问卷调查，本人用中国传统儒家文化理论，分析各项调查指标中所呈现出的优劣势，发扬优势并查找存在不足，论述如何吸收中国传统儒家文化的优秀养分提高北京边检顾客满意度核心价值观，提出普遍存在于北京边检提升顾客满意度核心价值观工作中的问题，分析其产生原因和对出入境管理工作的影响。结合所学的国学、管理哲学和公共管理知识中有关顾客满意度方面的知识寻求尚可改进完善之处，以高效和安全为目标，探讨全球化背景下北京边检如何继承中国传统儒家文化来建立边检顾客满意度核心价值观，从而在深层次上推动和改善北京边检服务水平，提升北京边检品牌，希望能对其他边检同行和其他部门的提高服务水平管理提供一些有益的参考。

（一）调查的基本情况概述

北京边检顾客满意度核心价值观模型的建立经历了编制阶段、调查阶段和总结阶段。首先在决定建模后本书作者多次到首都国际机场 T2、T3 号航站楼还有北京铁路西客站进行调研，根据实际情况到国家图书馆查找相关建模资料,在北京边检总站的有关领导和同事的支持下,并同他们和论文指导老师作了具体的调查问卷设计的探讨,请教多位中外旅客和公司代办、国航、南方、海南和东航地服的工作人员,吸取了他们的合理化建议,经过多次的问卷试验调查,不断改进设计问卷并最后采用了以下的调查问卷(中文版见附表A,英文版见附表B)进行正式抽样调查。从2月28日至3月18日利用自己休息时间分别到T2、T3航站楼和西客站的边检执勤现场开展问卷调查,共选取调查样本311人,发放调查表350份,收回311份,都属有效调查样本。年龄段从18岁以下至60岁以上,亚、欧、南、北美洲,还有中国籍(大陆、香港、澳门、台湾和华侨)及其他情况都有涵盖;经常、偶尔、极少出入的都有涉及;工作、学习、旅游、探亲定居其他情况也都有调查。详细情况见下图5~9表1~2。

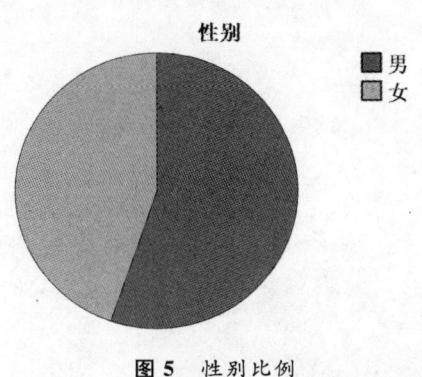

图 5 性别比例

共计 311 人:男 172 占 55.3%;女 139 占 44.7%

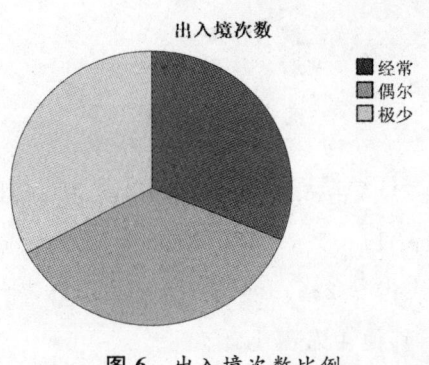

图 6 出入境次数比例

共 311 人：经常 97 人占 31.2%，偶尔 112 人占 36.0%，极少 102 人占 32.8%。

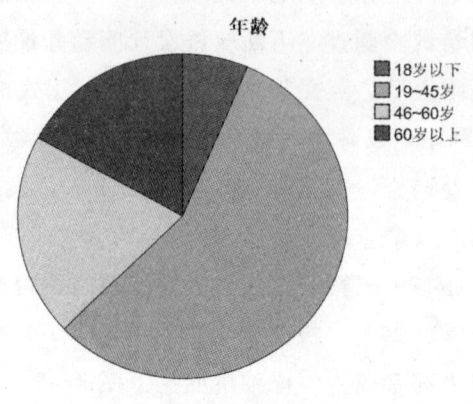

图 7　年龄比例

共 311 人：18 岁以下 20 人占 6.4%，19—45 岁 175 人占 56.3，46—60 岁 63 人占 20.3%，60 岁以上 53 人占 17%。

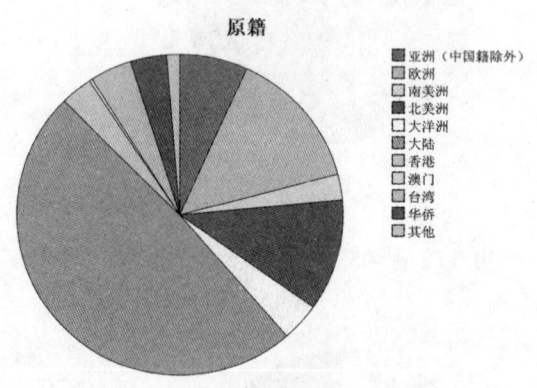

图 8　原籍比例

共 311 人：亚洲 21 人占 6.8%，欧洲 44 人占 14.1%，南美洲 8 人占 2.6%，北美洲 35 人占 11.3%，大洋洲 12 人占 3.9%，中国大陆 152 人占 48.9%，香港 10 人占 3.2%，澳门 1 人占 0.3%，台湾 13 人占 4.2%，华侨 11 人占 3.5%，其他 4 人占 1.3%。

第四章 北京边检顾客满意度核心价值观的测量

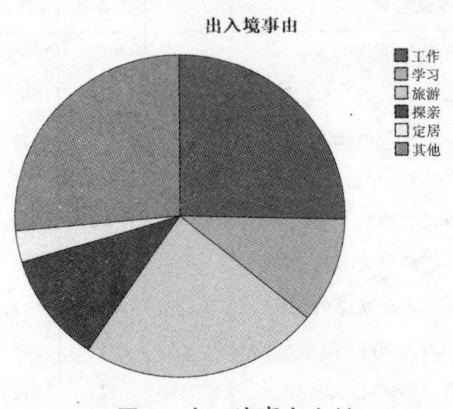

图9 出入境事由比例

共311人：工作79人占25.4%，学习33人占10.6%，旅游73人占23.5%，探亲34人占10.9%，定居10人占3.2%，其他82人占26.4%。

（二）北京边检顾客满意度核心价值观均值

25项考查指标的描述的统计数字情况

从表1中可看出此次北京边检顾客满意度核心价值观问卷调查所设仁—沟通状况（仁者爱人、亲情意识）等测量出满意度指数总体平均指标为：3.9559。注意到仁义礼智信五个德目中数据从高到低的顺序是礼4.0380，义3.9762，智3.9421，信3.9248，仁3.8984；总体均值是3.9559。

表1 25项考查指标描述的统计数字

二十五项考查指标	分均值	样本数	总和	均值	总均值
仁—沟通状况（仁者爱人、亲情意识）	（仁）3.8984	311	1228.00	3.9486	
仁—设施及引导标志（善解人意）		311	1267.00	4.0740	
仁—急旅客之所急（内在的诚敬之意）		311	1199.00	3.8553	
仁—按天下公义行事（替天行道）		311	1176.00	3.7814	
仁—博施济众（仁民爱物）		311	1192.00	3.8328	

133

二十五项考查指标	分均值	样本数	总和	均值	总均值
义—应尽的职业责任（有高尚道德的人）		311	1244.00	4.0000	
义—通关速度（将心比心）	（义）	311	1256.00	4.0386	
义—妥善管理与服务（以天下为己任）		311	1246.00	4.0064	
义—迟到免排（不忍人之心）	3.9762	311	1195.00	3.8424	
义—需扶助人员通道（尊老爱幼）		311	1242.00	3.9936	
礼—仪表（着装整洁得体、致广大尽精微）		311	1317.00	4.2347	
礼—服务态度及友好程度（内在情感的关注）	（礼）	311	1241.00	3.9904	
礼—台外边检人员的引导（行为规范、举止大方）		311	1242.00	3.9936	
礼—自觉自愿地履行规范（恭敬之心）	4.0380	311	1242.00	3.9936	
礼—尊严性和施惠性的统一（仁心施政）		311	1237.00	3.9775	3.9559
智—灯的眼光看世界（给人光亮）		311	1203.00	3.8682	
智—能妥善处理复杂情况（内圣外王、是非之心）	（智）	311	1204.00	3.8714	
智—专业素质知识（服务结果符合预期、服务修养与品质）		311	1251.00	4.0225	
智—卡片的项目设计（简洁知识的实用价值展现）	3.9421	311	1254.00	4.0322	
智—良性互动（明白是非、互相尊重）		311	1218.00	3.9164	
信—接受旅客意见并加以改进（讲信修睦）		311	1196.00	3.8457	
信—效率公平兼顾（重然诺与平等）	（信）	311	1219.00	3.9196	
信—文化自觉敬业乐群（忠恕与中庸、诚信内化）		311	1227.00	3.9453	
信—边检品牌（协和万邦、天下一家）	3.9248	311	1232.00	3.9614	
信—出入有边境服务无止境（人文精神）		311	1229.00	3.9518	
有效样本数		311			

表2 25项考查指标描述的统计数字（降序）

	样本数	总和	均值	总均值
礼—仪表（着装整洁得体、致广大尽精微）	311	1317.00	4.2347	
仁—设施及引导标志（善解人意）	311	1267.00	4.0740	
义—通关速度（将心比心）	311	1256.00	4.0386	
智—卡片的项目设计（简洁、知识的实用价值展现）	311	1254.00	4.0322	
智—专业素质知识（服务结果符合预期、服务修养与品质）	311	1251.00	4.0225	
义—妥善管理与服务（以天下为己任）	311	1246.00	4.0064	

样本数	总和	均值	总均值
义—应尽的职业责任（有高尚道德的人）	311	1244.00	4.0000	
礼—台外边检人员的引导（行为规范、举止大方）	311	1242.00	3.9936	
义—需扶助人员通道（尊老爱幼）	311	1242.00	3.9936	
礼—自觉自愿地履行规范（恭敬之心）	311	1242.00	3.9936	
礼—服务态度及友好程度（内在情感的关注）	311	1241.00	3.9904	
礼—尊严性和施惠性的统一（仁心施政）	311	1237.00	3.9775	
信—边检品牌（协和万邦、天下一家）	311	1232.00	3.9614	
信—出入有边境服务无止境（人文精神）	311	1229.00	3.9518	3.9559
仁—沟通状况（仁者爱人、亲情意识）	311	1228.00	3.9486	
信—文化自觉、敬业乐群（忠恕与中庸诚信内化）	311	1227.00	3.9453	
信—效率公平兼顾（重然诺与平等）	311	1219.00	3.9196	
智—良性互动（明白是非、互相尊重）	311	1218.00	3.9164	
智—能妥善处理复杂情况（内圣外王、是非之心）	311	1204.00	3.8714	
智—灯的眼光看世界（给人光亮）	311	1203.00	3.8682	
仁—急旅客之所急（内在的诚敬之意）	311	1199.00	3.8553	
信—接受旅客意见并加以改进（讲信修睦）	311	1196.00	3.8457	
义—迟到免排（不忍人之心）	311	1195.00	3.8424	
仁—博施济众（仁民爱物）	311	1192.00	3.8328	
仁—按天下公义行事（替天行道）	311	1176.00	3.7814	
有效样本数	311			

前七项和后八项的均值

上页表 2 中 25 项考查指标中：礼—仪表（着装整洁得体、致广大尽精微）数据最高为 4.2347，其次是：仁—设施及引导标志（善解人意）4.0740，义—通关速度（将心比心）4.0386，智—卡片的项目设计（简洁、知识的实用价值展现）4.0322，智—专业素质知识（服务结果符合预期、服务修养与品质）4.0225，义—妥善管理与服务（以天下为己任）4.0064，义—应尽的职业责任（有高尚道德的人）4.0000；数据靠后的八项最低的是：仁—按天下公义行事（替天行道）3.7814，另外：仁—博施济众（仁民爱物）3.8328，义—迟到免排（不忍人之心）3.8424，信—接受旅客意见并加以改进（讲信修睦）3.8457，仁－急旅客之所急（内在的诚敬之意）3.8553，智－灯的眼光看世界（给人光亮）3.8682，智－能妥善处理复杂情况（内圣外王、是非之心）3.8714，智－良性互动（明白是非、互相尊重）3.9164。

从SPSS软件分析出的前7项的基本情况（均值最高开始）

（1）礼－仪表着装整洁得体（致广大尽精微）：经常和偶尔出入境的顾客有不满意此项，而只经常出入境的有很不满意的；原籍是大陆和澳门有不满意的，而只有大陆有很不满意的；年龄在19至45岁有不满意的和很不满意的。可以看出只有19至45岁左右的女性对员工仪表要求更高一些，而亚洲和美洲的女性正好相反，南美洲的女性对员工仪表全是满分，而亚洲女性对员工仪表的评分相对较低均值尚不足4分；总体来看是男性对员工仪表的评分比女性高，这也正是女性对美有更特别、更高的审美标准。同时也要求新时期北京边检的工作人员要继续保持现有良好的仪表美，并在不断加强自身修养方面狠下功夫，进一步提升自身软素养，从内到外去美化自身和整体边检的仪表美，真正弘扬和展现北京边检男性的大气、女性的柔美，同时将国门卫士的仪表美和专业精神、人文关怀等元素相整合后形成21世纪的北京边检人，使之成为中华民族的一道亮丽的风景线。

（2）仁－设施及引导标志（善解人意）：经常、偶尔和很少出入境的顾客都有不满意和很不满意的，原籍是亚洲有不满意的，而大陆的顾客在这项上有不满意和很不满意的，年龄在18至60岁之间的都有不满意的。

（3）义－通关速度（将心比心）：经常、很少和极少出入境的顾客有不满意此项，而只有经常出入境顾客有很不满意的；原籍是亚、欧、南北美和大洋洲及大陆、澳门有不满意的，而只有大陆的顾客在这项上有很不满意的；年龄在19至45岁之间的都有不满意的和很不满意的，而60岁以上的也有不满意的情况。这就给北京边检的现场边检工作提供了有益的信息，在检查不同国籍、性别和年龄的顾客时要有针对性的措施，区别对待，对重点人群要更加认真快速办理出入境手续。要针对中青年女性顾客要求高的特点，在提高检查手续速度的同时，检查员的态度上、方式上都要有所改善，将会对未来的满意度提升有所增益。北京边检实际勤务工作中影响通关速度的相关因素很多，现场通道的设置方式、数量的多少、边检人员的工作状态、旅客的配合程度、对不同旅客不同航班的检查情况和重点地区和敏感时期的检查要求都会对通关速度有不同程度的影响。当然不会为了一味要求提高通关速度而完全忽视管控和安全的需要，新时期边检工作的重点就是要在确保安全正点的前提下尽最大努力调整好通关速度，通关速度在现有的基础上若能得以进一步改善并不完全只是边检机关一己之力，是个综合工程，只有全社会和谐了，经济发展了，人民的生活水平不断提高，人文素养整体提升，边检人员与顾客间形成良性的互动关系，边检人员为顾客服务，顾客支持配合边检工作，整合社会的资源，通关速度将会变成提高顾客满意度的又一正面因素。

（4）智—卡片的项目设计（简洁、知识的实用价值展现）：经常、偶尔和极少出入境的顾客有不满意的；原籍是欧洲、大陆和台湾有不满意的；年龄 19—45 岁的有不满意的。

（5）智—专业素质知识（服务结果符合预期、服务修养与品质）：经常和极少出入境的顾客有不满意的，极少出入境的顾客还有很不满意的；原籍是亚、欧洲和大陆有不满意的，只有亚洲还有很不满意的；年龄在 19 岁以上都有不满意的，19—45 岁的还有很不满意的。从这种结果可以分析到中年女性对专业能力要求较高，而老年女性对专业能力的要求相对要包容得多。这也正符合人性的基本发展规律。虽然应该在全面提高北京边检全体员工的专业能力上再下功夫，但如何在实际勤务工作中进一步普及北京边检全体员工的顾客满意度的专业知识，针对不同的服务对象进行有针对性的特色服务和专业能力的全面提升正是这次问卷调查的有益收获。由此可知北京边检全体员工的专业能力能否得以更加优化将会是影响北京边检顾客满意度不断提高的主要因素之一。

（6）义—妥善管理与服务（以天下为己任）：经常和极少出入境的顾客有不满意此项，而只有经常出入境的顾客有很不满意的；原籍是亚、欧洲及大陆、澳门有不满意的，而只有欧洲和大陆的顾客在这项上有很不满意；年龄在 19 至 45 岁之间的都有不满意的和很不满意的，而 60 岁以上的也有不满意的情况。

（7）义－应尽的职业责任（有高尚道德的人）：很少出入境的顾客有不满意此项和经常出入境的顾客有很不满意的；原籍是亚洲有不满意的，而大陆的顾客在这项上有很不满意的，年龄在 19 至 45 岁之间的都有不满意的和很不满意的，而 60 岁以上的也有不满意的情况。

从以上排名靠前的 7 项基本情况可以看出：排名的前三项分别是礼－仪表着装整洁得体（致广大尽精微）、仁－设施及引导标志（善解人意）、义－通关速度（将心比心），大致情况是经常出入境的、大陆的和年龄在 19 至 45 岁之间的顾客有不满意和很不满意的选项；所以北京边检在保持和发扬仪表、标志和通关速度的前提下要适当关注此类顾客群的特殊要求。而在卡片设计、专业知识和管理与服务也即知识的实用价值、服务修养与品质和以天下为己任方面是欧洲和大陆、台湾及澳门地区的经常或极少出入境的 18 至 45 岁的顾客有不满意的情况为主，所以在实际边检工作中要对此类顾客加以关注。

从 SPSS 软件分析出的后 8 项的基本情况（均值最低项开始）

（1）仁－按天下公义行事（替天行道）：很少出入境的顾客有不满意此项和经常出入境的顾客有不满意和很不满意的，原籍是亚、欧洲和香港、台湾有不满意的，而欧洲和大陆的顾客在这项上有很不满意的，年龄在 19 至 45 岁之间的都有不满意的和很不满意的，而 60 页以上的有不满意的。

（2）仁－博施济众（仁民爱物）：偶尔和很少出入境的顾客有不满意此项和经常出入境的顾客有很不满意的，原籍是亚洲、大陆和台湾有不满意的，而欧洲和大陆的顾客在这项上有很不满意的，年龄在 19 至 45 岁之间的都有不满意的和很不满意的，而 60 岁以上的也有不满意的情况。

（3）义－迟到免排（不忍人之心）：经常、偶尔和极少出入境的顾客有不满意此项，而没有很不满意的，但感觉一般的三种情况都偏多；原籍是亚、欧、北美、大洋洲及大陆有不满意的，大洋洲、澳门和其他的顾客在这项上有感觉一般的；年龄在 19 至 60 岁以上都有不满意的和感觉一般的，而 18 岁以下的也有感觉一般的情况。

（4）信－接受旅客意见并加以改进（讲信修睦）：经常、偶尔和极少出入境的顾客都有不满意的，只有经常出入境的顾客有很不满意的；原籍是亚、欧洲、大陆和台湾的出入境顾客有不满意的，其中欧洲和大陆还有很不满意的；年龄从 18 岁以下到 45 岁和 60 岁以上的都有不满意的，其中 19—45 岁的出入境顾客还有很不满意的。从本书作者现场调查中了解到，为什么会出现这种情况呢？主要原因是大多数商业人士是这个年龄段的男性顾客，并且更多的是那么多次出入境的顾客，他们更了解专业的机场应该提供怎样的服务，尤其是那些转机的外籍顾客在对机场的指示标志不明确和台外引导的不能及时解答所提问题而导致耽误航班后提出建议没有得到很好的反馈时就会很不满意。他们往往不考虑边检现场是如何统一组织出入境检查，他们只关注他们本人的情况，关心是否能及时赶上下一班航班。是否能以最小的体力在最短的时间内完成相关的出入境手续。还有一些是中东的尤其是印度和巴基斯坦的顾客转机去北美，在北京边检对他们重复细查很是不满，在他们看来只要在他们国家做过出入境检查了，北京就不必要对他们再进行必要的细查，只要尽快让他们过境就好，当然为了航空业的安全和世界的和平我们应该有权加强出入境管理。反馈改进这一指标数据蓄含着相当深刻的内涵，数据显示的不仅仅是很不满意和不满意的次数，这些顾客之所以还不太满意并提出来是因为他们真正希望北京边检能在某些方面得以进一步改进，他们是负责任的，不管是对自己的意见是否得以听取，所提的建议是否得以采纳，都是为了改进工作。当然有一些是不了解边检的工作流程和机场的分工，但只要是顾客有不同的声音，边检机关的有关管理部门是应该认真倾听的，其中不乏真知灼见，这些对完善工作制度，提高工作效率，进而提高北京边检顾客满意度都是必不可少的主要因素。

（5）仁—急旅客之所急（内在的诚敬之意）：很少出入境的顾客有不满意此项和经常出入境的顾客有不满意和很不满意的，原籍是亚洲有不满意的，而欧洲和大陆的顾客在这项上有不满意和很不满意的，年龄在 19 至 45 岁之间的都有不满意的。

（6）智—用灯的眼光看世界（给人光亮）：经常和极少出入境的顾客有不满意的，经常出入境的顾客还有很不满意的；原籍是亚、欧、北美洲、大陆和澳门有不满意的，只有大陆还有很不满意的；年龄在19至45岁有不满意的和很不满意的。

（7）智－能妥善处理复杂情况（内圣外王、是非之心）：经常和极少出入境的顾客有不满意的，经常出入境的顾客还有很不满意的；原籍是亚、欧、北美洲和大陆有不满意的，只有欧洲和大陆还有很不满意的；年龄在19至45岁有不满意的和很不满意的，60岁以上的有不满意的。

（8）智－良性互动（明白是非、互相尊重）：经常、偶尔和极少和原籍是亚、欧洲和大陆的出入境的顾客都有不满意的；年龄19－45岁的有不满意的。从图表中的信息结合调查时顾客的反映还是因为眼神交流和语言问候的问题。因为19岁到45岁之间的顾客正是精力比较充沛的群体，他们不但希望快速通关，同时希望得到一些关注，希望在出入境时有人注意到他们，向他们表示友好。但一些非英语国家的顾客又很难以和检查员得以沟通，这样就会有一种困境，无法用语言沟通，不但造成不友好的印象还会影响验证速度。是否我们的业务部门可以研究出一些常用的工作用语，并用不同的语言制成彩色图册放在检查台内备用，并多加强友好的问候式目光交流的运用，将会加强检查员与顾客之间的沟通状况。从调查中发现虽然大部分顾客是希望快速通关，不是十分关注短短几十秒内与边检工作人员的沟通状况，但还是有那么一部分顾客，他们在乎过关时与边检工作人员的沟通状况，所以无论边检工作多么辛苦，在工作中还是要注重同顾客的沟通，主要包括简单的问候和适当的目光交流。本来工作要求对每一名过关顾客进行人证对照。但边检工作人员不要仅仅停留在这个层面，要能从真正欣赏和爱的心态去面对每一名顾客，这样顾客就能感受边检工作人员的真心服务意识，这样才能拉近双方的距离。沟通不仅是语言的沟通，还是感觉和态度的相融合，在讲和谐社会的今天，边检台前的和谐边检，彼此之间的良好沟通将会是提高北京顾客满意度的主要原因。

从以上排名靠后的8项基本情况可以看得分最低的四项分别是仁－按天下公义行事（替天行道）、博施济众（仁民爱物）、迟到免排（不忍人之心）和接受旅客意见并加以改进（讲信修睦），主要是亚欧、大陆、香港和台湾很少出入境的18至45岁之间的顾客存在不满意和很不满意的现象,这就说明他们对这四项的要求较高,也许是较少出入境所以就有很高的期望值,发现与实际情况不符时就有很大的落差,所以就有不满意的情况出现。另外四项急旅客之所急(内在的诚敬之意)、用"灯"的眼光看世界(给人光亮)、能妥善处理复杂情况(内圣外王、是非之心)和良性互动(明白是非、互相尊重)得分排名也依次靠后,北美洲、欧洲和大陆等地区的经常出入境的旅客还有很不满意的情况存在,主要年龄区间也是19至45岁,原因是由于他们已经有自己的独立的思考和判断标准,对这方面的素养要求较高,有少数大陆旅客还讲是由于出去走的地方很多,感受到国外有些机场的服务的确很不错,所以分值故意打低些,希望北京边检能以此为契机加以提升整体素养。

二 利用SPSS统计表格分析仁、义、礼、智、信

(一)仁

仁-沟通状况(仁者爱人、亲情意识)

从SPSS软件分析出的图表可以看出经常和很少出入境的顾客有不满意和很不满意的,原籍是亚洲、欧洲和大陆的顾客在这项上有不满意和很不满意的,年龄在18至60岁之间的都有不满意的。为节省篇幅,下面只列出性别和年龄的条状图(后面二十四项同)。

表3 仁-沟通状况(仁者爱人、亲情意识)

		次数	百分比	累积的百分比
有效的311	很不满意	2	0.6	0.6
	不满意	7	2.3	2.9
	感觉一般	77	24.8	27.7
	满意	144	46.3	74.0
	非常满意	81	26.0	100.0

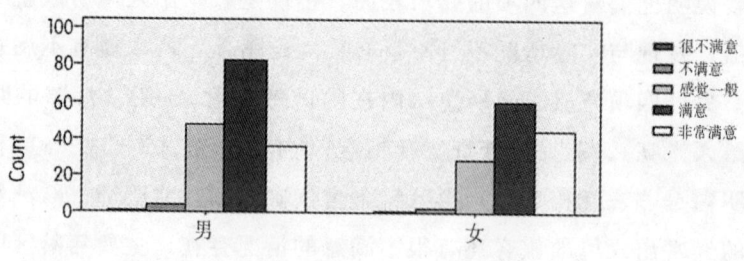

图 10　性别　仁－沟通状况（仁者爱人、亲情意识）

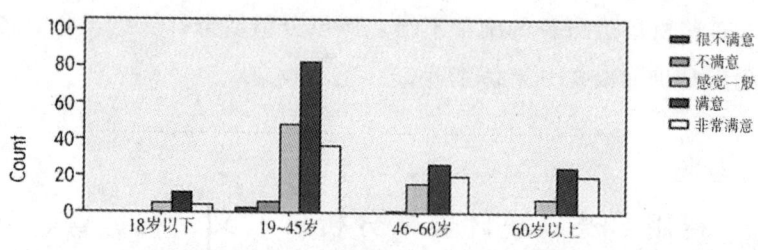

图 11　年龄　仁－沟通状况（仁者爱人、亲情意识）

仁－设施及引导标志（善解人意）

从 SPSS 软件分析出的图表可以看出经常、偶尔和很少出入境的顾客都有不满意和很不满意的，原籍是亚洲有不满意的，而大陆的顾客在这项上有不满意和很不满意的，年龄在 18 至 60 岁之间的都有不满意的。

表 4　仁－设施及引导标志（善解人意）

		次数	百分比	累积的百分比
有效的 311	很不满意	1	0.3	0.3
	不满意	2	0.6	1.0
	感觉一般	56	18.0	19.0
	满意	166	53.4	72.3
	非常满意	86	27.7	100.0

第四章 北京边检顾客满意度核心价值观的测量

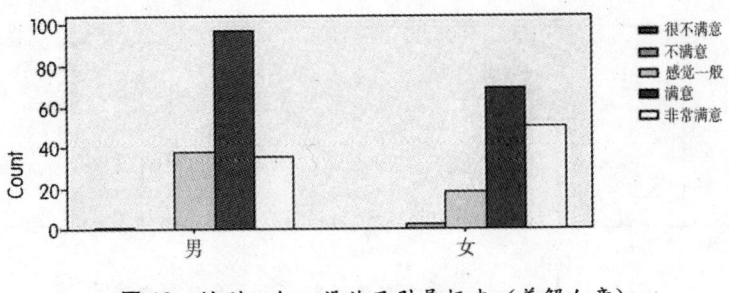

图12 性别—仁—设施及引导标志（善解人意）

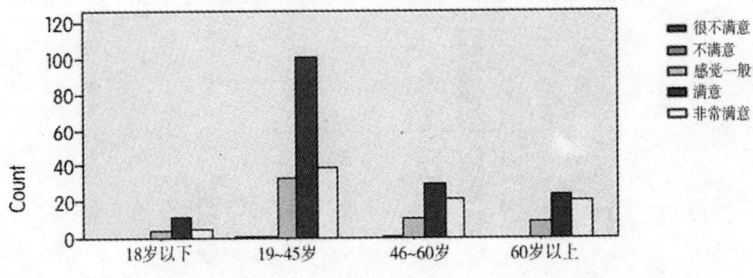

图13 年龄—仁—设施及引导标志（善解人意）

仁—急旅客之所急（内在的诚敬之意）

从 SPSS 软件分析出的图表可以看出很少出入境的顾客有不满意此项和经常出入境的顾客有不满意和很不满意的，原籍是亚洲有不满意的，而欧洲和大陆的顾客在这项上有不满意和很不满意的，年龄在 19 至 45 岁之间的都有不满意的。

表5 仁—急旅客之所急（内在的诚敬之意）

		次数	百分比	累积的百分比
	很不满意	2	0.6	0.6
	不满意	7	2.3	2.9
有效的 311	感觉一般	94	30.2	33.1
	满意	139	44.7	77.8
	非常满意	69	22.2	100.0

143

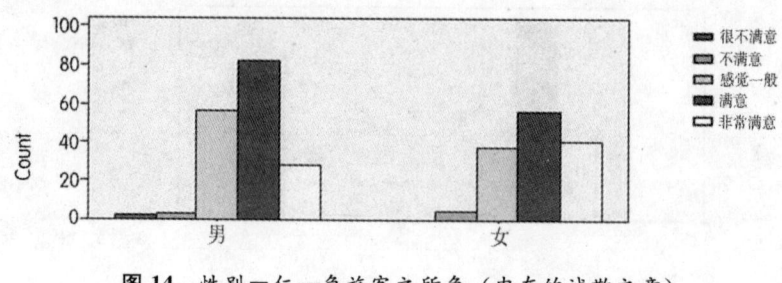

图 14　性别—仁—急旅客之所急（内在的诚敬之意）

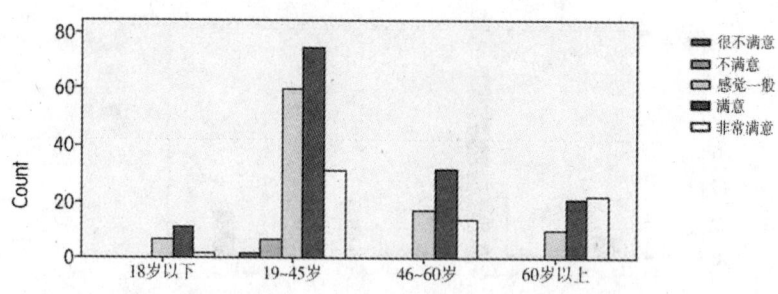

图 15　年龄—仁—急旅客之所急（内在的诚敬之意）

仁－按天下公义行事（替天行道）

从 SPSS 软件分析出的图表可以看出很少出入境的顾客有不满意此项和经常出入境的顾客有不满意和很不满意的，原籍是亚、欧洲和香港、台湾有不满意的，而欧洲和大陆的顾客在这项上有很不满意的，年龄在 19 至 45 岁之间的都有不满意的和很不满意的，而 60 岁以上的有不满意的。

表 6　仁－按天下公义行事（替天行道）

		次数	百分比	累积的百分比
有效的 311	很不满意	2	0.6	0.6
	感觉一般	5	1.6	2.3
	感觉一般	111	35.7	37.9
	满意	134	43.1	81.0
	非常满意	59	19.0	100.0

第四章 北京边检顾客满意度核心价值观的测量

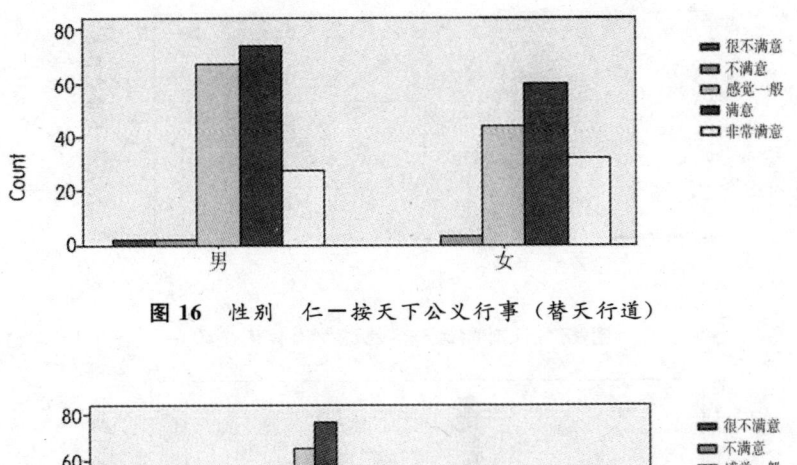

图 16　性别　仁—按天下公义行事（替天行道）

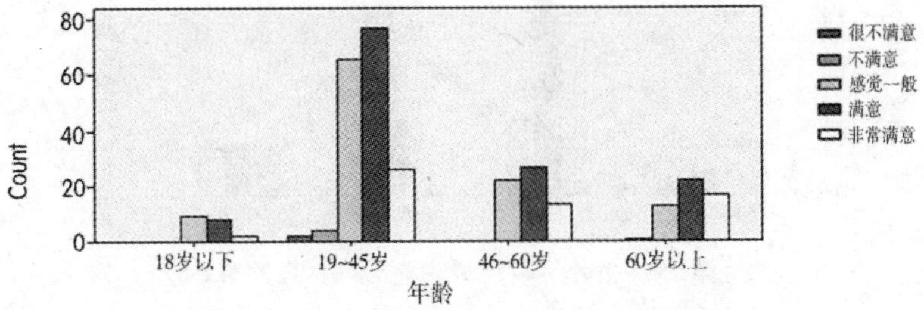

图 17　年龄　仁—按天下公义行事（替天行道）

仁－博施济众（仁民爱物）

从 SPSS 软件分析出的图表可以看出偶尔和很少出入境的顾客有不满意此项和经常出入境的顾客有很不满意的，原籍是亚洲、大陆和台湾有不满意的，而欧洲和大陆的顾客在这项上有很不满意的，年龄在 19 至 45 岁之间的都有不满意的和很不满意的，而 60 岁以上的也有不满意的情况。

表 7　仁－博施济众（仁民爱物）

		次数	百分比	累积的百分比
有效的 311	很不满意	3	1.0	1.0
	不满意	3	1.0	1.9
	感觉一般	104	33.4	35.4
	满意	134	43.1	78.5
	非常满意	67	21.5	100.0

145

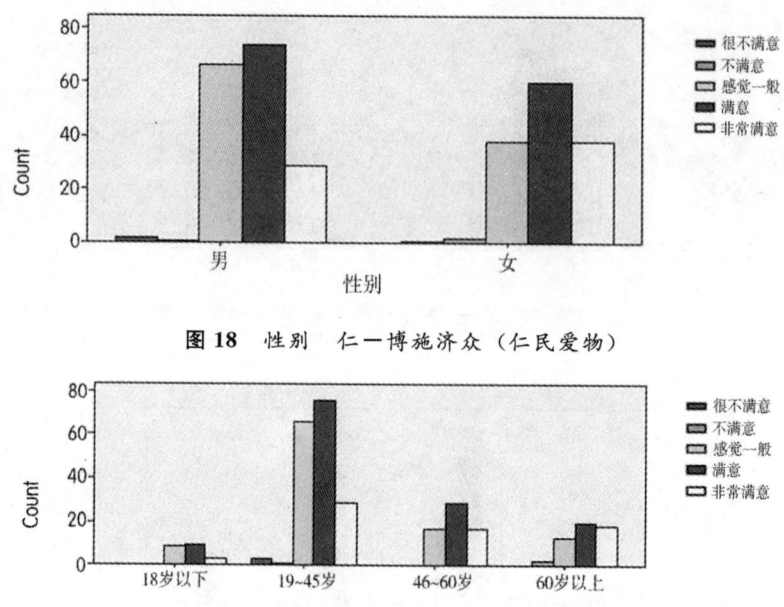

图 18　性别　仁—博施济众（仁民爱物）

图 19　年龄　仁—博施济众（仁民爱物）

（二）义

义－应尽的职业责任（有高尚道德的人）

从 SPSS 软件分析出的图表可以看出很少出入境的顾客有不满意此项和经常出入境的顾客有很不满意的；原籍是亚洲有不满意的，而大陆的顾客在这项上有很不满意的，年龄在 19 至 45 岁之间的都有不满意的和很不满意的，而 60 岁以上的也有不满意的情况。

表 8　义－应尽的职业责任（有高尚道德的人）

		次数	百分比	累积的百分比
有效的 311	很不满意	1	0.3	0.3
	不满意	3	1.0	1.3
	感觉一般	71	22.8	24.1
	满意	156	50.2	74.3
	非常满意	80	25.7	100.0

第四章 北京边检顾客满意度核心价值观的测量

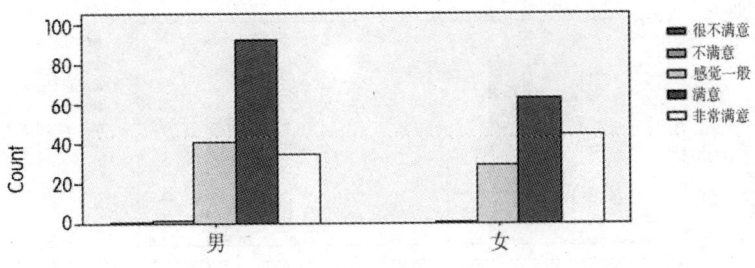

图 20　性别　义－应尽的职业责任（有高尚道德的人）

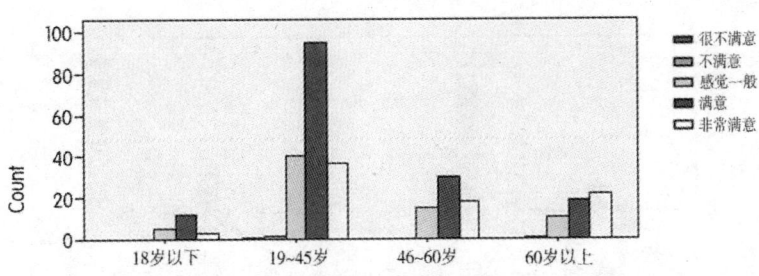

图 21　年龄　义－应尽的职业责任（有高尚道德的人）

义－通关速度（将心比心）

从 SPSS 软件分析出的图表可以看出经常、很少和极少出入境的顾客有不满意此项，而只有经常出入境的顾客有很不满意的；原籍是亚、欧、南北美和大洋洲及大陆、澳门有不满意的，而只有大陆的顾客在这项上有很不满意的；年龄在 19 至 45 岁之间的都有不满意的和很不满意的，而60 岁以上的也有不满意的情况。

表 9　义－通关速度（将心比心）

		次数	百分比	累积的百分比
有效的 311	很不满意	1	0.3	0.3
	不满意	17	5.5	5.8
	感觉一般	48	15.4	21.2
	满意	148	47.6	68.8
	非常满意	97	31.2	100.0

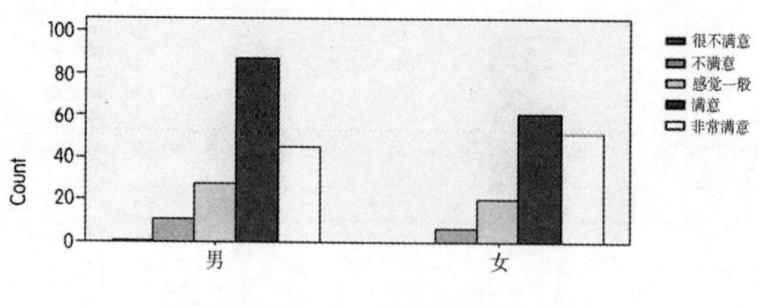

图22　性别　义—通关速度（将心比心）

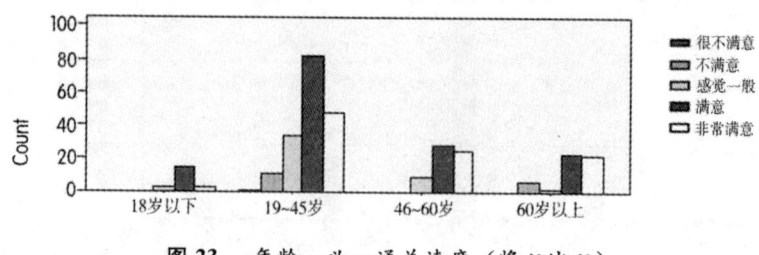

图23　年龄　义—通关速度（将心比心）

义-妥善管理与服务（以天下为己任）

从SPSS软件分析出的图表可以看出经常和极少出入境的顾客有不满意此项，而只有经常出入境的顾客有很不满意的；原籍是亚、欧洲及大陆、澳门有不满意的，而只有欧洲和大陆的顾客在这项上有很不满意的；年龄在19至45岁之间的都有不满意的和很不满意的，而60岁以上的也有不满意的情况。

表10　义-妥善管理与服务（以天下为己任）

		次数	百分比	累积的百分比
有效的311	很不满意	2	0.6	0.6
	不满意	5	1.6	2.3
	感觉一般	61	19.6	21.9
	满意	164	52.7	74.6
	非常满意	79	25.4	100.0

第四章 北京边检顾客满意度核心价值观的测量

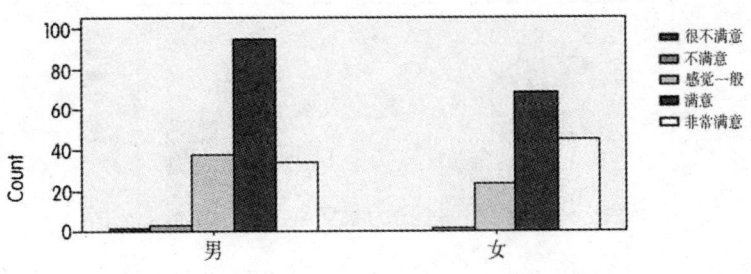

图 24　性别　义－妥善管理与服务（以天下为己任）

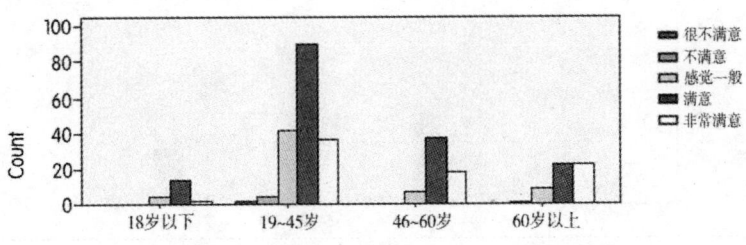

图 25　年龄　义－妥善管理与服务（以天下为己任）

义－迟到免排（不忍人之心）

　　从 SPSS 软件分析出的图表可以看出经常、偶尔和极少出入境的顾客有不满意此项，而没有很不满意的，但感觉一般的三种情况都偏多；原籍是亚、欧、北美、大洋洲及大陆有不满意的，而只有大洋洲、澳门和其他的顾客在这项上有感觉一般的；年龄在 19 至 60 岁以上都有不满意的和感觉一般的，而 18 岁以下的也有感觉一般的情况。

表 11　义－迟到免排（不忍人之心）

		次数	百分比	累积的百分比
有效的 311	不满意	12	3.9	3.9
	感觉一般	94	30.2	34.1
	满意	136	43.7	77.8
	非常满意	69	22.2	100.0

149

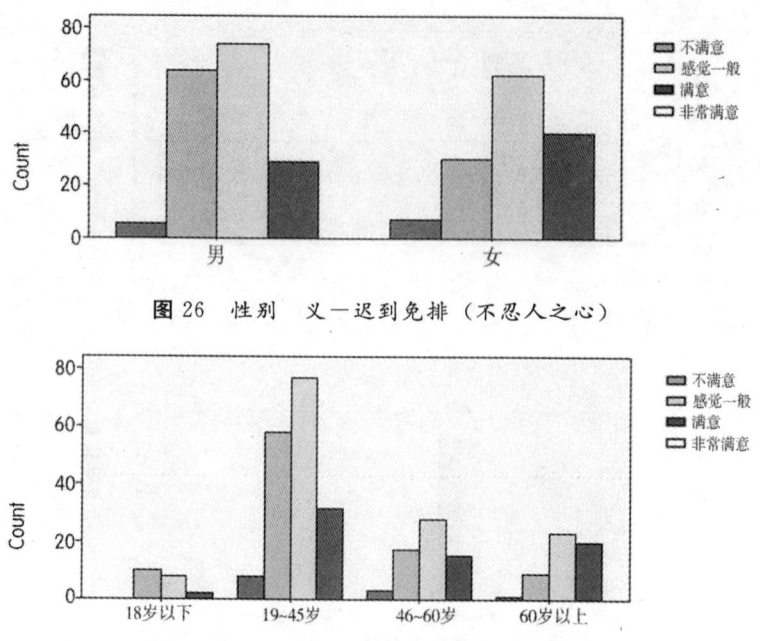

图 26　性别　义—迟到免排（不忍人之心）

图 27　年龄　义—迟到免排（不忍人之心）

义－需扶助人员通道（尊老爱幼）

　　从 SPSS 软件分析出的图表可以看出经常、偶尔和极少出入境的顾客有不满意此项，而只极少出入境的有很不满意的，但感觉一般的三种情况都偏多；原籍是亚、欧、北美洲及大陆有不满意的，而只有亚洲有很不满意的；亚、欧、北美洲和大陆、澳门、台湾和华侨的顾客在这项上有感觉一般的；年龄在 19 至 45 岁以上都有不满意的和很不满意的，而 18 岁以下的有不满意的情况。

表 12　义－需扶助人员通道（尊老爱幼）

		次数	百分比	累积的百分比
有效的 311	很不满意	1	0.3	0.3
	不满意	10	3.2	3.5
	感觉一般	70	22.5	26.0
	满意	139	44.7	70.7
	非常满意	91	29.3	100.0

第四章 北京边检顾客满意度核心价值观的测量

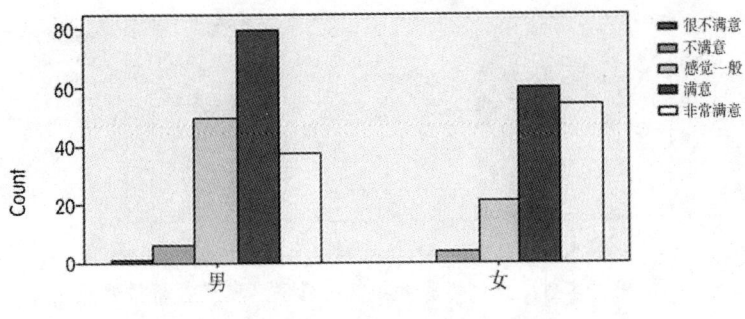

图 28 性别 义一需扶助人员通道（尊老爱幼）

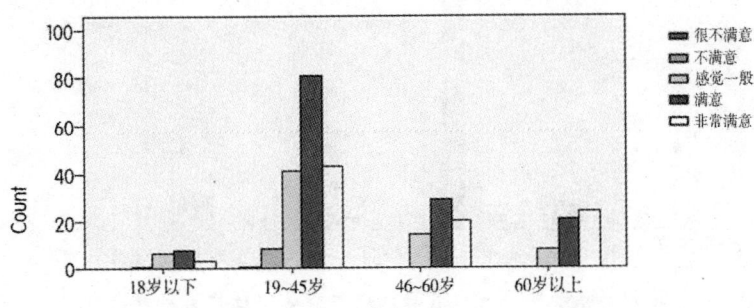

图 29 年龄 义一需扶助人员通道（尊老爱幼）

（三）礼

礼－仪表着装整洁得体（致广大尽精微）

从 SPSS 软件分析出的图表可以看出经常和偶尔出入境的顾客有不满意此项，而只经常出入境的有很不满意的；原籍是大陆和澳门有不满意的，而只有大陆有很不满意的；年龄在 19 至 45 岁有不满意的和很不满意的。

表 13 礼－仪表着装整洁得体（致广大尽精微）

		次数	百分比	累积的百分比
有效的 311	很不满意	2	0.6	0.6
	不满意	4	1.3	1.9
	感觉一般	30	9.6	11.6
	满意	158	50.8	62.4
	非常满意	117	37.6	100.0

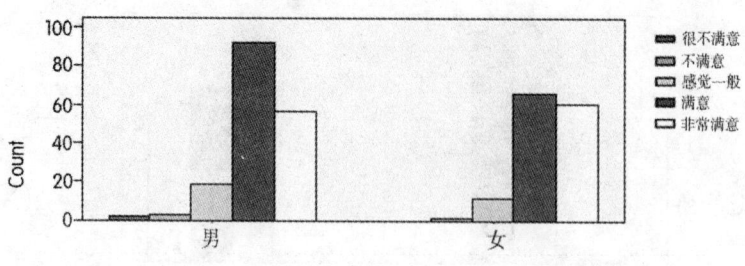

图 30　性别　礼—仪表着装整洁得体（致广大尽精微）

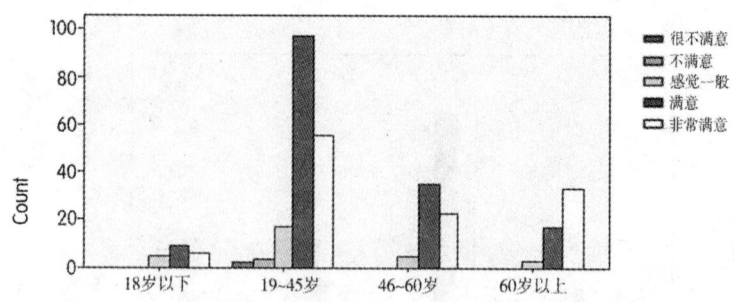

图 31　年龄　礼—仪表着装整洁得体（致广大尽精微）

礼—服务态度及友好程度（内在情感的关注）

从 SPSS 软件分析出的图表可以看出经常和极少出入境的顾客有不满意和很不满意的；原籍是亚洲和大陆有很不满意的，亚、欧、北美洲和大陆和澳门有不满意的，而只有大陆有很不满意的；年龄在 19 至 60 岁以上都有不满意的，只有 19 至 45 岁的有很不满意的。

表 14　礼—服务态度及友好程度（内在情感的关注）

		次数	百分比	累积的百分比
有效的 311	很不满意	2	0.6	0.6
	不满意	9	2.9	3.5
	感觉一般	69	22.2	25.7
	满意	141	45.3	71.1
	非常满意	90	28.9	100.0

第四章 北京边检顾客满意度核心价值观的测量

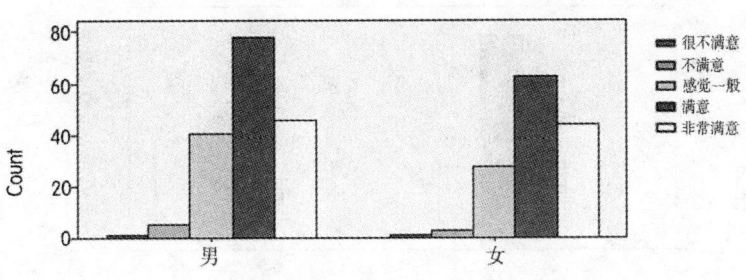

图32 性别 礼一服务态度及友好程度（内在情感的关注）

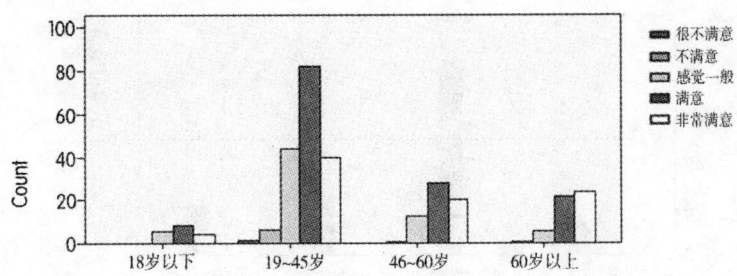

图33 年龄 礼一服务态度及友好程度（内在情感的关注）

礼－台外边检人员的引导（行为规范、举止大方）

从 SPSS 软件分析出的图表可以看出经常和极少出入境的顾客有很不满意的，极少的还有不满意的；原籍是亚、欧洲和大陆有很不满意的，欧洲有不满意的；年龄在 19 至 45 岁有不满意的和很不满意的。

表15 礼－台外边检人员的引导（行为规范、举止大方）

		次数	百分比	累积的百分比
有效的 311	很不满意	5	1.6	1.6
	不满意	1	0.3	1.9
	感觉一般	69	22.2	24.1
	满意	152	48.9	73.0
	非常满意	84	27.0	100.0

153

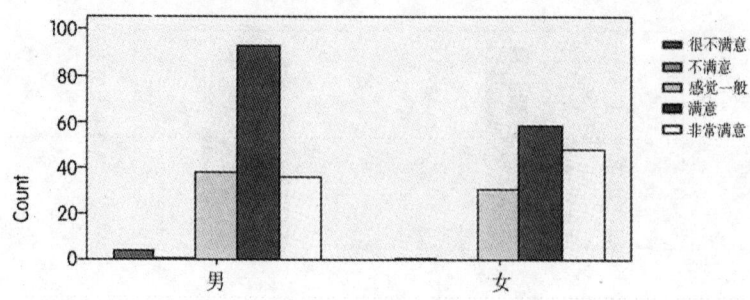

图 34　性别　礼—台外边检人员的引导（行为规范、举止大方）

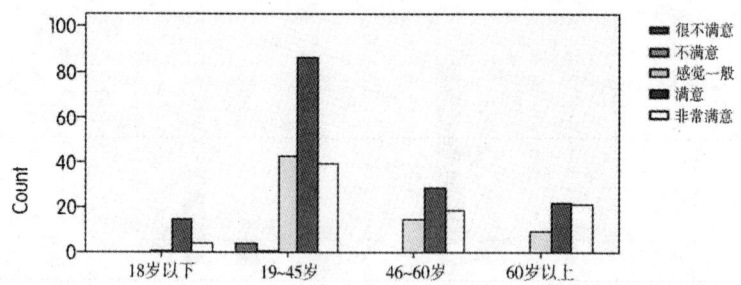

图 35　年龄　礼—台外边检人员的引导（行为规范、举止大方）

礼－自觉自愿地履行规范（恭敬之心）

从 SPSS 软件分析出的图表可以看出经常、偶尔和极少出入境的顾客有很不满意的，经常出入境的顾客还有不满意的；原籍是亚、欧洲、大陆和台湾有不满意的，欧洲和大陆还有很不满意的；年龄在 19 至 45 岁有不满意的和很不满意的。

表 16　礼—自觉自愿地履行规范（恭敬之心）

		次数	百分比	累积的百分比
有效的 311	很不满意	2	0.6	0.6
	不满意	6	1.9	2.6
	感觉一般	70	22.5	25.1
	满意	147	47.3	72.4
	非常满意	86	27.7	100.0

第四章 北京边检顾客满意度核心价值观的测量

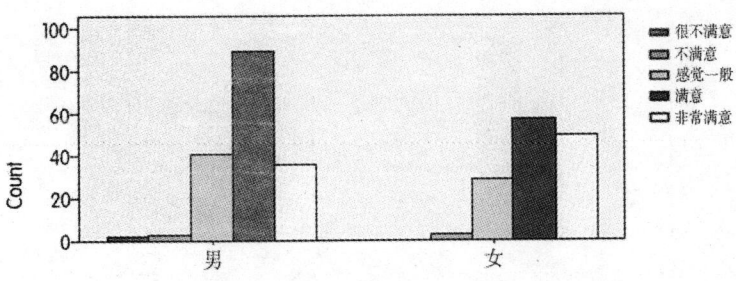

图36　性别　礼—自觉自愿地履行规范（恭敬之心）

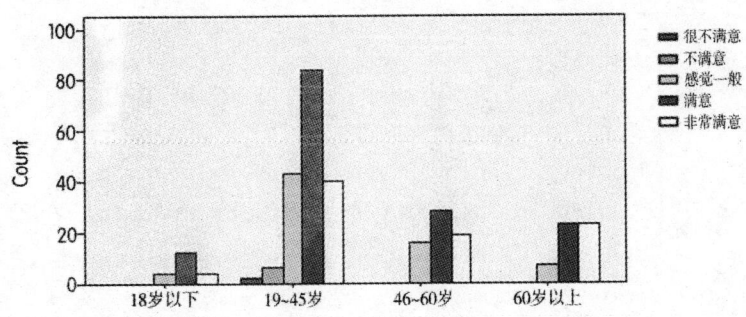

图37　年龄　礼—自觉自愿地履行规范（恭敬之心）

礼－尊严性和施惠性的统一（仁心施政）

从 SPSS 软件分析出的图表可以看出经常和极少出入境的顾客有不满意和很不满意的，偶尔出入境的顾客只有不满意的；原籍是欧洲、大陆和台湾有不满意的，亚洲和大陆还有很不满意的；年龄在 19 至 45 岁有不满意的和很不满意的。

表17　礼－尊严性和施惠性的统一（仁心施政）

		次数	百分比	累积的百分比
有效的311	很不满意	3	1.0	1.0
	不满意	4	1.3	2.3
	感觉一般	70	22.5	24.8
	满意	154	49.5	74.3
	非常满意	80	25.7	100.0

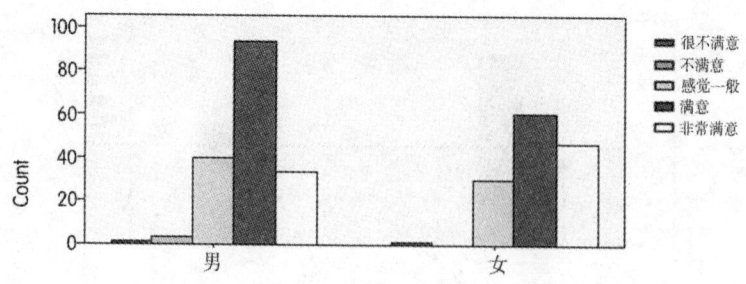

图 38　性别　礼—尊严性和施惠性的统一（仁心施政）

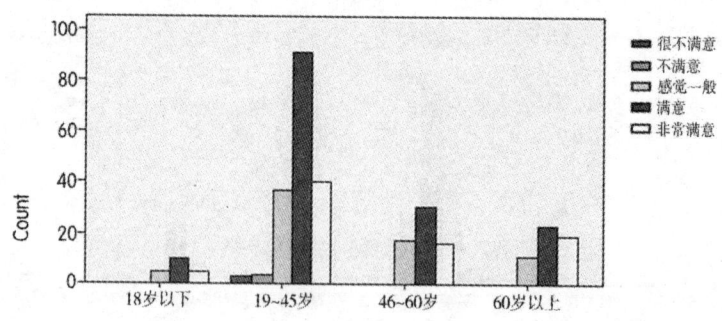

图 39　年龄　礼—尊严性和施惠性的统一（仁心施政）

（四）智

智－用灯的眼光看世界（给人光亮）

从 SPSS 软件分析出的图表可以看出经常和极少出入境的顾客有不满意的，经常出入境的顾客还有很不满意的；原籍是亚、欧、北美洲、大陆和澳门有不满意的，只有大陆还有很不满意的；年龄在 19 至 45 岁有不满意的和很不满意的。

表 18　智－用灯的眼光看世界（给人光亮）

		次数	百分比	累积的百分比
有效的 311	很不满意	1	0.3	0.3
	不满意	6	1.9	2.3
	感觉一般	92	29.6	31.8
	满意	146	46.9	78.8
	非常满意	66	21.2	100.0

第四章 北京边检顾客满意度核心价值观的测量

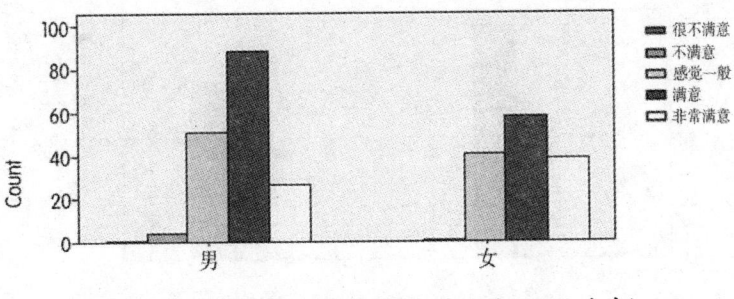

图 40　性别　智—用灯的眼光看世界（给人光亮）

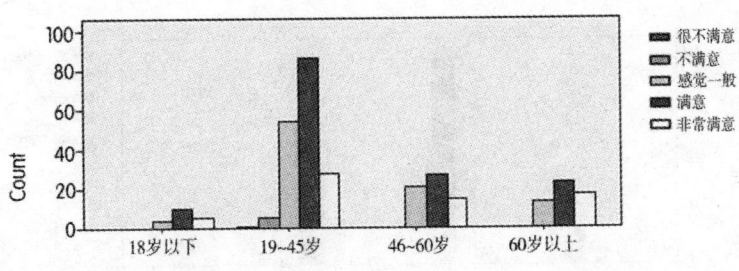

图 41　年龄　智—用灯的眼光看世界（给人光亮）

智－能妥善处理复杂情况（内圣外王、是非之心）

从 SPSS 软件分析出的图表可以看出经常和极少出入境的顾客有不满意的，经常出入境的顾客还有很不满意的；原籍是亚、欧、北美洲和大陆有不满意的，只有欧洲和大陆还有很不满意的；年龄在 19 至 45 岁有不满意的和很不满意的，60 岁以上的有不满意的。

表 19　智－能妥善处理复杂情况（内圣外王、是非之心）

		次数	百分比	累积的百分比
有效的 311	很不满意	2	0.6	0.6
	不满意	8	2.6	3.2
	感觉一般	89	28.6	31.8
	满意	141	45.3	77.2
	非常满意	71	22.8	100.0

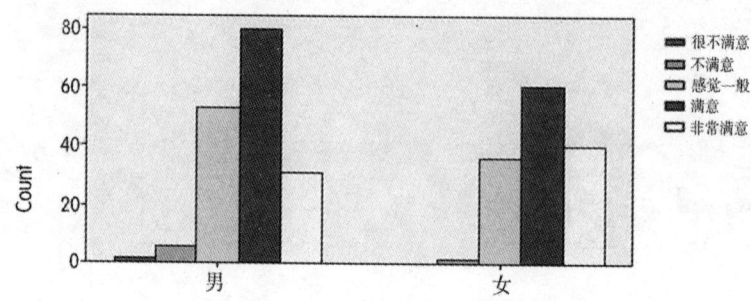

图 42　性别　智—能妥善处理复杂情况（内圣外王、是非之心）

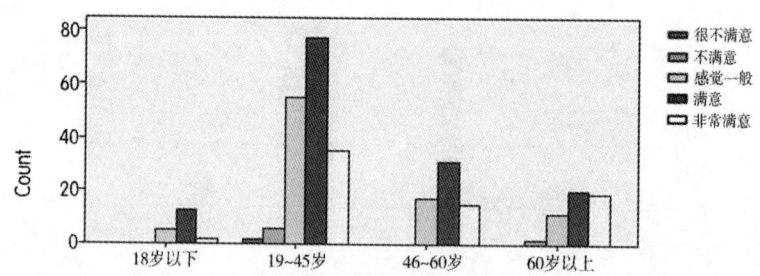

图 43　年龄　智—能妥善处理复杂情况（内圣外王、是非之心）

智－专业素质知识（服务结果符合预期、服务修养与品质）

从 SPSS 软件分析出的图表可以看出经常和极少出入境的顾客有不满意的，极少出入境的顾客还有很不满意的；原籍是亚、欧洲和大陆有不满意的，只有亚洲还有很不满意的；年龄在 19 岁以上都有不满意的，19－45 岁的还有很不满意的。

表 20　智－专业素质知识（服务结果符合预期、服务修养与品质）

		次数	百分比	累积的百分比
有效的 311	很不满意	1	0.3	0.3
	不满意	6	1.9	2.3
	感觉一般	57	18.3	20.6
	满意	168	54.0	74.6
	非常满意	79	25.4	100.0

第四章 北京边检顾客满意度核心价值观的测量

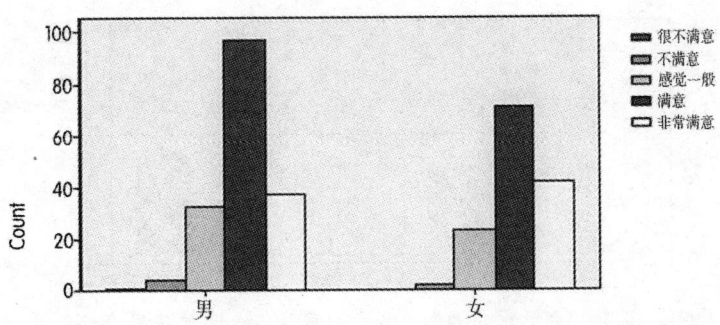

图 44　性别　智一专业素质知识（服务结果符合预期、服务修养与品质）

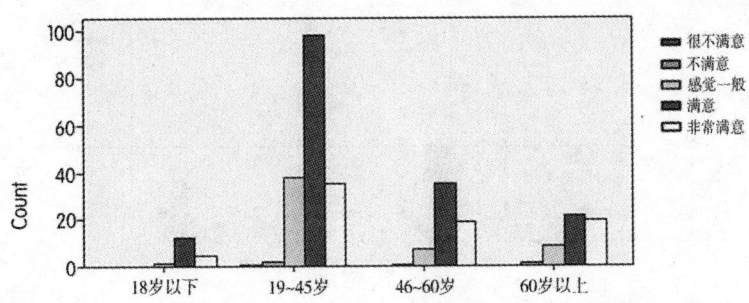

图 45　年龄　智一专业素质知识（服务结果符合预期、服务修养与品质）

智－卡片的项目设计（简洁、知识的实用价值展现）

从 SPSS 软件分析出的图表可以看出经常、偶尔和极少出入境的顾客有不满意的；原籍是欧洲、大陆和台湾有不满意的；年龄 19－45 岁的有不满意的。

表 21　智－卡片的项目设计（简洁、知识的实用价值展现）

		次数	百分比	累积的百分比
有效的 311	不满意	7	2.3	2.3
	感觉一般	63	20.3	22.5
	满意	154	49.5	72.0
	非常满意	87	28.0	100.0

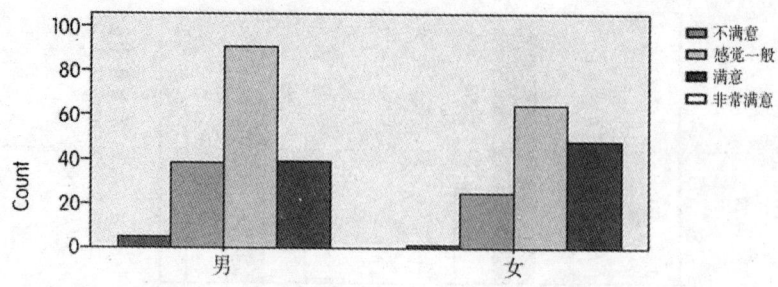

图46 性别 智一卡片的项目设计（简洁、知识的实用价值展现）

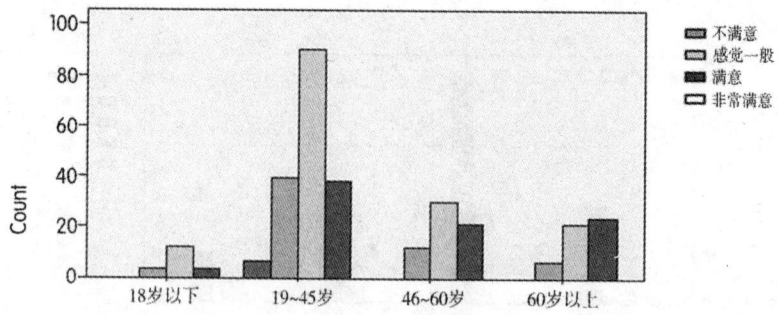

图47 年龄 智一卡片的项目设计（简洁、知识的实用价值展现）

智－良性互动（明白是非、互相尊重）

从 SPSS 软件分析出的图表可以看出经常、偶尔和极少出入境的顾客都有不满意的；原籍是亚、欧洲和大陆的出入境顾客有不满意的；年龄19－45 岁的有不满意的。

表22 智－良性互动（明白是非、互相尊重）

		次数	百分比	累积的百分比
有效的311	不满意	6	1.9	1.9
	感觉一般	85	27.3	29.3
	满意	149	47.9	77.2
	非常满意	71	22.8	100.0

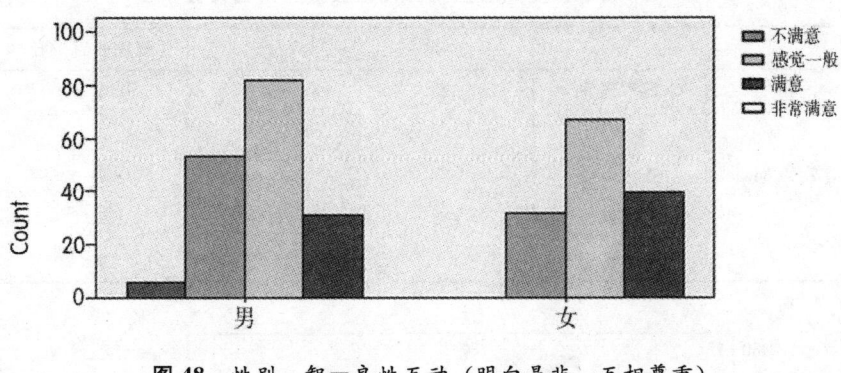

图 48 性别 智—良性互动（明白是非、互相尊重）

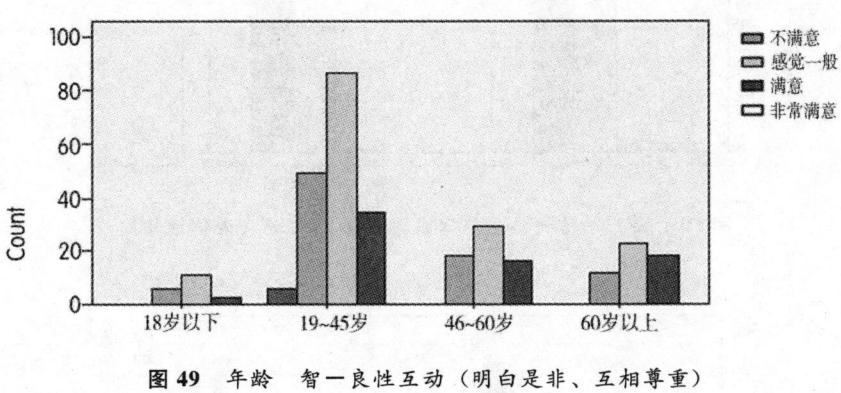

图 49 年龄 智—良性互动（明白是非、互相尊重）

（五）信

信－接受旅客意见并加以改进（讲信修睦）

从 SPSS 软件分析出的图表可以看出经常、偶尔和极少出入境的顾客都有不满意的，只有经常出入境的顾客有很不满意的；原籍是亚、欧洲、大陆和台湾的出入境顾客有不满意的，其中欧洲和大陆还有很不满意的；年龄从 18 以下到 45 岁和 60 岁以上的都有不满意的，其中 19－45 岁的出入境顾客还有很不满意的。

表 23　信—接受旅客意见并加以改进（讲信修睦）

		次数	百分比	累积的百分比
有效的 311	很不满意	3	1.0	1.0
	不满意	5	1.6	2.6
	感觉一般	95	30.5	33.1
	满意	142	45.7	78.8
	非常满意	66	21.2	100.0

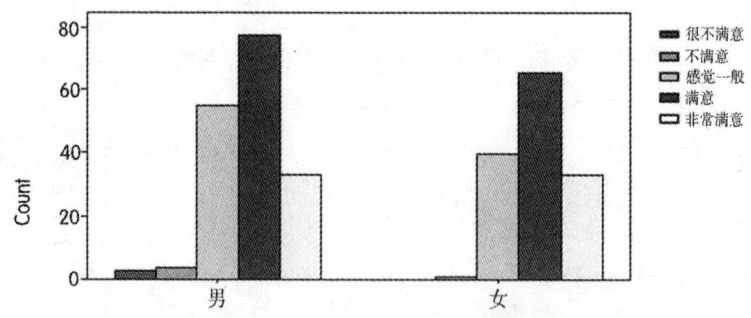

图 50　性别　信—接受旅客意见并加以改进（讲信修睦）

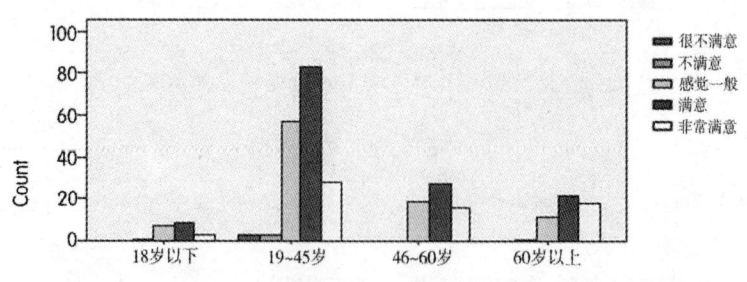

图 51　年龄　信—接受旅客意见并加以改进（讲信修睦）

信—效率公平兼顾（重然诺与平等）

从 SPSS 软件分析出的图表可以看出经常、偶尔和极少出入境的顾客都有不满意的，只有经常出入境的顾客有很不满意的；原籍是亚、欧、北美洲、大陆和台湾的出入境顾客有不满意的，其中大陆还有很不满意的；年龄 19－45 岁和 60 岁以上的都有不满意的，其中 19－45 岁的出入境顾客还有很不满意的。

表 24 信一效率公平兼顾（重然诺与平等）

有效的 311		次数	百分比	累积的百分比
	很不满意	1	0.3	0.3
	不满意	10	3.2	3.5
	感觉一般	76	24.4	28.0
	满意	150	48.2	76.2
	非常满意	74	23.8	100.0

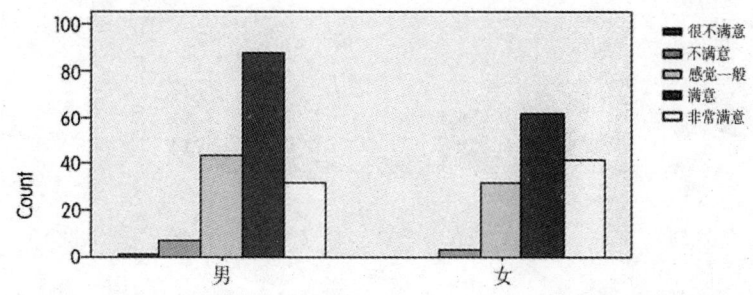

图 52 性别 信一效率公平兼顾（重然诺与平等）

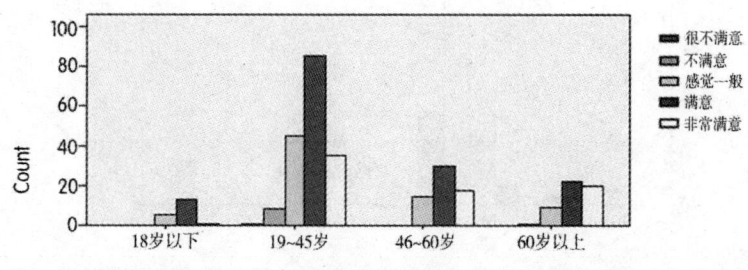

图 53 年龄 信一效率公平兼顾（重然诺与平等）

信－文化自觉敬业乐群（忠恕与中庸、诚信内化）

从 SPSS 软件分析出的图表可以看出经常、偶尔和极少出入境的顾客都有不满意的；原籍是亚、欧洲、大陆和台湾的出入境顾客有不满意的；年龄 19－45 岁和 60 岁以上的出入境顾客都有不满意的。

表 25　信一文化自觉敬业乐群（忠恕与中庸、诚信内化）

		次数	百分比	累积的百分比
有效的 311	不满意	9	2.9	2.9
	感觉一般	71	22.8	25.7
	满意	159	51.1	76.8
	非常满意	72	23.2	100.0

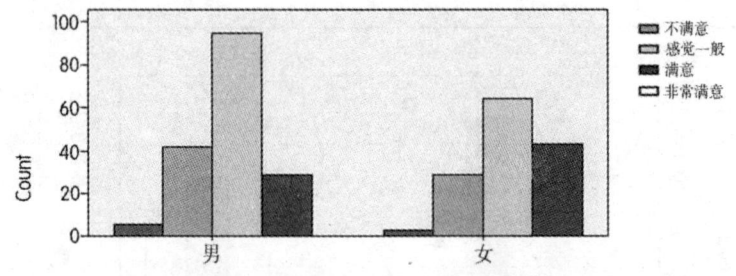

图 54　性别　信一文化自觉敬业乐群（忠恕与中庸、诚信内化）

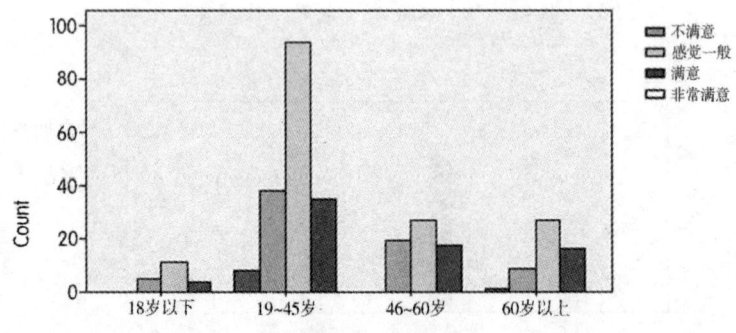

图 55　年龄　信一文化自觉敬业乐群（忠恕与中庸、诚信内化）

信－边检品牌（协和万邦、天下一家）

　　从 SPSS 软件分析出的图表可以看出经常、偶尔和极少出入境的顾客都有不满意的，只有经常出入境的顾客才有很不满意的；原籍是欧洲、大陆和台湾的出入境顾客有不满意的，欧洲和大陆的出境顾客还有很不满意的；年龄 19－45 岁和 60 岁以上的出入境的顾客都有不满意的，19－45

第四章 北京边检顾客满意度核心价值观的测量

岁的出入境顾客还有很不满意的。

表 26 信一边检品牌（协和万邦、天下一家）

有效的 311		次数	百分比	累积的百分比
	很不满意	2	0.6	0.6
	不满意	4	1.3	1.9
	感觉一般	74	23.8	25.7
	满意	155	49.8	75.6
	非常满意	76	24.4	100.0

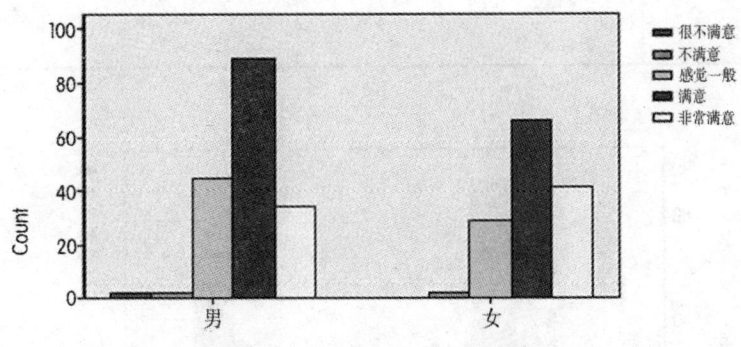

图 56 性别—信一边检品牌（协和万邦、天下一家）

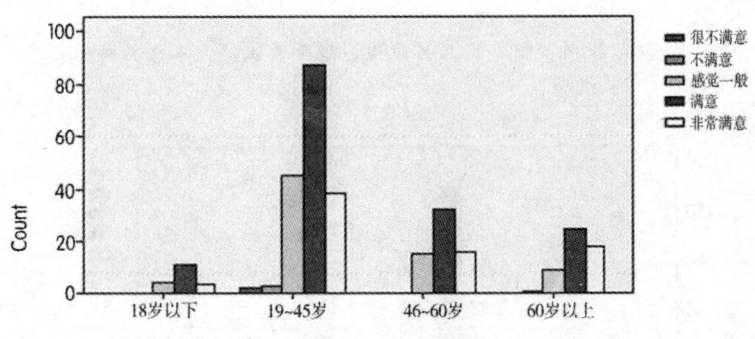

图 57 年龄—信一边检品牌（协和万邦、天下一家）

信一出入有边境、服务无止境（人文精神）

从 SPSS 软件分析出的图表可以看出经常、偶尔和极少出入境的顾客都有不满意的，只有经常出入境的顾客才有很不满意的；原籍是北美洲、大陆和台湾的出入境顾客有不满意的，大陆的出境顾客还有很不满意的；年龄19—45岁的出入境的顾客有不满意和很不满意的。

表27 信—出入有边境、服务无止境（人文精神）

		次数	百分比	累积的百分比
有效的311	很不满意	1	0.3	0.3
	不满意	4	1.3	1.6
	感觉一般	75	24.1	25.7
	满意	160	51.4	77.2
	非常满意	71	22.8	100.0

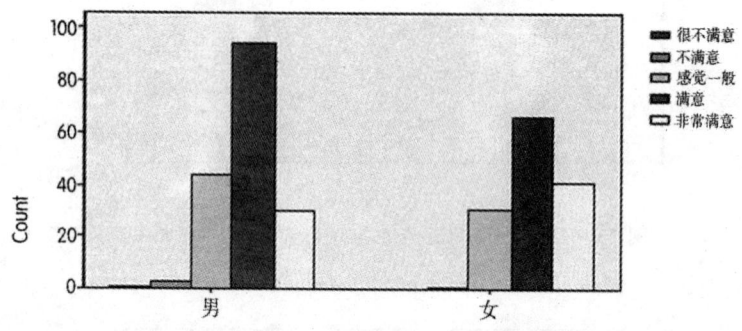

图58 性别 信—出入有边境、服务无止境（人文精神）

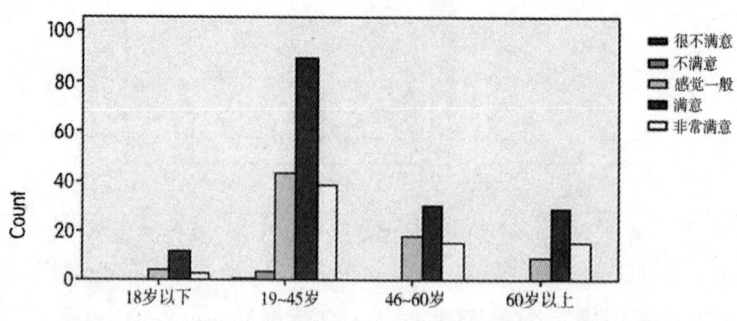

图59 年龄 信—出入有边境、服务无止境（人文精神）

第五章 北京边检提升顾客满意度核心价值观的对策建议

在理论和实证分析的基础上,从实现全面整合中国传统儒家文化提升北京边检顾客满意度核心价值观,进一步提高服务水平和良好出入境管理的角度出发,论述北京边检改进完善顾客满意度相关措施在提高服务水平中的作用,建立北京边检与顾客的和谐关系,提升边检服务传统儒家文化软实力,提炼出其共性的做法和可供其他边检总站借鉴的经验,对边检提高服务水平工作的发展走向进行分析和预测。以提高边检服务水平为中心,坚持通关效率,坚持严密管控,即"一个中心、两个基本点",是边检工作正确把握和处理好服务、效率和管控三者关系的关键。提高边检服务水平,必须大力加强服务理念、专业素质和职业精神"三大支柱"建设。本章结合员工得分靠前的七项礼—仪表(着装整洁得体、致广大尽精微)、仁—设施及引导标志(善解人意)、义—通关速度(将心比心)、智—卡片的项目设计(简洁、知识的实用价值展现)、智—专业素质知识(服务结果符合预期、服务修养与品质)、义—妥善管理与服务(以天下为己任)、义—应尽的职业责任(有高尚道德的人)和数据靠后的八项从最低开始仁—按天下公义行事(替天行道)、仁—博施济众(仁民爱物)、义—迟到免排(不忍人之心)、信—接受旅客意见并加以改进(讲信修睦)、仁—急旅客之所急(内在的诚敬之意)、智—灯的眼光看世界(给人光亮)、智－能妥善处理复杂情况(内圣外王、是非之心)、智－良性互动(明白是非、互相尊重)等十五个方面的数据分析,从注重边检人员仪表、树立国门形象,强化精细管理、确保旅客通关速度,强化管控措施、保障国家安全,增强北京边检团队凝聚力,懂得微笑、对顾客实行人情味式的关怀服务,构建服务辅助保障平台、提高边检人员的素质实现服务转变和满意的顾客代表了北京边检的一种真实的、无形的资产等九个方面给北京边检顾客满意度核心价值观提升提出对策和建议。

一 注重边检人员仪表,树立国门形象

出入境旅客离、抵口岸,首先看到的是边检人员及其工作场所,从而产生"第一印象";这"第一印象"好坏与否,会进而影响到旅客对口岸城市、对整个国家的印象。因此,让旅客"来得舒心,走得满意",必须大力提升边检机关的工作形象。这次问卷调查仪表得分最高,说明出入境顾客对北京边检仪表是高度认可的。

(一)注重仪表美

执勤人员应按照《人民警察内务条令》规定统一着装,按规定佩戴执勤证,保持饱满的情绪、严整的警容和端庄的仪表,上勤时自觉做到:人要精神,衣服要干净笔挺,无论在验证台内坐着还是在台外立着执勤,都应始终保持良好的警姿、警容。同时执勤现场应设置咨询台、填卡台和边防检查公告栏,边防检查执勤和引导标识的设置应做到规范、醒目和人性化。

(二)体现礼仪美

礼仪是一面"镜子",它能照出一个人的文化和修养,照出一个单位的服务水平和整体形象。边检民警要自觉遵守外事礼仪规定,尊重出入境

人员的风俗习惯；要至少掌握一门外语并能使用外语处置简单问题，具备一定的人文地理知识；询问旅客时，要自觉遵守《旅客检查现场执勤"八不准"》，态度和蔼，语言文明，不得询问与执勤工作无关的内容，增强边检工作的亲和力，展现我"文明古国"、"礼仪之邦"的良好形象。

（三）讲求规范美

所谓"规范美"，就是要通过民警规范的执勤、执法言语和行为，体现执勤、执法工作的严肃性、公正性，避免随意性和情绪化。如在接证、验证、盖章、还证等环节上，在严格按照规定和要求操作的同时，要总结推广民警实践中的好经验、好做法，去掉"冗余动作"，让旅客切身感受到边检民警工作的干练和训练有素。再比如，针对许多执法对象因性别、年龄、社会阅历、宗教信仰、阶层、受教育程度等个体因素的差异，他们在接受边检处罚时可能产生的不同反应，可以研究制定民警具体行政执法的规范化说词，有理、有利、有节地推进边检人员与旅客实现"良性互动"，尽量减少不必要的"摩擦"，保持口岸良好秩序。

二 强化精细化管理，确保旅客通关速度

这次调查通关速度（将心比心）得分第三，应继续保持和发扬。口岸通关速度的快与慢，是关系到旅客对边检工作印象好坏的又一重要因素，是衡量边检服务水平高低与否的另一重要指标。从旅客关心的通关时间问题入手，边检机关提高旅客验放能力，一方面可积极推动有关方面按照国家规定标准，建设和改善口岸通关硬件环境；另一方面要在现有口岸设施条件下，充分发挥主观能动性，积极采取措施，全力提升边检服务水平。边检机关要真正去做一件实事，而不是仅仅只讲一些说说而已的话，计划、战略类层次东西，常常并不是最重要的因素，而"做"或"实行"的效率才是第一位的。实际上，国外有些国家（如意大利、比利时、波兰等）的出入境印章就加盖在自己国家的签证上，可中国边检包括北京边检

现行做法是这样的：贴纸签注的，可以加盖在签注上，签证的是加盖在就近的签证空白页上。在全国人民代表大会倡导的低碳经济理念的今天，本书作者建议总站有关部门可以作一些相关性的业务调研，看看还有多少举措能利国利民利环保。就拿改进将验讫章加盖在签证上这一做法来讲会有许多可取之处：首先可以减少看错签证，其次减少寻找验讫章和在签证上用钢笔加注的工序及时间，最后是全球性的环保和低碳（所有的护照都大大地延长使用寿命至少 3 至 5 倍）。还有上面所提到的如能做到取消外国人出入境卡，这样做不但能提高通关效率（有些非英语国家的外籍旅客填写出入境卡相当困难并且不准确）、减少出差错（港澳居民的回乡卡不填卡片就很少出错），还能为我们国家减少木材的消耗。

（一）推行限时诚信服务

把国家规定的通关服务时间的刚性要求和本地口岸实际结合起来，向社会公布通关时间承诺，自我加压，提高出入境人员对边检工作的信任和认同。如承诺在正常情况下，边检机关验放一名旅客不超过 45 秒钟，验放一名港澳旅客不超过 15 秒钟；办理机组证件检查手续的候检时间不超过 15 分钟；保证 95％的候检人员等候时间不超过 25 分钟。办理一架客机或一艘外国籍船舶的员工出入境边检手续不超过 15 分钟，货机不超过 5 分钟；实行 24 小时值班，出入境交通运输工具、人员随到随检。

（二）提前等候旅客检查

规定执勤人员在首班飞机抵达前 30 分钟或交通运输部门办理旅客乘机手续 30 分钟前到达执勤现场，做好验证准备工作，确保旅客能够及时接受边检检查。

（三）灵活调整通道、检查台等资源

在执勤现场按查验功能，设立外交礼遇和需扶助人员通道、APEC 商务旅行卡通道（建议可以与普通旅客垂直方向候检而不是专门占用一个通

道而空出一个警力同时保证在第一时间通过边防检查)、中国公民专用通道、外国人检查通道、员工检查通道和旅游团检查通道，方便各类人员通行的同时，空港、口岸做到每条检查通道候检旅客不超过 15 人，如超过即增开检查通道，直至开足全部通道，避免口岸出现拥堵。四是做好旅客服务的前置和延伸工作。借助地方政府职能部门的力量整合机场管理部门和相关单位的资源，形成合力，优化候检和通关环境；与航空公司联合推出"一站式"服务，缩短旅客在口岸滞留时间，方便旅客办理通关手续。同时，借鉴先进国家、地区移民管理工作的成功经验与做法，结合我国的实际，在政策上不断研究推出便利人员出入境的新制度、新措施，简化手续，使边检工作整体实现与国际先进水平尽快接轨。

三　强化管控措施，保障国家安全

(一) 依法履行出入境管控职责

边检工作是国家法治的重要组成部分，严格公正执法是对边检工作的基本要求。边检机关的职责权限由法律所赋予，在行使严密防范和严厉打击口岸出入境违法活动职能时必须严格按照法律规定来执行，不能为了打击少数违法人员而忽视对基本人权的保障，更不能以此侵害绝大多数合法的出入境人员的正当权益，这也是保障和改善"民生"的应有之义。为此，不但要崇尚法律地位，积极引导民警牢固树立忠诚和信仰法律的观念，在具体执法实践中自觉做到：破除"重他律，轻自律"观念，模范执法；破除"重权力，轻权益"观念，公正执法；破除"重结果，轻过程"观念，优质执法，杜绝执法工作中不同程度存在的"管理错位"、"服务缺位"问题，解决个别民警执法态度简单粗暴，伤害群众感情，办人情案、人情证，证据、程序意识不强，类推定性，以罚代法等问题，把强化法制观念作为提升边检服务水平的切入点，贯穿到整个边检执法工作全过程。而且要完善机制建设。将执法作为为民的手段，把为民作为执法的目的，坚持宽严相济原则,不断健全和完善提高边检执法质量的工作机制。要努力推动目前边检行政执法工作由质量型向效益型转变,切实把执法责任、执法监督、执法考评与执法效益有机结合起来,使执法工作达到合法合理、平等对待、及时高效的效果,最大限度地发挥边检机关行政执法的社会效益,促进社会和谐稳定。

(二) 努力增强出入境管控效能

增强出入境管控效能,维护口岸安全和国家、社会政治稳定,是增强人民群众安全感、保障人民群众安居乐业,构建社会主义和谐社会的一项重要任务。当前,我国处在人民内部矛盾凸显期、刑事犯罪高发期和对敌斗争复杂期,边检机关更是处在反恐斗争"第一道防线",出入境管控工作不仅不能削弱,反而要更加强化。一是要严密口岸查控。要始终坚持以"不该出去的一个不让出去,不该进来的一个不让进来"为目标,切实健全完善各项查控制度的规范,严格抓好各项制度规定的落实。明确查控重点,对以往各类查控案件进行分析研究,总结规律,确立北京口岸查控重点,提高查控工作的针对性和有效性。不断完善、细化预案,强化口岸处置突发事件演练,提高处突工作水平。二是要强化反偷渡工作。通过加大培训力度,不断提高民警对伪假证件的鉴别能力;深化边检勤务模式改革,严密防范,消除口岸监管盲区;建立有效的反偷渡研究、预警机制,分析偷渡活动的新动向、新特点和新规律,及时获取有价值的预警性信息;适时开展反偷渡专项斗争,主动进攻,依法采取对组织偷渡人员进行严惩等措施,形成对口岸偷渡活动防范和打击的高压态势,维护正常出入境秩序。三是要大力推进科技强警工作。坚持以信息化建设为龙头,以"梅沙系统"启用为契机,进一步创新口岸管控机制。各级领导干部首先要转变观念,牢固树立依靠科技支撑边检工作的理念,带头学科技、用科技、抓科技。要以应用、增效为核心,以急用先建、急需先用、服务实战为原则,加强科技应用发展规划,抓好重点技术项目建设。要下大力气培养科技人才,不断增强各类科技应用软件的自主研发能力,使科技强警成为全体民警的自觉行动,切实发挥科技在提高边检服务水平中的作用。总

第五章 北京边检提升顾客满意度核心价值观的对策建议

之,提高边检服务水平,坚持"一个中心、两个基本点",加强"三大支柱"建设,是边检工作方针的一次根本转变,对边检事业发展必将产生重大而深远的影响。在全党全国高度关注"民生",积极构建社会主义和谐社会的新形势下,边检机关以这一新的工作方针为指引,必将为构建和谐口岸、和谐社会做出新的更大的贡献。

四 增强北京边检团队的凝聚力

(一)创建卓越的服务团队

合作的服务团队是卓越服务的载体。北京边检总站党委一直把队伍建设作为工作的重中之重。开展提升服务水平工作后,总站成立了提升服务水平专项工作组,在队伍建设方面下大力气,花真工夫,切实增强队伍的凝聚力,建设优秀的服务团队,取得工作效益的最大化。提升服务质量,证件检查队进一步缩短了办理手续的时间,给出入境旅客带来了更大的通关效益,受到了广大旅客的一致好评。

(二)提高团队的服务素养

对于服务人员来说,要想提供最优质的服务,首先要有最专业的服务素养。但对具体做服务工作的人来讲,服务却受其专业素养的限制。做好服务或者说把服务做到最优化,就必须成为专业上的强手。"工欲善其事,必先利其器",为了让每一名民警成为合格的国门卫士,北京边检总站组织了多种形式的学习培训活动。3月份,北京边检总站组织2006年度达标科队的科队长赴香港出入境事务处,全程学习考察香港同行值勤执法的情况,找不足,找差距;"一人之风貌,一国之形象",北京边检总站将踏踏实实走好每一步,切实履行对社会和人民的庄严承诺,使边检执法队伍成为国内最优秀的行政执法队伍,边检服务水平达到国内最好的行政执法水平,在世界上进入先进行列,使边检站成为文明国家的窗口,检查员成为中华民族的文明使者,为北京经济的腾飞和祖国的经济复兴做出自己的贡献。

(三) 协调与合作

顾客服务不仅是一线边检人员的事情,而是整个单位团队的事。一线边检人员直接面对顾客,他们的表现直接影响到顾客满意度的提升。但是一线人员良好的表现需要那些非一线工作人员的支持。没有他们对检查员的鼎力支持,一线检查员是不可能完成任务的。其他工作人员的表现主要体现在对顾客服务的直接支持与间接支持两个方面。

直接支持是指非一线工作人员的工作成果会直接送达顾客手中,并对顾客获得满意度的感觉有直接的影响。比如:外国人出入境卡片设计。这是业务部门工作人员的职责范围。虽然他们不会直接面对旅客,但其卡片设计的科学性直接关系到顾客对边检出入境的有关信息的了解与填写。出入境卡一方面详细明确并醒目的说明了填写的内容,降低了因填写不当造成的耽误出入境检查和行程。另一方面给顾客规范的印象。这说明了一个早就被证明的道理:我们的边检是一个团队,任何一人工作的缺陷将会影响其他人的工作绩效,同时还会降低顾客的满意度。

间接支持是指非一线工作人员的工作成果会通过一线检查员的表现间接影响到顾客的满意度的提升。最明显的表现就是员工培训。一个人的能力有限,不可能完成整个部门的工作。其他员工由于知识欠缺,技术水平不能快速提升,结果造成部门的整体服务水平徘徊不前、提升缓慢,顾客满意度不能提高。

五 懂得微笑

有专家认为,身在职场的不微笑是一种"表情暴力侵犯"。当然,提高边检服务水平,仅有微笑是不够的,它与检查员的言谈举止有关,与检查员的业务素养有关，更与检查员的礼仪修养有关。孔子曰："有朋自远方来，不亦乐乎？"我们检查员应从充分尊重、理解和体恤出入境人员出发，将微笑服务理念指导和贯穿到边检勤务的全过程。

（一）微笑是带着体温的一缕阳光

微笑是洗濯心灵的一泓溪水，千年暗室一灯能破，检查员的微笑就是顾客心中的明灯。微笑，不应只是一种表情或做作，它更应是一种修养、一种品格，温暖自己的人生，美化别人的生活。微笑是对他人的尊重，同时是对生活的尊重。微笑的实质便是爱，懂得爱的人，一定不会是平庸的，《中庸》有言：修身以道，修道以仁。检查员和顾客大多数是初次谋面，少数的是常来常往而相识已久。微笑能拉近检查员与顾客之间的距离，令彼此之间倍感温暖。微笑，是带着体温的一缕阳光，溶化世间的人情冷暖；是滋养心灵的一汪甘泉，让爱在心中开出快乐的花朵。爱是微笑的，微笑是快乐的。爱朋友，爱陌生人，爱这世间的万物生灵，让欢喜、慈悲、感动、感恩成一股不息的快乐甘泉。

让快乐，从微笑开始。当比尔的乐队为婚礼高潮演奏所喜爱的乐曲时，新娘望着演奏员们轻轻微笑，这笑容就像水面上闪闪发光的阳光一样照向乐队成员。比尔和其他成员都感到了这神奇的一击。乐队不再是与客户分隔的签约者。乐队每一位都是教堂里正在举行婚礼中的亲密一员，大家立即感到在演奏时更有创作激情，并情不自禁地报以微笑，这时，距离乐队最近的人们也回以微笑。大家注意到整个会场活跃起来，当微笑感染教堂里每个人的时候，整个会场变得温暖而又和睦。没有人再被隔离开来。至少在这短暂的一刻，参加婚礼的众人被微笑凝固在一起。

微笑的凝聚力令人惊讶。人类无论处于任何环境都需要这种心灵的交流。无论处在何种环境中，人类都需要这种灵魂的接触。无论是拥挤喧闹还是孤寂寥寥，在日常生活中，我们都要来自同类的肯定。我们需要别人认同我们是人类大家庭的一员，无论我们的表现如何，都需要别人的肯定。而做到这些，一个微笑就足够了。

"笑一笑，将这微笑传递开，传递开。当你传递微笑时，你的内心一定会体现出来。"增加生活中的乐趣。笑一笑,将这微笑传递开。打消疑虑,和其他人一起成为人类大家庭中的一分子。用微笑点亮别人的生活,并使它如照在水面的阳光一样照亮生活,让每个人都能感受到。①

微笑着的人并非没有困难,只不过他们懂得坚强,把困难锤炼成诗行;微笑着的人并非没有眼泪,只不过他们拥有坚强,把眼泪化作心灵的灯盏,照耀着前行的路;微笑的人并非没有雨天,只不过他们坚忍不拔,把狂风暴雨化作生命的洗礼,破蛹成蝶;微笑的人并非没有畏惧,只不过他们勇往直前,把危难化作漩涡里的中流砥柱,逆流而上……坚强是一种气质,气质得益于修养;坚强是一种境界,境界依靠磨炼。与困难相逢,依然脚步从容,笑而弥坚……②

(二)微笑的实质是亲切、是鼓励、是温馨

笑声不仅可以解除忧愁,而且可以治疗各种病痛。微笑能加快肺部呼吸,增加肺活量,能促进血液循环,使血液获得更多的氧,更好地抵御各种病菌的入侵。笑能化解生活中的窘境,能缓解边检工作中的紧张气氛,也能淡化忧郁。微笑是一种礼仪,是一种生活态度,是和谐社会的润滑剂。

只要人们知道快乐和笑声的医疗作用,一半的医生都面临失业。笑声,无疑是最重要的天然大补药:它能调节紊乱的身体机能,让它们和谐运转;它是我们精神系统的润滑剂,能够防止单调、苛刻的工作带来的紧张和冲突。它是上帝赐予我们的礼物,它能保护生命、促进健康、产生欢乐、带来成功。笑声,像一个气垫,在生命的旅途上能减少震荡,在困难的时候能够让你舒心;笑声,总是健康的,它总是让所有不正常的东西都回归正常状态。笑声能治疗心痛、治疗生命的淤伤,它是万能灵药。笑声能延年益寿,比起那些对待生命过于严肃的人,那些通过笑声让自己身心和谐的人能够获得更长的寿命。

---

① 何静、周利芬、汪洋编著:《快乐在微笑中漫步》,机械工业出版社 2008 年版。
② 黄丽旋:《把困难雕刻成微笑》,广东教育出版社 2010 年版。

为了回归正常，我们身上那些爱好快乐的力量必须被全部释放出来。笑声就是锻炼这些力量的方式，能够让这些力量获得自由，把人们从忧郁中解救出来。对于那些丢失了开怀大笑的习惯的人，本人要说：把你自己锁在房间里，练习微笑。对着你的照片笑，对着家具笑，对着镜子笑，对着任何东西笑，只有这样你那僵化的面部肌肉才能重新动起来。笑声是成功的事业中非常重要的元素。许多本应成功的人今天却仍然躺在失败的墓穴中，原因在于他们对待生活的态度过于严肃了。他污染了身边的空气，让空气变得不健康，以至于不能充分施展自己的才华。

我们经常听到患有紧张性消化不良症的人说，他们不明白，为什么他们出去吃夜宵或参加宴会时，尽管吃了各种自己不适宜吃的食物，在过后却从没有感到任何不适。他们没有意识到那是因为他们心情改变了。他们度过了愉快的时光，他们轻松地交谈，随意地互相取乐，并开怀大笑。这种欢快的环境完全改变了他们的精神状况。当然这些先决条件也影响到消化和其他人体机能，因为笑声和欢快的心情是消化不良的大敌。任何事物，只要能够把消化不良症患者的注意力从病症上面转移出去，都能够改善他的消化状况。当他们在家里的时候，整天担心自己的健康，每吞咽一口食物都极其费力，当然就不能很好地消化他们吃的东西了。但是当他们在外面快活的时候，他们忘记了自己身体的不适，之后就会惊奇地发现他们吃得很好，并且吃完之后没什么不适的感觉。这整个过程只是精神在起作用。

"快乐施与人体的有益的力量，"桑德尔森博士说，"……不是像药物一样人为地刺激身体组织，那会带来疾病的复发和更大的损伤；但是快乐的效果是一种完全来自身体内部的影响，它传输的渠道也是完全正常的，并且能够到达人体系统的各个部位。它让我们的眼睛更明亮、脸色更红润、步伐更矫健，能够增强维持生命的元气。快乐让血液循环更顺畅，让器官组织中的含氧量更高，它促进了健康而驱逐了疾病。"快乐比所有的药物都更有效。一个快乐、热心、阳光的医生比所有药店的药都宝贵得多。我们经常看到，当病人恐惧和紧张的时候，医生的到来总能创造奇迹。沮丧、绝望都被他的安慰和自信的微笑赶跑了，并且好多次就连剧烈的伤痛也能因为他的鼓励而得到缓解。

　　当病人热切地望着医生的脸寻求希望时，没有什么药物比一个鼓励的眼神更有神奇的效果了。一位朋友记得，当他还是小孩子时，老家的医生经常到他们家做客，医生的脸上总是洋溢着快乐和活力，从每个毛孔都散发着阳光的气息。因为这位医生，家里人都羞于得病，羞于认为上帝的完美作品需要被修补。"医生一进门，"他说，"那所房子里的整个气氛就发生了变化。冬天里，当他撸起袖子烤火时，他的开怀大笑，就会荡漾在整个房间里，只要他出现就比任何药片都更有效。不知怎么的，在我们去请他之后，只要一想到他会来，似乎就能把我们所有的烦恼都赶走。"

　　波士顿最成功的医生只开出很少的药。他那欢愉的表情能够减轻伤痛。他用希望代替绝望，用信心和令人愉快的宽慰代替沮丧，这样每当看到他，病人就会感到信心被提振起来，并且心中充满了更强的康复的决心。许多人因为没有欢快的性格，整天沉默无语、死气沉沉，毫无趣味可言。再没有什么能像培养一种快乐的习惯那样，为生活、健康、幸福带来这么多的好处了。观看一次真正欢快的表演，会使你的整个身心经历一次脱胎换骨般的变化。在进入剧场之前，你满身疲惫和沮丧，脑子里乱得像糨糊，根本不能进行清晰的思考。当你从剧场回到家，你却变成一个完全不一样的人。

　　一位职场男士，在经历了一天的忙乱、气愤、劳累后，回到家里就像回到一个港湾，讲有趣的故事，听令人捧腹的笑话，这些都让劳累的心灵得到放松，让自己恢复到正常状态。彻底地开怀大笑一次，听一则有益心灵的故事，和朋友度过一个愉快的夜晚，就像在安静的夜里沉沉地睡上一觉一样，都能让我们更具有活力。这些经历，就像短期休假一样，感觉棒极了！

　　真正具有实在价值的东西，能够让一个人焕然一新，能够驱除头脑中沮丧的情绪，能够赶走恐惧、忧愁和焦虑。我们不应该只看到乐趣和幽默的转瞬即逝，而应该同时看到它们对我们的整个人格有着稳定、持续、恒久的有益影响。为什么不在我们的日常计划中安排一段时光专门用来消遣呢？为什么不应该纳入我们伟大的人生规划呢？难道我们为生存而工作就一定要满脸严肃和沮丧吗?那些能够愉悦身心,令我们享受生活的事物,都充满了道德感,能够愈合我们心灵的伤口。没有人因为幽默遭受损失,倒是很多人因为它而生活得更好了。和面包一样,趣味也是维持人类健康所必需的食物。

幽默作家为我们的世界作出的贡献之大简直是难以估量的。他们赶走了忧虑和悲伤,减轻了人们的负担,让人们摆脱无聊工作的重负,使沮丧和孤独的心灵快乐起来。任何人,只要能够为压抑的心灵带来宽慰,只要能够解除悲伤心灵的重担,就是做出了和文明的缔造者相同的伟大功绩。多数人对生理和心理因素非常了解,而对欢快和笑声的价值却所知甚少。一位杰出的法国外科医生说过,我们应当培养孩子快乐的习惯。"鼓励你的孩子做一个快乐和喜欢开怀大笑的人,"他说,"畅快的笑声能扩展胸怀,让血液在身体内快乐地流淌。我乐于把自己托付给笑声——不是暗暗偷笑,而是整座房子都能听到的洪亮的笑声!"

我们意识到了训练职场思维的必要性,意识到了训练专业能力的重要性,但是却没有看到培养快乐的习惯也极其重要。事实上,再没有哪种教育比帮助孩子建立快乐的习惯更为必要了。孩子步入社会之前,最重要的前期准备应该是:训练阳光的心态和开发获取快乐的能力。我们对孩子做的第一件工作应该是,教育他们自由而纵情地表达内心的快乐,就像食米鸟用自己的歌声让整个草原充满欢乐一样。压抑孩子追求乐趣的天性就意味着压抑他们的精神和道德本能。如果被持续压抑,一段时间之后,快乐就会从孩子的内心消失。我们的妈妈们整天警告孩子不要做这不要做那,告诉孩子不要笑、不要闹,直至孩子们都失去了自己的天性,变成了小大人,而妈妈们却仍然没有意识到她们的教育方式的害处。

一位知名作家写道:"就像不开花的树木将来绝对不会长出果实,没有欢声笑语的孩子将来也只能庸庸碌碌。"在年轻人身上有难以抑制的对欢娱和玩耍的渴望,如果这些渴望被充分满足,让孩子待在家里也就不会这么难了。对于孩子和你自己来说,快乐是这个世界上最便宜、最优质的药物。足够量的这种药物不仅能够节省医生的药单,而且能让你的孩子更加幸运。如果所有孩子都有一个快乐的童年,我们就不需要像现在这么多的监狱、精神病院和救济站了,或许连一半都用不了。欢快的娱乐形式对人的精神世界有着微妙的影响,它能强化和提高人我乐观精神。童年的娱乐增强了我们的勇气、决心、抱负,影响了我们对人生的看法。幽默和乐趣就好像能产生一股微妙的液体,它渗透进我们的身体,清洁各种神经器官,将大脑中的麻烦事一扫而光,让我们重现活力。我们都感受过,一种健康的快乐情绪会带给我们焕然一新的感觉。

忧郁、庄重过去常常被看作神性的表现,但是现在看起来却类似于病态特征。忧郁和凝重不属于宗教,真正的宗教是充满希望、阳光、乐观主义和欢快情绪的,是快乐和美丽的。快乐是这个世界伟大的奇迹创造者。它能大大增强一个人的整体力量,它能给人生赋予新的意义。只要还拥有快乐心情和乐观精神,你就不是失败者!如果一个人在遭遇了巨大挫折,前途灰暗、充满不确定的时候,仍然面带微笑全力工作,那么他必将是最后的王者!

"在我回来之前请笑对一切。"一位牧师在和人们告别时如是说。这对我们所有人都是值得记住的一句话[①]。

(三)微笑服务则是一个人内心真诚的外露

微笑是一个人仁、义、礼、智、信美德的外在表达形式,它具有难以估量的社会价值,它可以创造难以估量的财富。检查员工作的发展方向就是通过整合中国传统儒家文化与顾客满意度的核心价值观向顾客提供优质的情感体验,检查员需要通过投入情感,为所从事的重复而细碎的工作注入灵魂。能够将短暂的45秒边防检查化为神奇,是因为检查员可以拥有一种奇妙的能力——微笑力。微笑力并不是"露出八颗牙齿"的职业能力。边检服务提供的情感体验是发生在检查员与顾客之间的情感交流,它具有交互性。检查员需要准确感知顾客的情绪并立刻调整自己的反应,从而为顾客提供最合宜的体验。这正是微笑力的内涵,借用心理学上的概念,微笑力是一种"移情"的能力,一个拥有微笑力的检查员首先对这个世界怀

---

① [美]奥里·马登著:《心态决定人生》,李凌静、白联磊译,北京理工大学出版社2010年版。

有爱意，愿意友善地对待他人，并且乐于为顾客解除困扰。我欲仁，斯仁至矣。一旦检查员通过承担起自我教育的全部责任而获得道，就可以从对每一位顾客的检查中获益，因此这样的检查员会本能地从顾客的表情、眼神和声音中捕捉顾客的内心情感，并随即将感知到的情绪转化为自身情感，把自己置于顾客所处的情境，精确地理解顾客的需求，找到最为妥帖的解决办法。在这一点上，检查员更像是一名艺术家，一位真正的检查员具有与钢琴大师同样的能力，能够运用自己的微笑力，深刻了解顾客的需要，并以自己独特的方式带给顾客愉悦的体验。记得一位老年顾客这样对自己说："小伙子，能经过你的检查台是咱们的缘份哪。"是啊，快乐就同人生的宗旨相符，人在这个世界上是为快乐而活的。而检查员与顾客之间的快乐又是互动的，当你快乐了，你的边检服务就更自然，更具价值，你将获得更多的赞许和荣誉，这些赞许和荣誉又给你带来更大的快乐。这是一种良性循环，它可以激发人的潜力。正如一位哲人所说："微笑，它不花费什么，但却创造了许多成果。它丰富了那些接受者，而又不使给予者变得贫瘠。它在一刹那间产生，却给人留下永恒的记忆。"发自内心的微笑服务是一种力量，它不但可以产生良好的经济效益，使其赢得顾客满意，边检事业成功，而且还可以创造无价的社会效益，促进我国的经济高速发展，口岸更加和谐，使边检口碑良好，声誉俱佳，微笑服务是至关重要的。

六 对顾客实行人情味式的关怀服务

出入境的旅客大多数都是流动性的，比较有针对性地开展人情味的关怀服务是有先天的条件，因为边检能很容易地找到目标旅客。由于关怀式的调查与慰问常常能取得较好的效果，同时能促进服务产品的改善。有个别队领导自发的在旅客在出入境时手续出现问题时根据实际需要到旅客居住地、或是在旅客再次出入境时协助更正等，其实这就是关怀服务的一种。现在很多行业内的企业都在做市场调查，大多是一份冷冰冰的试卷。甚至为了收回试卷采用抽奖等方式。为什么不采用人情味的关怀式的服务完成旅客调查呢？关怀式的人情服务主要是加大规章制度的规范化，加大对提供关怀式的服务人员的用语、技巧等培训力度。

要牢牢抓住顾客的每句话：顾客的"不满"将对北京边检顾客满意度的提升起至关重要的作用；不定期举行不同层面的意见听取会将会更好地收集各方有益建议有待于改进工作。当然还要提一下教育及培训。如果就顾客的不满、意愿和提议组织一些讲座，那么以前很难看到的教育成果、效果都会渐渐地清晰起来。要知道"投到诉"事件会被一传十、十传百。所以可以来算一笔账：一个顾客会向多少人仔仔细细地描述自己投诉的经过？根据我们的数据显示，一个月达 14—15 人，一个季度就会有 40—45 人。同样的过程重复 5 次的话，到最后究竟会有多少人听到这个故事呢？答案叫人大吃一惊！40 的 5 次方——也就是 10240 万人！当然，也可能不会到这么多。而那些非常满意的人经历的故事又能被多少人听到呢？根据调查，一个月大约有 5—6 人。所以，我们要坚持不懈地创造满意，服务顾客，努力防止不满意产生——一旦发生了，必须"迅速地""诚恳地"做出反应，予以解决①。因为"顾客满意"这个课题，主体是顾客，所以要求最高领导要具备原则、韧性、执著、热情等素质，同时还要求其能追求创新，并提出解决方案。记录一些和顾客有关的言论备忘录就可以帮助我们就地捕捉顾客"声音"的变化，而且在针对这些主题开展活动的时候也能发挥作用。要倡导全体干警关注总站内外的 CS 新闻，常想受表扬、开心的事，要运用 CS 战略让投诉、不满变成良好的评价并口口相传。

七　构建服务辅助保障平台

（一）优质的管理就是服务

管理中人是最难管理的，人是有思想的，会自己做出决定。做好管理

---

① 武田哲男：《顾客满意之道》，科学出版社 2007 年版，第 103 页。

第五章 北京边检提升顾客满意度核心价值观的对策建议

就是要提供更好的服务,让一线的员工感到自己也在受到组织的专业服务。边检顾客服务中的服务是靠边检人来提供的,这就加重了边检管理上的难度。但是任何一个边检人在代表单位提供给顾客服务时并不是孤军奋战,因为在他身后有单位的全体员工的支持。比如:专业培训的支持、行政和政工方面的支持、后勤保障方面的支持等等。而这些支持的力度就已经决定了一线服务检查员所能提供边检服务的质量。所以建立一个高效动作的服务支撑平台对于提升一线检查员的服务水平,是比较重要的。再配合管理流程设计,从而达到实现顾客价值的目的。具体参见下图:

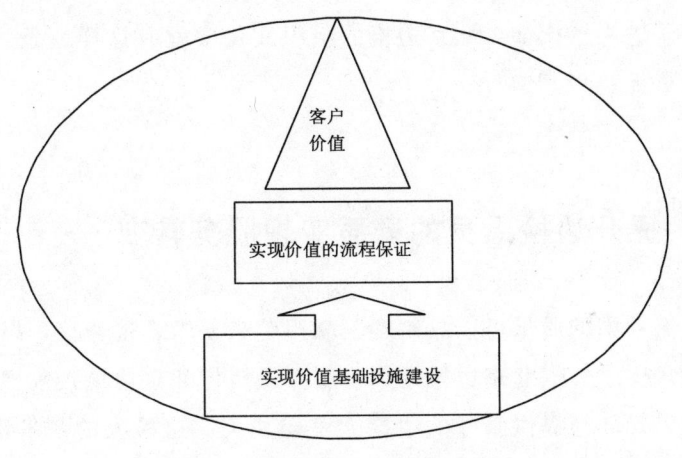

图60 服务支撑中建设①

最好的服务平台是:享受服务的感觉不到提供服务的员工存在就已经享受到了良好的服务。必须认识到:并非每一项工作的改善都可以提高顾客的满意度,有一些可能做好了并不会增加顾客的满意度,但做不好,顾客的满意度将会有所降低。

(二)服务专业化——高效的服务体系

专业素质知识(服务结果符合预期、服务修养与品质)得分第五。服

---

① (摘自华为网站)

务专业化有两层含义：一方面是专业化分工合作，提高工作效率，提升服务质量。另一方面是指我们的边检服务要有专业化的精神，提供最好的顾客服务是我们的职业素养。对于第一种理解就是要通过组织管理、服务体系、人员培训、边检整体资源共享，在一个顾客服务团队中每一个人的专长能得到充分发挥。通过一个专业化的团队集体为顾客提供优质服务；即便提供服务的只有一个人，但是他提供的服务是身后一个杰出的团队共同工作的结晶。"专业化"——代表了服务的高质量。另外，服务不仅仅代表一种制度、程序，它是一种文化。它已经融入职业边检人的职业素养中，是一个职业边检人的基本要求。在很多企业文化中，专业化的服务精神早就写了进去。比如：北京边检的组织文化中就有这样一条："出入有边境，服务无止境。"

八　提升边检人员的素质实现服务转变

服务流程中的质量可以靠制度、靠规范来要求、来考核，以保证达到最低的质量要求。但北京边检的顾客服务最终靠北京边检人来提供，边检服务的质量好坏与提供服务的边检人密切相关。边检人的基本素质提高、边检人服务意识的培养和强化才是最主要的。

现在有的边检单位就有这样的倾向：就是重视机关，轻视一线服务人员。其实机关相对顾客服务来说，同等级的一个一线检查员可能要比机关工作人员综合处理能力还强一些。所以如果我们对一线服务体系不给认同，那么这体系就永远不是由优秀的人来组成的。不是由优秀的人组成的组织，就是高成本的组织，会造成资源上的浪费。

一个人的基本素质固然重要，但在进入边检后工作能力的提高还是要靠在职培训。例如在深圳"最火"的行业就是培训业，有无数的白领为了不被社会淘汰，在激烈的市场竞争中保持和提高就业竞争力，经常参加各种培训班。作为北京边检来说，提供给检查员的最大财富不是薪水，而是在未来世界的求生技能。保证所有检查员能够得到应有的工作能力培训，特别是新技术培训是很多检查员最想要的奖励，对北京边检而言也是确保检查员胜任工作的必要保证。只有检查员的能力提升了，北京边检的竞争力提升才有根基。

北京边检要想长期发展，一定要有一批聚集在其周围的忠诚顾客，以及一批为忠诚顾客提供优质服务的忠诚检查员。因为忠诚顾客享受的优质服务需要对该顾客需求了如指掌的忠诚检查员来量身定做。而正是这些需求提供了边检存在和发展的理由。

（一）提升服务主体的自觉性

提升服务主体的自觉性，实现从"要我服务"向"我要服务"的转变。"要我服务"是被动的，是在管理、监督的压力下不得已而做出的选择，并非出于自己的本意。"我要服务"是主动的，是受到了服务理念的指引，自觉、自愿去做的。"要我服务"虽然在短期内可能达到与"我要服务"同样的效果，但因为缺乏强烈的心理内驱力，在行为上难以持久。"我要服务"因为是主动的选择，必然会在服务理念指引下，实现服务行为和服务效果的长久统一。应当看到，在当前口岸"大进大出"、"快进快出"的新形势下，出入境环境的和谐程度、出入境人员对边检工作的满意程度直接反映了边检服务工作的水平。加强广大干警的思想基础教育，带着对人民群众的深厚感情去执法、去工作。

边检机关自觉把边检工作主动置于构建社会主义和谐社会这一全党全国的工作大局中来研究、来谋划，就是要带着对出入境人员的深厚感情，瞄准建设安全、便捷、高效口岸的工作目标，把更多精力用到关心旅客出入境上，把更多警力、装备、经费投入到旅客最关心、最直接、最现实的通关利益问题上，主动提供服务，不断优化服务，在促进口岸出入境和谐上下更大功夫。为此，首先要大力加强以"人本、专业、安全"为核心内容的边检服务理念教育，通过开展广泛深入的思想研讨、大学习、大讨论以及以"提高边检服务水平"为主题的各类实践活动，切实增强各级领导干部和广大民警的"公仆"意识，充分认识全心全意为广大出入境人员服务是边检机关践行宗旨意识的具体体现，自觉把出入境人员当主人、当亲人、当老师,加深对他们的感情,了解他们的疾苦,体察他们的情绪,运用正确的"权力观"千方百计为出入境人员排忧解难,使边检工作的软件、硬件环境和条件不断得以优化,真正做到"权为民用",服务于民。其次要大力弘扬"忠诚可靠、诚信守礼、公正廉洁、进取奉献"的边检职业精神,切实抓好警风建设,通过开展"边检文明使者"等活动,以及利用各种途径和形式大张旗鼓地宣传先进典型和模范事迹,以电视、报纸、网络等主流媒体为载体理直气壮地肯定队伍主流,弘扬正气,增强民警对边检职业的光荣感与自豪感,自觉将边检工作作为毕生追求的事业和实现个人价值的舞台,形成争先进、赶先进,全警为提升边检服务水平而努力创造性开展工作的奋进氛围。

(二) 扩大服务内容的涵盖性

扩大服务内容的涵盖性,实现从"小服务"向"大服务"的转变。在服务是边检工作的"辅业"的传统观念指导下,部分领导干部和民警对"服务"的理解过于狭隘,将服务对象仅仅局限于少数特定的人群,在服务内容上片面理解成就是为这些少数特定人群提供出入境礼遇,以及扶老携幼、帮旅客提行李、填卡片等好人好事。应当看到,边检机关是国家窗口形象单位,边检工作的好坏,边检服务水平的高低,直接关系到口岸城市的形象,关系到党和政府的形象,关系到中华民族的形象。从这一认识高度出发,边检工作服务的对象应该是全体出入境人员,边检工作服务的目的应该是让旅客在与我们民警面对面的直接接触中,充分感受到边检机关服务的真诚、友好、规范和高效,即使对方是违法违规人员,也要做到公正、严格、文明执法。这里需要特别指出的是,民警的情绪对出入境人员具有巨大的感染力,检查员总是不微笑,传递给旅客的是一种消极、抑郁或焦虑的情绪,自然会使旅客感到压力和不舒心。当然,提高边检服务水平,仅有微笑是不够的,它与检查员的言谈举止有关,与检查员的业务素养有关,更与检查员的礼仪修养有关。我们民警应从充分尊重、理解和体恤出入境人员出发,将服务理念指导和贯穿到边检勤务的全过程,只要走上执勤岗位就自觉做到着装笔挺,态度亲和,语言文明,办事公正,执勤执法行为熟练、规范，为旅客帮困、解疑及时到位，通过全方位的工作表现，让旅客在心情舒畅、满意通关的同时，赢得他们对边检工作的信赖、理解和支持。要达到这一要求，必须进一步夯实"三基"工程建设，增强队伍综合素质。一是要研究制定边检服务规范，建立边检服务知识和服务技能培训机制，强化执勤人员执行服务规范的能力和自觉性。二是要深入开展执勤、执法业务练兵活动，推广"战训合一、轮训轮值"的训练方法，全面落实集中教育训练与岗位自学自练有机结合的经常性练兵机制，用什么、练什么，缺什么、补什么，增强练兵的针对性和实用性，努力提高执勤人员的业务素质和快速妥善处理各种业务问题的能力和水平。三是要进一步优化警力配置，按照"警力跟着任务走"的思路，把有限警力用到基层一线、用到执勤任务重的执勤现场，推动警力进一步下沉，缓解基层特别是一线执勤警力紧张的压力，同时在勤务安排上以服务提高边检服务水平中心工作为原则，保证民警劳逸结合，有充沛的体力和饱满的精神执勤。

（三）增强服务效果的实效性

增强服务效果的实效性，实现从"口惠"向"实至"的转变。当前，提高边检服务水平已经成为边检工作的中心，全国边检机关正在迅速掀起开展"提高边检服务水平"工作的活动，社会各界对边检服务工作的效果如何，保持了很高的期望和关注。边检机关要紧紧抓住北京奥运会举办成功的经验以及上海世博会召开等重大机遇，发扬争先恐后的创优精神、只争朝夕的实干精神和滴水穿石的攻坚精神，强化责任，强化监督，强化考核，在抓好提高边检服务水平工作各项措施落实上狠下功夫，突出做好"细节服务"这篇"大文章"，切实抓出成效，迅速将边检服务水平提上去，赶上世界移民机关先进行列。这里需要注意两点，一是要畅通监督渠道，主动接受社会监督。还有广泛听取顾客意见建议、改进自身工作的诚恳态度。边检服务水平要让广大出入境旅客满意，不仅需要确立提高边检服务水平的工作目标，更需要拥有这样一种虚怀若谷、海纳百川的宽广胸怀和诚恳态度。要通过建立聘请社会监督员制度、"服务质量旅客评"制度等，真心实意地邀请出入境旅客对自身工作进行评判。无论他们的反映是客观的还是主观的，只要有利于改进我们的工作，就要认真对待。要善于从激烈言辞中看到"挑刺者"的一片善心，从一些不很准确、不很完善的表述中看到意见的合理成分。二是要建立完善的投诉机制。把投诉作为解决出入境人员利益诉求的重要渠道，作为改进边检工作的重要促进因素，通过在检查现场显著位置设置征求意见箱、公布投诉电话、地址、电子邮箱等措施，真心诚意接受投诉，心平气和面对投诉，按照程序和规定认真妥善处理好投诉，让旅客满意。同时建立健全提高边检服务水平责任追究制度，将服务质量作为绩效管理的一项重要指标，为提高边检服务水平工作的长效发展提供强有力的制度保证。

九　满意的顾客代表了北京边检的一种真实的、无形的资产

以顾客满意度的关注切不可只看眼前利益，而应从长远考虑。不可将顾客满意策略作为一种短期的提高利润的最佳途径，这不仅无法达到预期效果，而且会导致边检的管理者对顾客满意度失去信心，走进顾客满意度的误区，从而放弃对边检顾客满意的追求，最终影响北京边检的整体顾客满意度的提升。北京边检应该将顾客满意度与出入境管理置于同等重要的位置，将其作为提高北京边检整体素养的长远之计，这将使北京边检终身受益[①]。

---

① 刘金兰：《顾客满意度与ACSI》，天津大学出版社2006年版，第186页。

第六章 结论与展望

本章对全文进行总结,并指出本次研究的局限和今后的研究展望。通过对顾客满意度、顾客让渡价值、顾客满意度指数基本模型、顾客满意战略 CS、中国传统儒家文化、北京边检为什么要提出中国传统儒家文化教育、儒家文化与当代道德建设、儒家文化与现代化、从多元文化视角看儒家文化的人文价值、儒学的概念、精华及孔孟的儒学、仁学、诚信思想和中国传统儒家文化的核心价值观仁、义、礼、智、信等理论进行研究,并以工作在首都国际机场的北京出入境边防检查总站为案例,对整合中国传统儒家文化提升北京边检顾客满意度核心价值观进行调查研究,得出以下结论:

第一,边检顾客满意度是顾客在接受边防检查的过程中或结束之后,会根据自己的期望,以及顾客所感知的边检服务与期望的是否一致的情况进行评价,如果边检服务的实际表现超过期望,顾客就会满意,反之顾客就会不满意。合理地整合中国传统文化提升北京边检顾客满意度核心价值观,不仅是为了确保出入境旅客安全快捷通关,而且还因为顾客满意度核心价值观会影响整个国家的经济发展和社会对边检服务的整体满意感。

第二,顾客满意战略 CS 更重视提高顾客满意度。影响顾客满意度的主要原因有边检总站的品牌、边检总站的全体工作人员和同边检工作相关的所有顾客。现代顾客满意度理论不仅注重从边检勤务管理的角度进行顾客满意度的权衡，还要求从边检服务惠及顾客心理角度对顾客满意度进行调研，进而整合中国传统儒家文化全面提升北京边检顾客满意度核心价值观。

第三，北京边检顾客满意度数据模型分析结果：25项考查指标中礼－仪表（着装整洁得体、致广大尽精微）数据最高为4.2347，总体显示男性对员工仪表的评分比女性高，这也正是女性对美有更特别、更高的审美标准；其次是：仁－设施及引导标志（善解人意）4.0740，其实现场标志还有可改进的余地；义－通关速度（将心比心）4.0386，顾客是比较满意通关速度，但另一方面执勤现场的边检人其实是在超负荷工作，夜航比白班多，大夜的同志经常在该休息的时候却是通宵工作，很多边检人都程度不同地犯有咽炎、肩周炎和其他一些有害健康的职业病；智－卡片的项目设计（简洁、知识的实用价值展现）4.0322，其实外国人的出入境卡应该可随着时代的发展退出历史舞台；智－专业素质知识（服务结果符合预期、服务修养与品质）4.0225，义－妥善管理与服务（以天下为己任）4.0064，义－应尽的职业责任（有高尚道德的人）4.0000；数据靠后的八项最低的是：仁－按天下公义行事（替天行道）3.7814，表明顾客对边检人的期望很高，这就要求北京边检人进一步融合中国传统儒家文化于工作中不断提升顾客满意度核心价值观；另外：仁－博施济众（仁民爱物）3.8328，义－迟到免排（不忍人之心）3.8424，可见在迟到免排的工作还有待改进的空间；信－接受旅客意见并加以改进（讲信修睦）3.8457，投诉建议应多加以关注并妥善处置；仁－急旅客之所急（内在的诚敬之意）3.8553，边检人在内在的诚敬之意方面还可多加强传统儒家文化的整合；智－灯的眼光看世界（给人光亮）3.8682，要求新时代的边检人用一种哲学的眼光看待工作和生活；智－能妥善处理复杂情况（内圣外王、是非之心）3.8714，智－良性互动（明白是非、互相尊重）3.9164，说明北京边检人在内圣外王和良性互动方面还要继续努力。

第四，本书根据理论研究和调查问卷分析出的结论，从整合中国传统儒家文化提升北京边检顾客满意度核心价值观为出发点，提高通关效率；从注重边检人员仪表、树立国门形象，强化精细管理、确保旅客通关速度，强化管控措施、保障国家安全，增强北京边检团队凝聚力，懂得微笑，对顾客实行人情味式的关怀服务，构建服务辅助保障平台、提高边检人员的素质实现服务转变和满意的顾客代表了北京边检的一种真实的、无形的资产等九个方面提出提升北京边检顾客满意度的建议。

研究局限与不足：因为是随机调查固未能科学均衡考虑各类人员构成比例而发放问卷于北京边检所辖全部站点，北京出入境边防检查总站主要负责首都国际机场、北京铁路西客站火车站及北京周边机场的临时出入境边防检查任务，而本书仅以首都国际机场及北京西客站的旅客为边检服务对象进行了顾客满意度的研究，研究对象未涉及北京周边机场。提高顾客满意度，有效提高通关速度，是整合中国传统儒家文化提升北京边检顾客满意度核心价值观的重要方面；北京边检包括了旅客出港流程、中转流程、到达流程、旅客遣返和特殊勤务，本书顾客满意度问卷调查主要集中在出港流程、中转流程和到达流程上，由于时间和精力的限制，只能对极少数的遣返旅客和特殊勤务队的夜班货机机组进行了顾客满意度问卷调查。难免有不周全之处，各项数据也只是经调查顾客的个人意见，仅供参考。

研究展望：通过以上五章的论述可以看出：整合中国传统儒家文化提升北京边检顾客满意度核心价值观来促进服务水平工作，对实现北京边检工作职能的转变是十分重要的，也是十分必要的。整合中国传统儒家文化，让北京边检人的文化底蕴更加厚实，素养提升之路"为有源头活水来"，不断提升北京边检顾客满意度核心价值观以促进北京边检服务水平建设的完善和发展，能够使北京边检的提高服务水平更加公开，社会更加认可，边检与顾客、社会的信任感不断增强，顾客、社会对北京边检系统实现提高服务水平目标认同的热情也会因此不断高涨，北京边检的提高服务水平就能够处于更加积极主动的地位，最终达到边检服务、顾客认同、社会期望的和谐统一。本人通过对整合中国传统儒家文化提升北京边检顾客满意度核心价值观的研究，深深感到这是一项富有挑战性的工作，希望今后自己能继续努力并对北京边检顾客满意度的研究做出贡献：扩大北京边检顾客满意度的研究范围，进一步对北京边检顾客进行实证调查，利用管理哲学、国学和目前所学经济学的知识对北京边检顾客满意度进一步深入研究。

参考文献

[1] Armen J. Kabodian. The Customer is Always Right! Thought Provoking Insights on the Importance of Customer Satisfaction from Today's Business Leaders[M]. US: McGraw—Hill, 1996.

[2] Jeffrey Gitomer. Customer Satisfaction is Worthless Customer Loyalty is Priceless, How to make customers love you, keep them coming back and tell everyone they know[M]. US: Bard Press Austin Texas, 1998.

[3] Michael D, Johnson Anders Gustafsson. Improving Customer Satisfaction, Loyalty, and Profit, An Integrated Measurement and Management System[M]. San Francisco: Jossey—Bass, 2000.

[4] Oliver H. M. Yau. Consumer behaviour in China, Customer satisfaction and cultural values [M]. Great Britain: T. J. Press (Padstow) Ltd, 1994.

[5] Paul R. Timm. Customer Service Career Success through Customer Satisfaction[M]. US: Upper Saddle River, NJ07458, 2001.

[6] Paul Szwarc. Researching Customer Satisfaction & Loyalty, How to Find Out What People Really Think [M]. London & Sterling, VA, 2005.

[7] [比利时] 巴特·范·路易 (Bart Van Looy)、保罗·格默尔 (Paul

Gemmel)、洛兰德·范·迪耶多克（Roland Van Dierdonck）：《服务管理 Wervices Management：An Integrated Approach》，吴雅辉、王婧、李国建译，中国市场出版社 2006 年版。

[8] 蔡敦崇：《员工性别—工作一致性与顾客满意关系之研究论文》，中国文化大学，国际企业管理研究所，2002 年。

[9] 曾志平：《顾客满意度研究及应用》，武汉大学，2004 年。

[10] 高刃锋：《政府绩效评估的群众满意度标准研究》，中共中央党校，2005 年。

[11] ［澳］哈里·奥斯曼（Harry Onsman）著：《人性管理 The Uncertain Art of Management》，易晔译，中国财政经济出版社 2005 年版。

[12] 简德金：《顾客满意活动之推行与决策》，国立交通大学工业工程与管理研究所，2002 年。

[13] ［澳］约瑟芬·艾夫：《卓越服务》，宋亦瑞等译，宋献春校，旅游教育出版社 2005 年版。

[14] 廖颖林：《顾客满意度指数测评方法及其应用研究》，上海财经大学出版社 2008 年版。

[15] 梁燕：《中国顾客满意度模型若干问题研究》，统计学院，2004 年。

[16] 刘金兰：《顾客满意度与 ACSI》，天津大学出版社 2006 年版。

[17] 刘巍：《组织的学习》，中国人民大学出版社 2003 年版。

[18] 刘宇：《顾客满意度测评》，社会科学文献出版社 2003 年版。

[19] ［英］尼杰尔·希尔、约翰·布赖尔利、罗布·麦克杜格尔著：《怎样测评客户满意度》，陶春水、陶娅娜译，中国社会科学出版社 2007 年版。

[20] 理查德·诺曼（Richard Normann）：《服务管理：服务企业的战略与领导（第三版）Service Management Strategy and Leadership in Service Business》，范秀成、卢丽译，中国人民大学出版社 2006 年版。

[21] 石伟：《我国公务员工作特征与工作满意度的关系研究》，劳动人事学院，2007 年。

[22] 陶沛：《顾客满意度理论在民航服务中的应用》，对外经济贸易大学，2005年。

[23] 蔚明：《乔家大院十八般管理兵器》，海天出版社2007年版。

[24] 王乐乐：《构建强势的顾客服务　提升企业的核心能力》，武汉大学，2002年。

[25] 王墨玉：《金融服务业服务质量的测量及顾客满意度研究》，西北工业大学，2007年。

[26] 王元华：《顾客满意度和顾客忠诚度研究》，北京理工大学，2005年。

[27] 万后芬、周建设：《品牌管理》，清华大学出版社2006年版。

[28] [日] 武田哲男著：《顾客满意之道》，刘卫颖译，科学出版社2007年版。

[29] 徐维群：《伦理管理　现代管理的道德透视》，学林出版社2008年版。

[30] 张大江：《顾客满意度测评研究》，北京工商大学，2003年。

[31] 詹姆斯 A. 菲茨西蒙斯（James A. Fitzsimmons）、莫娜 J. 菲茨西蒙斯（Mona J. Fitzsimmons）：《服务管理运作、战略与信息技术 Service Management Operations, Strategy, Information Technology》（原书第5版），张金成、范秀成等译，机械工业出版社2007年版。

[32] [美] 杜维明著：《儒家传统与文明对话》，彭国翔编译，人民出版社2010年版。

[33] 王中江、李存山主编：《中国儒学》第六辑，中国社会科学出版社2011年版。

[34] 《2008中国衢州国际儒学论坛论文集》，浙江省社会科学界联合会编：《儒家文化与当代道德建设》，浙江古籍出版社2010年版。

[35] 傅佩荣著：《孔孟与现代人生》，北京理工大学出版社2011年版。

[36] 单纯主编、国际儒学联合会编：《国际儒学研究》第十七辑，九州出版社2010年版。

[37] 于春松著：《儒学概论》，中国人民大学出版社2009年版。

[38] 王少农著：《孔子思想》，中国长安出版社2010年版。

[39] 胡发贵著：《孔孟儒学》，南京大学出版社2009年版。

[40] 单纯主编、国际儒学联合会编：《国际儒学研究》第十八辑，九州

出版社 2011 年版。

[41] 孔庆明、陈秀平著：《中国儒家文化》，长春出版社 2010 年版。

[42] 赵又春著：《孔子其人其道》，岳麓书社 2008 年版。

[43] 刘烈著：《还原孔子》，书海出版社 2008 年版。

[44] 蔡仁厚著：《儒学传统与时代》，河北人民出版社 2010 年版。

[45] 孙关龙、宋正海著：《中国传统文化的瑰宝》，海天出版社 2012 年版。

[46] 殷晓红、崔淑珍编：《传统文化与创新思维》，中国电力出版社 2012 年版。

[47] 张兆端著：《中国传统文化与现代警察管理》，群众出版社 2011 年版。

[48] 曲文军主编：《中国传统文化与现代化》，山东人民出版社 2011 年版。

[49] 李光信主编：《中国传统文化导引》，山东文艺出版社 2011 年版。

[50] 王新婷编著：《中国传统文化概论》，中国农业出版社 2011 年版。

[51] 王骥洲著：《中国传统文化与企业管理》，经济科学出版社 2011 年版。

[52] 田广林主编：《中国传统文化概论》，高等教育出版社 2011 年版。

[53] 徐国明著：《北京边检顾客满意度研究》，北京理工大学，2010 年。

[54] 王楷著：《荀子道德哲学的精神》，北京大学出版社 2011 年版。

[55] [美] 奥里·马登著：《心态决定人生》，李凌静、白联磊译，理工大学出版社 2010 年版。

[56] 蒋雨松著：《微笑行大运》，文汇出版社 2010 年版。

[57] 康国剑编著：《一种美德叫微笑》，内蒙古人民出版社 2009 年版。

[58] 彭琼著：《有一种美德叫微笑》，花山文艺出版社 2005 年版。

[59] 汪若菡、朱瑛石著：《〈微笑力〉如家创造卓越服务的方法》，中信出版社 2010 年版。

[60] [日] 原一平著：《一切从微笑开始》，陕西师范大学出版社 2009 年版。

[61] 黄丽旋著：《把困难雕刻成微笑》，广东教育出版社 2010 年版。

[62] 刘彦军、高华主编：《美丽的微笑与爱心》，北京燕山出版社 2009 年版。

[63] 何静、周利芬、汪洋编著：《快乐在微笑中漫步》，机械工业出版社

2008年版。

［64］张学党著：《永远微笑》，四川民族出版社2010年版。

［65］茹若著：《微笑深爱》，大众文艺出版社2010年版。

［66］王博著：《颤动的微笑》，作家出版社2011年版。

致谢与声明

漫漫求学路……书山有路勤为径,学海无涯苦作舟,乐存心境。北京师范大学三年管理哲学与国学博士课程班的学习已经结束,毕业论文的写作已经基本完成,谨在此向在这些年来学习和论文写作期间给予本人帮助和支持的家人、老师、同学、领导、同事、国家图书馆、北京外国语大学图书馆和北京理工大学图书馆的工作人员、参与北京边检顾客满意度调查问卷设计和填写的526名中外顾客和所有对自己学习期间给予关怀的朋友表示衷心的感谢和由衷的敬意,没有您们的参与,本人的学业无法完成,论文的写作也无从下手。父母从开学伊始给本人精神上的鼓励,到论文写作期间给本人创造宁静的心境和安静的写作环境,才能让论文顺利完成。北京师范大学的张家麟教授从授课伊始到论文的开题及初稿的形成,给予本人做学问和做人上的指导是无法用语言形容的,不但对本人的论文耐心细致的辅导,而且经常利用休息时间及时修改并给予中肯的指导。特别是北京理工大学的王成全教授在本人建立中国传统儒家文化提升北京边检顾客满意度核心价值观模型期间给予的技术支持和帮助让本人感受到教师的无私和奉献。当然还有在北京师范大学授课的张曙光、沈湘平、王成兵、李景林、程光泉、刘成纪、晏辉、强昱、李祥俊、刘考廷、张百春、郑万耕、萧放、章伟文、徐文明、于天罡、周桂钿、房兵、郝万山、王葆玹、陈战国等几十位资深教授在授课期间让本人感受到在书本上无法学到的做人做学问的境界也即是师德对本人的薰育吾将终身铭谢！北京理工大学本人硕士生导师洪瑾及其他任课老师和MPA管理老师及同班同学们在校两年中给本人的教导和帮助，北京外国语大学原校长陈乃芬、成教院院长楼光庆、冯国华及在校期间所有的恩师、教职员工及本人北外学习期间的同学们；中国人民公安大学自学考试办公室的老师们，朝阳职工大学原校长韩春梅和所有任课教师们，对外经济贸易大学的任课老师和同学们，中国传媒大学培训期间的任课老师及同学们，还有本人在英、法、德、日、韩、西、俄、阿等外语培训中的所有任课教师们。谢谢您们！谢谢您们的培养、关爱和帮助，还有那么多优秀同事和同学的互学互帮都让本人受益匪浅。同时，感谢北京出入境边防检查总站各位总站领导、机关部门负责人、北京边检四队的大队党委尤其是王仕斌政委现任边检处处长、分队的支部、共同工作在北京边检的同事们和其他所有关注本人成长的朋友们在论文的写作和北京边检顾客满意度模型调查问卷设计中给予本人的帮助和支持；感谢所有参加调查问卷的中外旅客和公司代办、国航、南方、东方和海南航空地服的工作人员尤其是Terri；他们的合理化建议对调查问卷的改进翻译和论文的写作起了至关重要的作用，在此再次深表谢意！

附录 A 由中国传统儒家文化谈北京边检顾客满意度核心价值观调查问卷

您好！这是份学术性问卷，旨在由中国传统儒家文化孔孟精神谈北京边检顾客满意度核心价值观。诚恳地邀请您参与填写，无须填写姓名，所有涉及内容仅用于学术研究，您所填写内容的真实性将为边检提升服务水平、提高通关效率提供依据。

感谢您的认真参与，祝您旅途愉快！

北京师范大学哲学与社会学学院　徐国明敬上邮箱：runyi2008@hotmail.com

请在各题备选答案的选项上打"√"

1. 性别：男□　女□

2. 出入境次数：经常□　偶尔□　极少□

3. 年龄：18岁以下□　19～45岁□　46～60岁□　60岁以上□

4. 洲（国）籍状况：亚洲（中国籍除外）□　欧洲□　南美洲□　北美洲□　非洲□　大洋洲□　中国籍（大陆□香港□澳门□台湾□华侨□）　其他□

5. 出入境事由：工作□　学习□　旅游□　探亲□　定居□　其他□

德目	序号	北京边检调查项目	非常满意	满意	感觉一般	不满意	很不满意
仁	1	沟通状况（仁者爱人、亲情意识）					
	2	设施及引导标志（善解人意）					
	3	急旅客之所急（内在的诚敬之意）					
	4	按天下公义行事（替天行道）					
	5	博施济众（仁民爱物）					
义	1	应尽的职业责任（有高尚道德的人）					
	2	通关速度（将心比心）					
	3	妥善管理与服务（以天下为己任）					
	4	迟到免排（不忍人之心）					
	5	需扶助人员通道（尊老爱幼）					
礼	1	仪表（着装整洁得体、致广大尽精微）					
	2	服务态度及友好程度（内在情感的关注）					
	3	台外边检人员的引导（行为规范、举止大方）					
	4	自觉自愿地履行规范（恭敬之心）					
	5	尊严性和施惠性的统一（仁心施政）					
智	1	用"灯"的眼光看世界（给人光亮）					
	2	能妥善处理复杂情况（内圣外王、是非之心）					
	3	专业素质知识（服务结果符合预期、服务修养与品质）					
	4	卡片的项目设计（简洁、知识的实用价值展现）					
	5	良性互动（明白是非、互相尊重）					
信	1	接受旅客意见并加以改进（讲信修睦）					
	2	效率公平兼顾（重然诺与平等）					
	3	文化自觉、敬业乐群（忠恕与中庸、诚信内化）					
	4	边检品牌（协和万邦、天下一家）					
	5	出入有边境，服务无止境（人文精神）					
建议							

附录 B Traditional Chinese cultural spirit of Confucius and Mencius on inspection of Beijing's core values of customer satisfaction questionnaire

Dear Passengers:

This isan academic questionnaire aimed at using the traditional Chinese cultural spirit of Confucius and Mencius for the inspection of Beijing's core values of customer satisfaction. We sincerely invite you to participate in filling this out. There is no need to fill in your name. The content is only used for academic research. The authenticity will enhance services for frontier inspection, and provide a basis for improving the efficiency of customs clearance.

I wish you apleasant trip and thank you for your participation!

Xu Guoming: 13811012995   The Beijing Normal University Philosophy and Sociological Institute

MyMailbox: runyi2008@hotmail.com   Presents respectfully!

The option of alternative answers for each question mark " √ "

1. Gender: (1) Male☐ (2) Female☐
2. Times of exit and entry to China: (1) often☐ (2) Occasionally ☐ (3) seldom☐

3. Age: (1) Under18years old☐ (2) 19—45years old☐ (3) 46—60years old☐ (4) more than 60years old☐

4. Origin: (1) Asia (Chinese nationality exception) ☐ (2) Europe ☐ (3) South America ☐ (4) North America ☐ (5) Africa ☐ (6) Oceania☐ (7) China☐ (8) others☐

5. purpose of visit: (1) employment☐ (2) study☐ (3) sightseeing/leisure☐ (4) visiting friends or relatives☐ (5) settle down ☐ (6) others☐

		Index of passenger satisfaction of Beijing Immigration Inspection	Totally satisfied	Satisfied	Neutral	Dissatisfied	Totally dissatisfied
Kernel	1	Communication quality (Caring, attentive understanding, awareness, Dear ones consciousness)					
	2	Facilities and guide signs (being with good intention, kind heart administration)					
	3	Worried about anxious travelers (Meaning of the integrity honest respect)					
	4	To act according to the world justice (Enforcing justice on behalf of world order)					
	5	Giving relief to the people on a vast scale (The kind people love the thing)					
Righteousness	1	Professional responsibility (Has the noble moral person)					
	2	Speed of immigration checking (Feeling for others)					
	3	Manages the service properly (Take the world as own duty)					
	4	Be late for be needless to line up (The heart of being unable to endure person)					
	5	Need helping personnel passage (Respect the aged and love the young)					

附录 B

		Index of passenger satisfaction of Beijing Immigration Inspection	Totally satisfied	Satisfied	Neutral	Dissatisfied	Totally dissatisfied
Ritual	1	The appearance of the inspection staff (Clothing neat appropriate)					
	2	Attitude and friendliness of the inspection staff (Intrinsic emotion attention)					
	3	Guidance of other Immigration onsite working staff fulfills the standard voluntarily (respectful of the heart, The behavior standards, have an easy—going manner)					
	4	Fulfills the standard voluntarily (Respectful of the heart)					
	5	Human dignity and the benefits of a unified (Kind heart administration)					
Wisdom	1	Vision to see the world of "light" (Is luminous for the human)					
	2	Can process the complex situation properly (Excellent in both moral character and in governing, Sense of right and wrong)					
	3	Professional capabilities of the inspection staff (The service result tallies anticipated, The cultivation and quality of services)					
	4	The design of the exit and entry card (Succinct practical, Succinct, Knowledge practical value development)					
	5	The benign is interactive (Know dispute, Respect each other)					
Trust	1	Acceptance of passenger suggestions and visible improvements (Building good neighborly relations by being true to one's word)					
	2	Efficiency—fair proper attention to both (Heavy promise and equality)					
	3	Cultural—Suggestion determination, Respect work and enjoy company (Loyal and doctrine of the mean)					
	4	Frontier inspection brand (Make all nations live together peacefully)					
	5	Discrepancy has frontier, Service has no limits. (The humanity is vigorous)					
Suggestions							

附录C 边检顾客服务满意度调查问卷

尊敬的阅卷人：

您好！感谢您参与本次调研。此次调研旨在了解顾客对边检工作状况的评价进而为提升边检服务水平、提高边检通关效率和边检决策水平提供科学依据。请您根据出入境时自己的真实感受填写，调查结果只为科学研究提供数据，我们将对您的回答严格保密，对您的认真参与表示感谢。

请在各题备选答案的选项上打"√"

1. 性别：（1）男□　（2）女□
2. 出入境次数：（1）经常□（2）偶尔□（3）极少□
3. 年龄：（1）18岁以下□（2）19－45岁□（3）46－60岁□（4）60岁以上□
4. 洲（国）籍状况：（1）亚洲□（2）欧洲□（3）南美洲□（4）北美洲□（5）非洲□（6）大洋洲□（7）中国□（8）其他□
5. 出入境事由：（1）工作□（2）学习□（3）旅游□（4）探亲□（5）定居□（6）其他□

附录 C

序号	边检顾客满意度评价指标	非常满意	满意	一般	不满意	很不满意
1	边检工作人员的仪表					
2	边检现场相应设备设施及引导标志					
3	通关速度					
4	沟通状况（与旅客的沟通、满足旅客需求）					
5	边检人员服务态度及友好程度					
6	边检人员专业能力（服务结果符合预期）					
7	接受旅客反馈意见并加以改进					
8	边检现场检查台外工作人员的引导					
9	出入境卡片的填写项目设计					

建议：

附录 D Survey for customer satisfaction of Immigration Inspection

Dear passengers:

Thank you for taking part in this survey. The purpose of this survey is to evaluate and improve the service of Immigration Inspection. Your feedback will greatly help us to make a strategic decision. The result of this survey is only for scientific study, we will keep your answers confidential. Thanks for your participation.

Please answer the questions below and put a "√" for each question.

1. Gender: (1) Male☐ (2) Female☐
2. Times of Exit and Entry: (1) Often☐ (2) Occasionally☐ (3) Seldom☐
3. Age: (1) Under 18☐ (2) 19－45yrs old☐ (3) 46－60yrs old☐ (4) more than 60 yrs old☐
4. Continent and Nationality : (1) Asia☐ (2) Europe☐ (3) South America☐ (4) North America☐ (5) Africa ☐ (6) Oceania☐ (7) China☐ (8) others☐
5. Purpose of visit (1) Employment☐ (2) Study☐ (3) Sightseeing/Leisure☐ (4) Visiting friends or relatives☐ (5) Settle down ☐ (6) others☐

	Index of passenger Satisfaction of Immigration Inspection	Totally Satisfied	Satisfied	Neutral	Dissatisfied	Totally Dissatisfied
1	The appearance of the inspection staff					
2	Facilities and guiding signs of the inspection worksite					
3	Speed of Immigration Checking					
4	Communication with passengers in order to meet their needs					
5	Attitude and friendliness of the inspection staff					
6	Professional capabilities of the inspection staff					
7	Acceptance of passenger suggestions and visible improvements					
8	Guidance of other Immigration onsite working staff					
9	The design of the exit and entry card					

Suggestions:

个人简历、在学期间发表的学术论文与研究成果

1989.09—1991.10	黑龙江省建筑工程学校	工业与民用建筑专业（准学士）
1991.10	黑龙江省建筑工程学校	民用建筑的施工与预算（毕业设计）
1993.09—1995.06	中国人民公安大学	公安管理专业（准学士）
1995.06	中国人民公安大学	（准学士论文）
1997.09—2000.06	北京朝阳职工大学	英语专业（准学士）
2000.06	北京朝阳职工大学	（准学士论文）
1999.09—2001.06	中国人民公安大学	公安管理专业（法学士）
2001.06	中国人民公安大学	（法学士论文）
2004.09—2007.06	北京外国语大学英语专业	（文学士）
2007.06	北京外国语大学	基辛格的乒乓外交（文学士论文）
2007.09—2010.06	北京理工大学	公共管理专业（MPA硕士）
2010.06	北京理工大学	北京边检顾客满意度研究（MPA硕士论文）
2009.09—2012.06	北京师范大学	管理哲学与国学专业（在职博士）
2012.05	北京师范大学	由中国传统儒家文化谈北京边检顾客满意度核心价值观（博士论文）
2011.03—2013.05	对外经济与贸易大学	金融专业（在职硕士）
2013.01—2013.06	中国传媒大学	播音主持专业（培训）

图书在版编目（CIP）数据

儒家文化的现代应用：以边检工作为例/徐国明著.
—北京：中央编译出版社，2014.4
ISBN 978-7-5117-2067-2

Ⅰ.①儒… Ⅱ.①徐… Ⅲ.①儒家－传统文化－应用
－出入境管理－研究－中国 Ⅳ.①B222.05②D631.46

中国版本图书馆 CIP 数据核字（2014）第 033973 号

儒家文化的现代应用：以边检工作为例

出 版 人：	刘明清
出版统筹：	董　魏
责任编辑：	郑　锦
责任印制：	尹　珺
出版发行：	中央编译出版社
地　　址：	北京市西城区车公庄大街乙 5 号鸿儒大厦 B 座（100044）
电　　话：	（010）52612345（总编室）　（010）52612363（编辑室）
	（010）52612316（发行部）　（010）52612315（网络销售）
	（010）52612346（馆配部）　（010）66509618（读者服务部）
传　　真：	（010）66515838
经　　销：	全国新华书店
印　　刷：	北京金瀑印刷有限责任公司
开　　本：	710 毫米×1000 毫米　1/16
字　　数：	210 千字
印　　张：	14.25
版　　次：	2014 年 4 月第 1 版第 1 次印刷
定　　价：	45.00 元
网　　址：	www.cctphome.com　　邮　箱：cctp@cctphome.com
新浪微博：	@中央编译出版社　　　微　信：中央编译出版社（ID:cctphome）

本社常年法律顾问：北京市吴栾赵阎律师事务所律师　闫军　梁勤
凡有印装质量问题，本社负责调换。电话：010－66509618